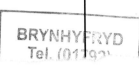

APOSTOL

APOSTOL

DYFED EDWARDS

bwthyn
GWASG Y BWTHYN

ISBN 978-1-912173-15-0

Cyhoeddwyd gyda chymorth ariannol
Cyngor Llyfrau Cymru

Cynllun clawr: Sion Ilar
Llun yr awdur: Tim Stubbings Photography

CYMERIADAU

(Dyma restr o'r rhai sy'n ymddangos yn y nofel, yn
ogystal â rhai – ond nid pawb – o'r ffigyrau y cyfeirir atynt)

Paulos Saoul Tarsos – *Cenhadwr ac arweinydd carfan o ddilynwyr y
Christos Iesous o fysg Iddewon yr alltudiaeth a elwid yn Christianos*

Proffwydi, hynafiaid ac eraill

Christos Iesous/Yeshua Mashiach – *Proffwyd a ystyrid yn Feseia'r
Iddewon gan rai, ond fe'i dienyddiwyd*

Abraham – *Un o Dadau llwyth yr Hebreaid*

Yitshak – *Ei fab, oedd hefyd yn un o Dadau'r llwyth*

Moshe Rabbenu – *Proffwyd a arweiniodd yr Hebreaid o gaethiwed yng
ngwlad Mitsrayim (Yr Aifft) a'r un a gafodd Y Gyfraith gan Yahweh*

Yohannan Mamdana (Ioánnes ho baptistés) – *Proffwyd yn yr anialwch a
ddilynwyd gan Iesous. Fe'i lladdwyd gan Hordus Antipater, tetrarch Galilea*

Proffwydi'r Iddewon
   – Yeshayahu/Esaias
   – Yirmeyahu/Ieremia
   – Eliyahu/Elias
   – Daniyyel/Danil
   – Malakhi

Meibion Ya'aqov (Jacob) a sefydlwyr deuddeg llwyth Israel
   – Re'uven
   – Shimon
   – Y'hudah
   – Yissakhar
   – Zevulun

- Dan
- Naftali
- Gad
- Shr
- Binyamin
- Shaul bar Yosef
- Menashe bar Yosef

Diafol – *Enw personol ar y Gŵr Drwg, Ha-Satan mewn Hebraeg, Heosphoros mewn Groeg, sef mab y wawrddydd neu Lwsiffer*

Jerwsalem a Jwdea

Kepha (Shimon bar Yona ac yna, Petros) – *Arweinydd Mudiad Yeshua, dilynwyr swyddogol y Christos Iesous. Cyfaill mynwesol i Iesous. O Galilea yn y gogledd*

Yakov – *Arweinydd Mudiad Yeshua, dilynwyr swyddogol y Christos Iesous. Brawd Iesous. O Galilea yn y gogledd*

Dilynwyr a chyfeillion eraill Iesous, a nawr arweinwyr ar y Mudiad
- Avram
- Yah'kob
- Yokam
- Judah
- Bar-Talmai
- Tau'ma
- Mattiyah
- Taddai
- Ya'kov bar Hilfài

Dilynwyr Mudiad Yeshua
- Miriam hamegaddela se'ar nasha
- Martâ
- Chuza
- Yôchannah

Archoffeiriaid talaith Jwdea
- Yehoseph bar Qyph'
- Yehonatan bar Hananiah
- Ananias ben Nedebeus
- Ishmael ben Phiabi

Gamaliel – *Aelod o'r Sanhedrin*

Dilynwyr Mudiad Yeshua o fysg Iddewon yr alltudiaeth
- Stephanos
- Philippos
- Prochoros
- Nikanor
- Timon
- Parmenas
- Nicolaus

Barnabya Zacharias – *Aelod o garfan o ddilynwyr y Christos Iesous o Cipros ond nawr yn gyfaill agos i Kepha a Yakov, a Mudiad Yeshua yn Jerwsalem*

Ioannes Markos/Yohannen Markos – *Ei nai*

Titos Kristodemos Antiochus – *Christianos ifanc o Antioch*

Silouanos – *Christianos ifanc o Antioch*

Yitshak – *Brawd-yng-nghyfraith a chyfaill Paulos*

Cyfeillion Paulos
- Hirsh
- Yoel
- Manoach
- Nahum
- El'azar
- Gamli'el
- Yehonatan
- Avner
- Betzalel
- Pinehas

Avva – *Chwaer Paulos*

Hordus Agrippa II – *Brenin*

Llywodraeth Rydd Jwdea
- Hanan ben Hanan
- Yehoshua ben Gamla
- Yehoseph Ben-Gurion

Aelodau o garfanau Iddewig
- Yohanan mi-Gush Halav
- El'azar ben Shimon
- Shimon bar Giora

7

Tarsos

Elon – *Llanc ifanc sy'n bwlio Paulos yn ninas Tarsos lle magwyd y ddau*

Shaul – *Tad Paulos Saoul Tarsos*

Dammasq

Alexandros – *Llanc ifanc, aelod o garfan o ddilynwyr y Christos Iesous*

Kyros – *Aelod o garfan o ddilynwyr y Christos Iesous*

Leia – *Ei wraig*

Chananiah – *Arweinydd y garfan, ac un o'r mathetes, sef dilynwyr swyddogol y Christos Iesous sydd wedi eu penodi gan Fudiad Yeshua yn Jerwsalem*

Qumran

Hanina – *Un o ddilynwyr Iesous sydd wedi mynd yn groes i ddysgeidiaeth Mudiad Yeshua*

Shiphrah – *Ei wraig*

Antioch

Loukios – *Meddyg ac ysgrifennwr o fysg y Cenedl-ddynion, aelod o garfan y Christianos*

Phelix – *Cenedl-ddyn a Christianos*

Timaios – *Cenedl-ddyn a Christianos*

Ourias – *Cenedl-ddyn a Christianos*

Alexandros – *Cenedl-ddyn a Christianos*

Erastos – *Cenedl-ddyn a Christianos*

Cipros

Bar-Shuma – *Ysbïwr o Jerwsalem*

Lystra

Timotheos – *Dilynwr Paulos, Christianos*

Philippoi

Kir – *Masnachwr cnawd*

Laleh – *Caethferch a gwrach, eiddo Kir*

Epaphroditus – *Christianos*

Synteche – *Christianos*

Euodia – *Christianos*

Ephesos

Apollos – *Arweinydd carfan o'r Christianos sy'n gwyro oddi wrth ddysgeidiaeth Paulos*

Demetrios – *Gof arian*

Gaios ac Aristarchus – *Christianos, dilynwyr Paulos*

Rhufeinwyr

Titos Flavius Vespasianus – *Cadfridog yn ystod y Rhyfel Iddewig. Yn ddiweddarach daw'n ymerawdwr dan yr enw Titos Flavius Caesar Vespasianus Augustus (gweler isod)*

Porcius Festus – *Procurator talaith Jwdea*

Pontius Pilatus – *Praefectus ar dalaith Jwdea yng nghyfnod Yeshua Mashiach. Fe arwyddodd warant marwolaeth Yeshua*

Claudia Procula – *Ei wraig*

Gnaeus – *Carcharor*

Ymerawdwyr
- Tiberius Caesar Divi Augusti filius Augustus
- Gaius Julius Caesar Augustus Germanicus (Caligula)
- Tiberius Claudius Caesar Augustus Germanicus
- Nero Claudius Caesar Augustus Germanicus
- Titos Flavius Caesar Vespasianus Augustus

Er cof am
Dad

Hwn yw fy ngwaed o'r cyfamod newydd,
a dywelltir drosoch, a thros bawb,
er maddeuant pechodau

O Weddi Ewcharistig 5, Y Cymun Bendigaid

Plures efficimur, quoties metumur a vobis;
semen est sanguis Christianorum
*(Rydym yn lluosogi bob tro y byddwch yn ein medelu; gwaed
Cristnogion yw'r had)*

Tertullian, *Apologeticus* 50

Blood will
have blood

Macbeth gan William Shakespeare

Hyn sydd wrth i'r cerrig fwrw'r corff –

Gwaed –

Hyn sydd –

Gwaed a gwaed a gwaed a gwaed –

Hyn –

Gwaed yn boddi'r tir. Gwaed yn trochi'r nefoedd. Gwaed yn golchi Gehinnom. Gwaed y condemniedig. Gwaed y terfysgwr. Gwaed yr Iddew.

Y gwaed ar gapan a dau bost y drws. Y gwaed yn diferu o'r pren. Y gwaed fydd yn crasu'r ddaear.

Y gwaed –

Y cerrig –

Y corff –

Y dyn –

Ac arno friwiau. Ac arno gleisiau. A'i groen yn rhwygo. A'i esgyrn yn malu. A'r cerrig a'r cerrig a'r cerrig yn bwrw. A'i gorff yn gwanio. A'i goesau'n sigo. Ac ergyd arall. Ac ergyd eto. A tholc arall. A tholc eto. A briw a chlais a gwaed. A'r cerrig yn genllysg. A'r cerrig yn hoelion. A'r hoelion yn tryferu. Tryferu cnawd. Tryferu gewyn. Tryferu pren. Pren yr olewydd. Pren y patibulum. Pren y trawst. A gwaed ar y pren. Y gwaed yn tywallt. A dyma'r gwaed. A dyma'r hoelion. A dyma'r cerrig. A dyma'r darfod. Mewn cerrig a gwaed. Mewn anghyfanedd-dra –

A'r dyn yn llipa. A'i friwiau'n amrwd. A'i groen yn plicio. A'i esgyrn yn dangos. A'i waed yn diferu. A'r cerrig yn bwrw. A'r boen yn pylu. A'i synhwyrau'n merwino. A'r goleuni'n galw.

A'r bywyd yn hidlo ohono. Yn hidlo i'r pridd. Yn hidlo i'r ddaear. Ei fywyd fyddai'n crasu'r ddaear.

A dyma'r darfod –

15

Yn y cerrig ac yn y gwaed –

A nawr –

*Dynion yn ei lusgo a dynion yn ei daflu a dynion yn ei adael a dynion
yn chwerthin a'r chwerthin yn pylu a fyntau'n drallodus a fyntau'n gig
byw a'r haul yn ei rostio a'r fwlturiaid yn crawcio a'r pryfed yn grwnan
a'r cŵn yn prowla a brodyr yn dod a'r brodyr o'i gwmpas a'r brodyr yn
dweud,*

  Mae wedi marw –

  Nac ydi ddim, edrychwch, mae'n anadlu –

  Galla i weld ei sgyfaint –

  Ac edrychwch, mae'i sgyfaint yn dal i sugno aer –

  Ond edrychwch, frodyr, llanast sydd arno, prin ei fod yn ddyn –

  Mae'n fwy na dyn, mae wedi ei atgyfodi –

  Yn enw'r Mashiach –

  Yn enw'r Christos Iesous –

  Yn enw'r Christos –

  Edrychwch! Edrychwch, mae'n –

  Codi –

  Yn codi o farw'n –

  Fyw –

  Mae'n fyw –

  *Ac mae'r dyn yn sefyll. Mae'r dyn yn noeth. Mae'r dyn yn glwyfus.
Ei groen yn rhubanau. Ei sgerbwd o dan y croen yn ddatguddiedig. Y
carcas o dan y croen yn ddatguddiedig. Ei archollion yn farwol. Ei fyw yn
wyrthiol. Y Christos Iesous yn anadlu ar ei ran. Y Christos Iesous wedi ei
atgyfodi. Y dyn hwn sydd yn ddarnau. Y dyn hwn a falwyd. Y dyn hwn
a fu farw. Y dyn hwn sy'n para i fyw. Y dyn hwn a drechodd y cerrig.
Trechu'r cerrig i sefyll. Y dyn clwyfus yn sefyll. Y dyn noeth ar ei draed.*

  A brawd iddo'n dweud, Gorffwys, wir.

  A fyntau'n dweud, Nid oes amser i orffwys.

  Frawd, mae gennyt anafiadau dychrynllyd, rhaid i ti wella.

  *Roedd anafiadau'r Christos Iesous yn ddychrynllyd hefyd, meddai'r
dyn clwyfus. Ac nid fi ond y byd sydd angen gwellhad.*

  *Ac mae'n baglu mynd am y ddinas. Baglu mynd ar esgyrn ei goesau.
Baglu mynd heb groen ar ei gefn. Baglu mynd a'r gwaed yn diferu. Baglu*

16

mynd a'r fwlturiaid yn crawcio. Baglu mynd a'r pryfed yn grwnan. Baglu mynd a'r cŵn yn prowla. Baglu mynd a'r byd yn aros.

Aros y dyfodiad.
Dyfodiad y Christos Iesous –
(Marana Tha, Marana Tha) –
Ond cyn y dyfodiad, hyn –

Μέρος πρώτο

GIV'A

1

Yn neunawfed flwyddyn teyrnasiad yr ymerawdwr Tiberius
Caesar Divi Augusti filius Augustus, tair blynedd ar ôl mwrdwr y
Mashiach...

Y mis yw Nisan, y mis cyntaf. Y ddinas yw Jerwsalem, dinas yr
ARGLWYDD. Y lle yw'r Deml, y Beit HaMikdash. Yr awr yw'r
drydedd, yr awr weddi. Yr awr i offrymu arogldarth yn y
gysegrfan. Yr awr i aberthu oen y Tamid, yr oen cyntaf. Yr awr i
agor pyrth y Beit HaMikdash. Ond mae'r pyrth wedi eu hagor yn
barod i un. Un sydd wedi bod yn tarfu. Un sydd wedi bod yn taeru.
Un sydd wedi bod yn tystio. Un fu'n disgwyl ers yr awr gyntaf yng
Nghloestr Shlomo.

A'r dyn fu'n disgwyl nawr yn y Beth din shel Kohanim, llys yr
offeiriad. Ac o flaen y dyn, yr allor. Ac i'r chwith o'r allor y Môr
Tawdd, y golchlestr copr, i'r kohanim bureiddio. A, tu ôl i'r allor, y
Qodes HaQodasim, y Cysegr Sancteiddiaf lle triga'r YODH-HE-
WAW-HE, yr Enw Cudd, yr Yehovah – yr ARGLWYDD.

A daw kohen i mewn. Ond nid kohen dwy a dimai. Y prif un.
Yr hakohen hagadol yn yr Hebraeg, iaith Israel, iaith Jwdea. Y
kahana rabba yn yr Aramaeg, iaith y dyn sydd wedi bod yn
disgwyl. Y kahana rabba wedi ei wisgo yn y Bigdei Kodesh, yr
wyth dilledyn sanctaidd. Y kahana rabba, Yehoseph bar Qyph'. Ac
nid yw Yehoseph bar Qyph' yn cymryd arno'i fod yn gweld y dyn
sydd yn y Beth din shel Kohanim. Ac mae Yehoseph bar Qyph' yn
shifflo at y Môr Tawdd ac yn pureiddio ac yn gwrthod cydnabod y
dyn. Y dyn sydd wedi bod yn disgwyl. Ac mae'r dyn sydd wedi
bod yn disgwyl yn tagu ac mae'r kahana rabba yn edrych arno ac
mae'r kahana rabba'n dweud, Ti sydd wedi dod i glecen?

21

Mae'r dyn sydd wedi bod yn disgwyl yn nodio'i ben.

Ymla'n â thi, meddai Yehoseph bar Qyph'.

Oeda'r dyn. Ei lygaid ar y Qodes HaQodasim. Ei chwys yn powlio. Ei nerfau'n rhacs gyrbibion. Ac mae Yehoseph bar Qyph' yn synhwyro hyn ac yn dilyn edrychiad y dyn sydd wedi bod yn disgwyl ac yn dweud wrtho, Mae Fe'n dishgwl hefyd.

Ac mae'r dyn sydd wedi bod yn disgwyl yn dweud, Mi glywish i o'n llefaru'n erbyn Moshe Rabbenu –

O ble wyt ti'n dod? Dy acen...

O'r-o'r gogledd.

Rwyt ti am siarad mewn Aramaeg?

Well gin i.

Ymla'n â thi.

Llefaru'n erbyn Moshe Rabbenu, meddai'r dyn sydd wedi bod yn disgwyl, ac yn erbyn yr ARGLWYDD, ac mae o byth a hefyd yn llefaru'n erbyn y Beit HaMikdash, y lle sanctaidd yma, ac yn erbyn Torat Moshe – y Gyfraith.

Gan sychu ei ddwylo ar ôl eu pureiddio, dywed Yehoseph bar Qyph', Ac fe glywaist ti hyn?

Do.

Ac mae tawelwch. Ac mae Yehoseph bar Qyph' yn pwyso ac yn mesur. Ac mae'r dyn sydd wedi bod yn disgwyl yn disgwyl eto. Ac yn y Qodes HaQodasim mae'r ARGLWYDD yn trigo.

Ac mae'r kahana rabba'n gofyn i'r dyn, Beth yw ei enw?

Stephanos, meddai'r dyn sydd wedi bod yn disgwyl. Mae o'n un o saith.

Beth yw enwau ei gyfeillion?

Philippos, Prochoros, Nikanor, Timon, Parmenas, Nicolaus.

Y'n nhw wedi bod yn llefaru'n erbyn Moshe Rabbenu, yn erbyn Torat Moshe, yn erbyn y Beit HaMikdash?

Dwn i'm, meddai'r dyn sydd wedi bod yn disgwyl. Dwn i'm amdanyn nhw.

Mae Torat Moshe'n dweud, Na ddwg gamdystiolaeth yn erbyn dy gymydog. Ond wyt ti'n barod i wneud hyn yn erbyn y Stephanos hwn?

Nid camdystiolaeth mohoni. Mae'r hyn dwi'n ddweud yn erbyn Stephanos yn wir.

Ac mae Yehoseph bar Qyph' yn ysgwyd ei ben a dweud, Gwir? Beth yw hynny?

Be wnewch chi? meddai'r dyn sydd wedi bod yn disgwyl.

Beth wyt ti am i mi wneud?

Fi?

Ie, ti. Beth wyt ti fel Iddew am i mi wneud? Fel Iddew sy'n addoli yn y Deml, sy'n cadw Torat Moshe. Beth wyt ti am i mi wneud?

Mae'r dyn sydd wedi bod yn disgwyl yn ysgwyd ei ben ac yn dweud, Dwn i'm.

Mae Yehoseph bar Qyph' yn twt-twtian ac yn dweud, Heddwch wyf fi moyn. Ond chaf fi ddim heddwch tra 'mod i'n gwisgo'r Bigdei Kodesh, tra 'mod i'n kohen gadol. Rwyf yn cael fy nhynnu fan hyn a fan draw gan Rufain, gan Israel. Pawb moyn eu plesio. Pawb yng ngyddfe'i gilydd. Pawb yn dadlau mai nhw sydd gyda'r allwedd i'r Deyrnas, gyda'r ateb i ddirgelion Yr Enw Cudd. A nawr mae Iddewon yr Alltudiaeth alltud yn llanw'r ddinas a rhai ohonynt yn addoli'r proffwyd hwnnw o Galilea – wyt ti o'r gogledd? – ta wa'th. Maent yn tarfu ar heddwch Jerwsalem, ar fy heddwch i. Pawb yng ngyddfau'i gilydd – y Perushim, y Seduqim, y Kana'im, a nawr y Meshiykiyyim, y rhai sy'n dweud bod yr Mashiach *wedi* dod – a'r Meshiykiyyim o Israel a'r Meshiykiyyim alltud yn clatsio ymysg ei gilydd. Dynion yn erbyn dynion a finnau'n y canol a Pilatus yn fy nghlust ddydd a nos. Fe aeth hi'n ffluwch. Rwyf wedi cael llond fy mol ar y byd hwn, gyfaill, llond fy mol.

Mi-mi ddaw byd newydd, meddai'r dyn sydd wedi bod yn disgwyl.

P'un wyt ti? Perushim? Seduqim? Kana'im? Meshiykiyyim? Ai Meshiykiyyim wyt ti? O'r gogledd maent yn tarddu, ondyfe? O Galilea. P'un wyt ti?

Iddew ydw i.

Dyna ydyn ni i gyd, felly pam mae rhaid *lladd* ar ein gilydd?

Mae'r dyn sydd wedi bod yn disgwyl yn dawel.

Dywed Yehoseph bar Qyph', Rwyt ti'n gofyn beth 'yf fi am wneud?

Mae'r dyn sydd wedi bod yn disgwyl yn nodio.

Os yw'n llefaru'n erbyn Moshe Rabbenu, meddai Yehoseph bar Qyph', ac yn erbyn Torat Moshe, os yw'n llefaru'n erbyn y Beit HaMikdash, nid oes dewis gen i. Bydd yn rhaid iddo sefyll ei brawf gerbron y Sanhedrin. A bydd yn rhaid iddo dderbyn cosb.

2

A'r gosb yw sekila, y gosb eithaf. Y gosb fynnodd y Sanhedrin. Y gosb ar orchymyn Rhufain. Y gosb am droseddu'n erbyn yr ARGLWYDD. Y gosb am droseddu'n erbyn delw'r ARGLWYDD, hanfod dyn. Y gosb am andwyo'r tzelem Elokim.

Y gosb yw dinistrio'r dyn. Y gosb yw dinistrio'r tzelem Elokim yn y dyn. Y gosb yw taflu o uchder dau lawr. Y gosb yw bwrw cerrig –

y gosb,

y dyn,

yr Iddew,

Stephanos y dyn. Stephanos yr alltud. Stephanos o'r Meshiykiyyim. Stephanos lefarodd gabledd yn erbyn Moshe Rabbenu a'r ARGLWYDD. Stephanos heriodd dduwioldeb y Deml a'r Gyfraith. Stephanos safodd o flaen y Sanhedrin. Stephanos edrychodd i fyw llygaid Yehoseph bar Qyph', kohen gadol talaith Jwdea, a Yehoseph bar Qyph', kohen gadol talaith Jwdea'n gofyn i Stephanos, Yw'r cyhuddiadau yn dy erbyn di'n wir?

Yehoseph bar Qyph' wedi gofyn y cwestiwn i sawl tarfwr dros y blynyddoedd. Yehoseph bar Qyph' wedi gofyn y cwestiwn dair blynedd yn ôl i broffwyd o Galilea. Proffwyd o'r enw Yeshua bar-Yôsep o Natz'rat yng Ngalilea. Proffwyd lefarodd gabledd.

Proffwyd fygythiodd y Deml. Proffwyd hawliodd mai ef oedd Brenin yr Iddewon. Proffwyd fu farw ar Gulgalta, bryn y penglog.

Yehoseph bar Qyph' wedi credu iddo weld cefn Yeshua bar-Yôsep. Ond para mae si Yeshua bar-Yôsep ar strydoedd cefn Jerwsalem. Para mae cysgod Yeshua bar-Yôsep ar waliau Jerwsalem. Para mae neges Yeshua bar-Yôsep yn arterïau Jerwsalem.

Ni fu farw ei neges ar y pren. O wraidd ei garcas fe heuwyd had. O lwch ei esgyrn chwyrlïodd murmur. A chwyddodd y murmur yn rhu. A'r rhu yw –

Israel, gwrthodaist y proffwyd Moshe Rabbenu a'i erlid i'r garwdiroedd. A nawr rwyt ti'n gwrthod proffwyd tebyg i Moshe Rabbenu. Rwyt ti'n gwrthod addewid yr ARGLWYDD. Rwyt ti'n gwrthod yr enwaedu. Rwyt ti'n gwrthod y cyfamod. Rwyt ti'n gwrthod y Mashiach.

Ac o flaen Yehoseph bar Qyph' ac o flaen y Sanhedrin ac o flaen yr Iddewon daw'r rhu hon o enau Stephanos –

Brigyn o ddyn. Drewi fel ffoes. Lliain a elwir 'ezor am ei ganol. 'Ezor a dim dilledyn arall. Noeth ond am yr 'ezor a'i groen yn fudr a'i farf yn glawdd drain a llyfiad y chwip yn lliwio'i groen –

cleisiau'r pastwn,

tolciau'r dyrnau,

Heddlu'r Deml wedi bod wrthi'n ddygn –

Mae'n sefyll yn siglo yn sisial yn bygwth yn melltithio yn rhuo.

Meddai Stephanos, Y'ch chi'n wargaled, heb eich enwaedu yn eich calonnau na'ch clustiau. Y'ch chi wastad yn gwrthod y ruach hakodesh, ysbryd sancteiddrwydd, yn union fel yr oedd eich tadau yn ei wrthod. A fu proffwyd erioed na fuont yn ei erlid? Fe laddon nhw hyd yn oed y rheini oedd yn darogan dyfodiad y Tzadik, yr Un Cyfiawn. A nawr, nawr y'ch chi wedi bradychu'r Tzadik ac wedi ei fwrdro –

Berwodd gwaed y Sanhedrin, a Stephanos yn parhau –

Wedi mwrdro'r Mashiach. Wedi mwrdro'r cyfamod –

Cynnodd dicter y Sanhedrin, a Stephanos yn parhau –

Chi, chi dderbyniodd y Gyfraith ar blât trwy'r angylion, chi a'i hafradodd hi –

Ffrwydrodd llid y Sanhedrin.

Ac roedd hefru a rhegi. Ac roedd galw am ddedfryd. Ac roedd galw am gosb. Ac roedd galw am sekila. Ac roedd Yehoseph bar Qyph' yn eistedd. Ac roedd Yehoseph bar Qyph' yn ysgwyd ei ben. Ac roedd Yehoseph bar Qyph' yn dweud wrtho'i hun, *Tra bo dynion a'u duwiau ni fydd diwedd ar hyn.*

3

A nawr –

Ar ôl yr hefru ar ôl y rhegi ar ôl y ddedfryd –

y gosb,

y taflu o uchder dau lawr,

y bwrw cerrig,

y sekila,

a defodau'r sekila –

Y prosesiwn o'r ddinas. Y prosesiwn yn mynd i'r man tu allan i'r muriau. Y prosesiwn ac ar flaen y prosesiwn, rhagflaenydd.

Ac mae'r rhagflaenydd yn cyhoeddi enw'r condemniedig –

Stephanos... Stephanos... Stephanos... Stephanos...

Ac yn dilyn y rhagflaenydd, y condemniedig –

Stephanos... Stephanos... Stephanos... Stephanos...

Stephanos wedi ei stripio'n noeth. Stephanos y dyn. Dynion yn wynebu'r sekila'n noeth. Merched yn wynebu'r sekila wedi eu gorchuddio. Dyma ddefodau'r sekila. Dyma gosb y sekila. Dyma dystion y sekila. Tystion y cabledd. Tystion y troseddu. Tri thyst ar ddeg. Tri thyst ar ddeg o blith Iddewon yr Alltudiaeth. Tri thyst ar ddeg wedi gwneud honiadau'n erbyn Stephanos. Tri thyst ar ddeg wedi troi'n erbyn eu brawd ar ôl iddo gael ei arestio.

A nawr wrth y man tu allan i'r muriau. Nawr wrth fan y sekila. Wrth fan y taflu o uchder dau lawr. Wrth fan y bwrw cerrig –

Daw un o'r tri thyst ar ddeg ymlaen –

Dyn byr ond ei nerth yn amlwg. Ei drwyn yn fachyn. Ei wallt yn ddu. Ei lygaid yn emrallt.

Ac meddai rabboni o'r Sanhedrin wrth y dyn, Ti yw Paulos Saoul Tarsos sy'n siarad ar ran y tystion?

Ac meddai'r dyn, Fi yw Paulos Saoul Tarsos.

Tystia, Paulos Saoul Tarsos.

A syllodd Paulos Saoul Tarsos i fyw llygaid Stephanos. A syllodd Stephanos i fyw llygaid Paulos Saoul Tarsos. Ac fe ddaeth mellt i esgyrn Paulos Saoul Tarsos. A dal i syllu ar Stephanos yr oedd Paulos Saoul Tarsos a dal i syllu ar Paulos Saoul Tarsos yr oedd Stephanos.

Ac meddai'r rabboni o'r Sanhedrin, Mae hi'n nosi. Tystia, Paulos Saoul Tarsos.

A thystiodd Paulos Saoul Tarsos:

Fe lefarodd y gŵr hwn, Stephanos, gabledd yn erbyn Moshe Rabbenu a'r ARGLWYDD. Fe daerodd y byddai Iesous Nazarēnos yn distrywio'r Deml ac yn newid y defodau a draddododd Moshe Rabbenu i ni.

Ac yna meddai'r rabboni, Stephanos, rwyt ti wedi dy gael yn euog o gabledd ac wedi dy ddedfrydu yn ôl Cyfraith Moshe Rabbenu. Bydd dy gyffes yn dy gadw rhag Gehinnom.

Mae Stephanos yn edrych i lawr y llethr creigiog. Mae Paulos yn edrych ar Stephanos yn edrych i lawr y llethr creigiog. Mae Stephanos yn troi i wenu ar ei gyfeillion sydd ymysg y dyrfa. Mae Paulos yn edrych ar Stephanos yn troi i wenu ar ei gyfeillion sydd ymysg y dyrfa. Ac mae Paulos yn edrych arnynt. Ac mae'n eu pwyso ac mae'n eu mesur ac mae'n syllu ar un o'u plith, dim ond un. Ac mae'r un hwnnw'n syllu ar Paulos. Ac mae'r un hwnnw a'i wallt a'i farf yn oren, gyda chraith o'i dalcen at ei ên, gyda'i lygaid yn diferu dagrau. Dagrau dial, dagrau ffyrnig.

Ac mae'r rabboni o'r Sanhedrin yn dweud, Ewch ati.

A dyma ddefod y sekila. Dyma ddefod y gosb. Dyma ddefod y lladd –

Tynnodd y tyst cyntaf ei simlah a'i gosod wrth draed Paulos Saoul Tarsos. Tynnodd yr ail dyst ei simlah a'i gosod wrth draed Paulos Saoul Tarsos. Tynnodd y trydydd tyst ei simlah a'i gosod wrth draed Paulos Saoul Tarsos. Camodd y tystion at Stephanos. Safodd Stephanos yn stond. Cythrodd y tystion yn Stephanos. Stranciodd Stephanos. Taflodd y tystion Stephanos dros y dibyn. Ei daflu o uchder dau lawr. Cyn i'r dyrfa gyrraedd yr ymyl, daeth yr ergyd. Stephanos yn taro'r gwaelod. Y gwaelod o uchder dau lawr.

Mae o'n fyw o hyd, meddai tyst.

Daw griddfan o waelod y dibyn. Daw asgwrn trwy gnawd coes Stephanos. Daw fwlturiaid i aros am garcas.

Edrycha Paulos Saoul Tarsos ar Stephanos.

Ewch ati a pheidiwch â rhythu, meddai'r rabboni o'r Sanhedrin.

Mae'r tri thyst yn sgrialu i lawr y llethr.

Mae Cyfraith Moshe Rabbenu'n mynd trwy feddwl Paulos. Torat Moshe'n llifeirio –

Llaw y tystion a fydd arno yn gyntaf i'w farwolaethu ef, a llaw yr holl bobl wedi hynny. A thi a dynni ymaith y drwg o'th blith.

Mae'r tyst cyntaf yn codi carreg fawr uwch ei ben. Mae Stephanos yn codi ei law. Mae Stephanos yn dweud, Christos Iesous, derbyn fy ysbryd.

Mae'r tyst cyntaf yn taflu'r garreg at frest Stephanos. Mae'i esgyrn yn malu fel brigau mân. Mae'i sgyfaint yn rhwygo. Mae'i lygaid yn chwyddo. Daw gwaed o'i geg. Mae'n sgrechian.

Mae'r ail dyst yn codi carreg fawr uwch ei ben. Mae Stephanos yn codi ei law. Mae Stephanos yn dweud, ARGLWYDD, paid â dal y pechod yma'n eu herbyn.

Mae'r ail dyst yn taflu'r garreg at dalcen Stephanos. Mae talcen Stephanos yn ffrwydro fel ffrwyth. Mae'i benglog yn hollti. Mae'i ymennydd yn llifo. Mae'n griddfan.

Mae'r trydydd tyst yn codi carreg fawr uwch ei ben. Nid yw Stephanos yn codi ei law. Nid yw Stephanos yn dweud gair.

Mae'r trydydd tyst yn taflu'r garreg at wyneb Stephanos ac yn ei chodi a'i thaflu eto at wyneb Stephanos ac yn ei chodi a'i thaflu eto at wyneb Stephanos fel nad oes dim ar ôl o wyneb Stephanos ond uwd amrwd, gwaedlyd.

Ac mae'r tri thyst yn camu'n ôl. Ac mae'r tri thyst yn syllu ar be fu'n Iddew. Ac mae be fu'n Iddew yn plycio a phlycio a phlycio ac yna'n llonyddu.

Ac mae'r fwlturiaid yn crawcio a'r pryfed yn grwnan a'r cŵn yn prowla. Ac mae Paulos Saoul Tarsos yn gwylio hyn a hon yw defod y sekila.

4

A nawr ym mhalas yr archoffeiriad. Nawr ym mhalas Yehoseph bar Qyph'. Para mae defod y sekila. Para mae rheoliadau'r sekila. Para mae Yehoseph bar Qyph' i ochneidio ac i ysgwyd ei ben. Nawr mae Yehoseph bar Qyph' a'r tri thyst ar ddeg yn cyfarch cyfeillion a theulu'r condemniedig. Nawr mae cyfeillion a theulu Stephanos yno i gadarnhau gerbron y barnwr a'r tystion bod y ddedfryd yn deg. Cyfeillion a theulu Stephanos yno i gadarn-hau nad ydynt yn dal dig. Cyfeillion a theulu Stephanos yn diferu dagrau ac yn derbyn y corff. Derbyn y corff ar gyfer defodau marwolaeth. Traddodiadau marwolaeth. Traddodiadau'r Iddewon –

Cau'r llygaid, gosod y corff ar y llawr, goleuo cannwyll wrth ymyl y corff, a'r shomerim yn eistedd gyda'r corff, a'r shomerim yn gwylio'r corff, a'r shomerim yn gofalu am y corff, ac ar ôl y shomerim, golchi'r corff, ac ar ôl golchi'r corff, ei lapio mewn tallit, mewn lliain glan, ac ar ôl ei lapio, ei gladdu, claddu'r corff, claddu'r corff yn y pridd, claddu Stephanos yn y pridd –

Cyfeillion a theulu Stephanos yma ar gyfer y ddefod, ar gyfer y rheoliadau.

Ac meddai rabboni o'r Sanhedrin, Pwy sy'n siarad ar ran y tystion?

Mae Paulos Saoul Tarsos yn camu ymlaen ac yn nwylo Paulos Saoul Tarsos mae eiddo'r condemniedig.

Mae'r rabboni'n crychu ei drwyn ac yn dweud, Atgoffa fi o dy... Paulos Saoul Tarsos, meddai Paulos Saoul Tarsos.

Paulos Saoul Tarsos, ie siŵr iawn, meddai'r rabboni. A nawr, pwy sy'n siarad ar ran y condemniedig?

Mae dyn yn camu ymlaen. Ac mae'r dyn hwnnw yn edrych ar Paulos ac mae Paulos yn edrych ar y dyn hwnnw, y dyn hwnnw gyda'i wallt a'i farf yn oren, gyda chraith o'i dalcen at ei ên, gyda'i lygaid yn diferu dagrau. Dagrau dial, dagrau ffyrnig.

Pengoch, mae Paulos yn ei feddwl.

Dy enw, meddai'r rabboni wrth y pengoch.

Barnabya Zacharias, meddai'r pengoch.

Ac mae Barnabya Zacharias yn syllu i fyw llygaid Paulos ac mae Paulos yn syllu i fyw llygaid Barnabya ac mae gelyniaeth yn eu llygaid a gwaed drwg rhyngddynt.

Rho'r eiddo i Barnabya Zacharias, Paulos Saoul Tarsos, meddai'r rabboni.

Ac mae Paulos yn cynnig eiddo'r condemniedig. Ac mae Barnabya'n gafael yn eiddo'r condemniedig. Ond nid yw Paulos yn gollwng eiddo'r condemniedig. Ac mae Barnabya'n tynnu. Ac mae Paulos yn dal ei afael. Ac mae Barnabya'n ysgyrnygu. Ac mae Paulos yn crechwenu. Ac mae Barnabya'n bachu'r eiddo o afael Paulos. Ac mae Paulos yn syllu i fyw llygaid Barnabya ac mae Barnabya'n syllu i fyw llygaid Paulos ac mae gelyniaeth yn eu llygaid a gwaed drwg rhyngddynt.

Rhowch gorau iddi, fechgyn, meddai'r rabboni.

Ond mae Paulos yn para i syllu i fyw llygaid Barnabya ac mae Barnabya'n para i syllu i fyw llygaid Paulos ac mae gelyniaeth o hyd yn eu llygaid a'r gwaed drwg rhyngddynt yn mudferwi.

Mae Yehoseph bar Qyph' yn neidio ar ei draed ac yn rhuo, Dyna ddigon. Onid Iddewon yw'r ddau ohonoch? Onid yr un Duw yn yr un Deml y'ch chi'n ei addoli? Onid un Gyfraith y'ch chi'n ei dilyn? Onid yw pob dyn yma wedi ei enwaedu yn ôl cyfamod yr ARGLWYDD gydag Abraham? Y'ch chi off eich pennau! Diwedd hyn fydd gwaed. Ein gwaed ni'r Iddewon. Ewch!

Ructabunde, poera Paulos yn sarhaus i wyneb Barnabya wrth iddynt wahanu. Ructabunde. Sarhad yn eu hiaith. Sarhad yn yr iaith Roeg. Sarhad – malwr cachu.

5

Paulos Saoul Tarsos yn ddeg oed. Paulos Saoul Tarsos yn ddiwyd. Paulos Saoul Tarsos yn ddyrnwr.

Yr hogiau'n tynnu arno. Edrychwch, fechgyn, mae'r corrach yn dod.

Y corrach o Shevet Binyamin. Y corrach o lwyth mab fenga Ya'akov. Ya'akov ac Abraham a Yitshak. Tadau'r Hebreaid. Hynafiaid y deuddeg. Hynafiaid Re'uven a Shimon a Y'hudah a Yissakhar a Zevulun a Dan a Naftali a Gad a Shr a Binyamin a Shaul bar Yosef a Menashe bar Yosef. O'r deuddeg, y deuddeg Shevat. O'r deuddeg, Plant Israel. O'r deuddeg, y miloedd. O'r deuddeg, yr hogiau a Paulos Saoul Tarsos, yr alltudion. Ond Paulos Saoul Tarsos ddim am fod yn gorrach. Paulos Saoul Tarsos ddim am fod yn un o Shevet. Paulos Saoul Tarsos ddim am fod yn un o'r Hebreaid. Paulos Saoul Tarsos a'i lygaid ar oleuni'r gorllewin.

Wedi bod yn y synagog yn llyfu twll tin yr henadur budr Hiram, wyt ti? meddai un o'r hogia. Y mwyaf, yr un cegog – Elon. Ac Elon yn sgwario. Y lleill yn sarhau. Un ar ddeg i gyd. Un ar ddeg yn erbyn Paulos. Un ar ddeg yn erbyn Shevat Binyamin. Un ar ddeg yn erbyn un ym Mrwydr Giv'a. Brwydr Giv'a, chwedl y llwyth. Brwydr Giv'a, chwalfa'r llwyth. 400,000 yn erbyn 26,000. Cynghrair y llwythau'n difodi Shevat Binyamin. Dinistrio'i ddinasoedd. Difa'i ddinasyddion. Tywallt eu gwaed, gwaed y llwyth –

gwaed a gwaed a gwaed a gwaed –

Gwaed yn boddi'r tir. Gwaed yn trochi'r nefoedd. Gwaed yn golchi Gehinnom –

Gwaed Shevat Binyamin –

Y gwaed ar gapan a dau bost y drws. Y gwaed yn diferu o'r pren. Y gwaed fydd yn crasu'r ddaear.

Gwaed Paulos ar ôl i Elon roi dwrn iddo yn ei drwyn. Gwaed Elon ar ôl i Paulos daro'n ôl –

gwaed a gwaed a gwaed a gwaed,

wrth i ddyrnau waldio,

i draed gicio,

i bennau dwlcio,

i ddannedd frathu,

400,000 yn erbyn 26,000,

400,000 yn erbyn un,

400,000 yn erbyn Paulos Saoul Tarsos,

yr Hebreaid yn erbyn Paulos Saoul Tarsos,

Plant Israel yn erbyn Paulos Saoul Tarsos,

yr Iddewon yn erbyn Paulos Saoul Tarsos,

a neb yn gefn i Paulos Saoul Tarsos,

neb wrth ei ysgwydd,

pawb yn elyn iddo,

a Paulos Saoul Tarsos, deg oed, yn dwmpath ar y stryd gefn, ei lyfrau wedi eu sgrialu, ei gorff yn gleisiau, ei waed yn llifo –

gwaed a gwaed a gwaed a gwaed –

Y gwaed ar gapan a dau bost y drws. Y gwaed yn diferu o'r pren. Y gwaed fydd yn crasu'r ddaear –

Mae Paulos yn codi ar ei eistedd, gwingo. Eistedd yn y stryd gefn. Eistedd yno a rhuo'n gynddeiriog. Rhu yn erbyn Elon a'i fêts. Rhu yn erbyn yr un ar ddeg. Rhu yn erbyn yr un ar ddeg Shevatim. Rhu yn erbyn yr Hebreaid, yn erbyn Plant Israel, yn erbyn yr Iddewon. Rhu yn erbyn yr ARGLWYDD. Rhu i gael bod yn rhywun arall –

Ac yna –

Ar dy draed, y bredych bach diog.

Paulos yn troi at y llais. Paulos yn adnabod y llais. A'r llais eto. Ar dy draed, neu mi'th flinga i di.

Ei dad, Shaul. Ac eto, mewn Hebraeg, Ar dy draed, Saoul – Saoul, enw'i dad. Saoul, ei enw'n Hebraeg. Saoul, enw'i lwyth. Saoul, yr enw mae'n ei gasáu.

A'i dad yn rhuo, Wyt ti'n meddwl fy mod i wedi dy enwi di ar ôl brenin er mwyn i ti gael wylo fel merch a chuddio mewn rhyw lôn gefn?

Roedd yna un ar ddeg ohonynt, meddai Paulos.

Ar dy draed, meddai'i dad a'i bwnio gyda'i droed. Ar dy draed. Rwyt ti o un o lwythau Plant Israel. Rwyt ti'n fab i'r ARGLWYDD. Ar dy draed ac am y llethrau â ti. Digon i'w wneud. Dim amser i ddiogi. Fyny â ti i'r mynyddoedd.

A Paulos ar ei draed. A Paulos yn diferu gwaed. A'i waed yn y llwch. A phoblogaeth Tarsos yn ciledrych. A thrigolion Tarsos yn cilwenu. A drysau Tarsos yn cilagor. Sibrwd mewn Koine, y dafodiaith gyffredin. Iaith dealltwriaeth. Iaith Paulos. A Paulos yn deall pob gair. Paulos yn teimlo pob sarhad. Paulos a'i waed yn berwi –

Y bobl yma, yr Iddewon yma, yr Israel hon –

Hwyth o'r tu ôl a'i dad yn dweud, Ffwrdd â ti!

6

Ar lethrau'r Toros Daglari, 25 milltir i'r gogledd o Tarsos. Gwanwyn yn gwywo. Eira'n wyn ar y copaon. Y geifr du'n dotio'r llethrau. Preiddiau'n patrymu'r Toros Daglari. Y preiddiau'n brefu. Y preiddiau'n rhuslyd. Bechgyn yn eu mysg. Gweithwyr yn eu mysg. Paulos yn eu mysg. Paulos ymysg y geifr a'r gweithwyr. Paulos yn *un* o'r gweithwyr. Paulos yn adrodd y Torah she-be-'al peh. Y Torah sy'n cael ei siarad. Y Gyfraith Lafar. Paulos y llanc. Y llanc yn adrodd. Yn adrodd dan ei wynt. Paulos wedi dysgu. Wedi dysgu ar lafar. Wedi *gorfod* dysgu. Ei dad wedi dweud, Dysga! A Paulos wedi dysgu. Wedi dysgu yn y synagog. Dysgu'r Torah she-be-'al peh.

Ac wrth adrodd, casglu'r blew. Blew y geifr du. Hel y blew i sachau. Llenwi'r sachau. Job ddiflas. Job ddiddiolch. Job flinedig. Job i brentis.

Nawr, sachau'n domen ar y llethrau. Paulos a'r bechgyn yn chwys at eu croen. Paulos a'r bechgyn yng ngwres y prynhawn. Paulos a'r bechgyn wedi cael llond bol ac yn ei throi am adre. Mae'r ceffylau a'r troliau'n aros amdanynt ar y llwybr, i lawr acw. Ond nawr rhaid cario'r sachau i lawr y llethrau, eu llwytho ar y troliau. Paulos a'r bechgyn yn cario ac yn llwytho, felly. Paulos a'r bechgyn yn chwysu. Paulos a'r bechgyn wedi ymlâdd. Ac yna, y daith yn ôl i Tarsos, y daith i weithdy ei dad, y gweithdy, a'r drewdod, a'r chwys.

Ac yn y gweithdy, y gwehyddion yn gweu'r gwlân. Cynhyrchu'r ciliciwm, gwisg drwchus i'r morwyr a'r milwyr. Gwisg i gadw'r gaeaf draw. Ac yn y gweithdy, gwneud pebyll. Pebyll ar gyfer masnachwyr sy'n mynd a dod trwy Tarsos. Mynd a dod o Ephesos a mynd a dod o Rufain. Rhufain, y ddinas aur. Rhufain, goleufa'r byd. Rhufain, breuddwyd Paulos. Ond cyn y freuddwyd, hyn. Hyn yn Tarsos.

Chwys a llafur.

Prynu a gwerthu.

Llwytho a gweu –

Y gwehyddion yn gweu. A'u dwylo'n gwaedu. A gwaed a gwaed a gwaed a gwaed. A Paulos yn gweld y gwaed, yn ogleuo'r gwaed. Y gwaed yn diferu. Yn diferu o ddwylo'r gwehyddion. A Paulos yn dysgu o'r gwaed. Yn dysgu'r gweu. Yn dysgu'r grefft. Ei ddwylo bach. Ei ddwylo'n gwaedu. Gwaedu wrth weu. Chwysu wrth weu. Adrodd wrth weu. Adrodd o'r Torah. Adrodd y Mishnah fu Paulos yn ei ddysgu yn y synagog. *Gorfod* ei ddysgu. Ei ddysgu'n ddeg oed –

Dysgu chwe threfn y Mishnah,

dysgu Zeraim,

dysgu Moed,
dysgu Nashim,
dysgu Nezikin,
dysgu Kodashim,
dysgu Tohorot,
dysgu fel pob Iddew,
dysgu a gweu a gwaedu dysgu a gweu a gwaedu dysgu –

A'i ben yn curo. A'i wynt yn fyr. A'i gnawd yn pigo. A'r curo'n
ei ben yn cynyddu. A'i ddwylo'n gwaedu. Y gwaedu a'r gweu. A
geiriau'r Mishnah. A'r chwys yn powlio. A'r muriau'n cau amdano.
A lleisiau'n atsain. A'i enw'n daran –

Paulos! Paulos! Paulos! Be sy'n bod? Paulos! Sh –

Ac mae'n syrthio ac yn plycio, a daw pendro drosto, a'i
ddwylo'n agor a chau, yn agor a chau, ac mae ar y llawr, yn stiff,
yn crynu, a phawb o'i gwmpas a Paulos! Paulos! Paulos! yn gorgan,
ac –

Y fagddu.

7

Ac mae'i dad Shaul mewn cyfyng-gyngor gyda swyddogion o'r
synagog, a'r swyddogion yn dweud fel hyn –

Mae'r bechgyn eraill yn pigo arno am ei fod yn fychan...

Mae'n ddawnus...

Un tawel yw Paulos...

Dweud dim gair o'i ben...

Efallai, ond sgwrsiwch gyda'r llanc wyneb yn wyneb, a prin y
bydd o'n cau ei geg...

Be wna i gyda fe? gofynna'i dad. Nid yw i'w weld yn fodlon
gyda'r cyfamod mae'r ARGLWYDD wedi'i roi i ni. Mae fel pe bai'n
edrych o hyd am rywbeth.

Ond ni ddaw ateb. Dim ond ysgwyd pennau. Dim ond

twt-twtio. Ciledrych ar Paulos yn eistedd ar y fainc yn y synagog. Ciledrych dros aeliau blewog. Ciledrych is talcennau crychog.

A nawr ar y ffordd adre o'r synagog, Paulos yn gofyn i'w dad, Ydw i wedi fy melltithio, 'nhad?

Nac wyt, siŵr iawn.

Be sy'n bod arnaf fi, felly?

Nid yw ei dad yn dweud gair. Mae'i dad yn brasgamu trwy Tarsos.

Yw HaShatan yndda i, 'nhad? Diafol ei hunan?

Hisht, wir, a thyrd yn dy flaen.

A Paulos a'i goesau bach yn dilyn, a'i goesau bach yn camu, a'i goesau bach yn cario'r baich. A Paulos yn adrodd Y Mishnah –

adrodd Zeraim,

adrodd Moed,

adrodd Nashim,

adrodd Nezikin,

adrodd Kodashim,

adrodd Tohorot,

adrodd fel pob Iddew –

Adrodd a gweu a gwaedu. Adrodd a gweu a gwaedu. Adrodd –

A'i ben yn curo. A'i wynt yn fyr. A'i gnawd yn pigo. A'r curo'n ei ben yn cynyddu. A'i ddwylo'n gwaedu. Y gwaedu a'r gweu. A geiriau'r Mishnah. A'r chwys yn powlio. A'r muriau'n cau amdano. A lleisiau'n atsain. A'i enw'n daran –

8

A mellten yn hollti'r nos dros Jerwsalem. Jerwsalem sydd mor bell o Tarsos –

A Paulos Saoul Tarsos y dyn. Y dyn sy'n cofio bod yn blentyn ar lethrau'r Toros Daglari. Y dyn sy'n crynu wrth i lafn tanllyd oleuo'r fagddu.

Ac o'i gwmpas, y coed yn drwchus, yn fygythiol. Ac yn ei esgyrn, yr ias. Ias o fod yma –

Gat-Smanim, yn yr iaith leol. Gat-Smanim wrth droed y mynydd. Wrth droed Har HaZeitim. Ar ochr ddwyreiniol y ddinas. Llethr bryn lle mae'r llwyni olewydd yn tyfu. Gat-Smanim, gardd ymysg y coed. A'r coed yn sisial. A'r nos yn solat. Ond eto, golau. A nawr, taran. Yr ARGLWYDD yn styrio. Yr ARGLWYDD yn –

Wyt ti'n medru Lladin, Paulos Saoul Tarsos?

Llais o'r coed yn troi Paulos yn ddelw. Ei droi'n ddelw fel Ado, gwraig Lot. Delw o halen ar ôl iddi edrych dros ei hysgwydd ar ddinistr dinasoedd a'r ARGLWYDD wedi gorchymyn iddi beidio.

Wyt ti'n fud, Paulos Saoul Tarsos?

Daw Paulos ato'i hun a holi, Pwy sydd yna?

O, mi *wyt* ti'n medru Lladin, meddai'r dieithryn. Mi glywis i fod gen ti dair iaith. Y dafodiaith gyffredin, iaith dy dad. Hebraeg, iaith dy lwyth. Lladin, iaith dy gaethfeistri.

Nid caethwas ydw i.

Ha! Caethweision ydan ni i gyd, Paulos. A Rhufain yw'n meistres.

A mellten eto, mellten yn llewyrchu'r fagddu. Ac am eiliad mae'r gŵr yn y coed i'w weld yn glir. Ei daldra, ei rym, ei fantell. Ond yna, tywyllwch eto. A'r gŵr wedi mynd. A Paulos yn ddall eto. Paulos yn sefyll ar y llethr, yn sefyll yn y nos, yn sefyll yn Gat-Smanim.

Fan hyn, meddai'r dieithryn, gafodd y proffwyd hwnnw o Galilea ei arestio. Un o nifer y noson honno. Un o nifer groeshoeliwyd ar y Pesach am godi twrw. Tarfwr a rafin oeddan nhw'n ei alw fo. Eraill yn ei alw'n Messias – Mashiach yn yr iaith leol. Wyt ti'n cofio, Paulos?

Nid yw Paulos yn ateb. Ond yn hytrach mae Paulos yn gofyn, Pwy wyt ti a pham ydw i yma?

Wedi dy alw wyt ti.

Dim ond yr ARGLWYDD sy'n galw.

Daw tuchan o'r coed, sbeit a sarhad. Ac yna llais y dieithryn yn dweud, Wel dyna fo, efallai mai dy dduw sydd wedi dy alw di, gorrach.

Cabledd, meddai Paulos.

A beth yw'r gosb am gabledd?

Sekila, meddai Paulos.

Fel Stephanos.

Ie, fel hwnnw, fel unrhyw un.

A dyna wyt ti'n gredu, Paulos? Bod cosb am gabledd?

Dyna yw Torat Moshe. Cyfraith Moshe Rabbenu. Cyfraith yr ARGLWYDD. Am gael gwers wyt ti? Cer i synagog, gyfaill. Fe gei ddysgu yno os wyt ti am ddod yn Iddew. Bydd yn rhaid i ti gael dy enwaedu, cofia di. Ond beth bynnag yw dy fwriad, paid â fy llusgo i o'm gwely ym mherfeddion nos. Pwy wyt ti? Rhywun o bwys? Rhywun yn sicr sy'n gallu anfon neges i dŷ dinesydd am hanner nos, ar ganiad y ceiliog, a tharfu ar ei gwsg. Pwy wyt ti?

Eiliad o dawelwch. Eiliad o Paulos ar ben ei hun ar y llethr, yn y nos, yn Gat-Smanim. Eiliad cyn i'r dieithryn ddweud, Taswn i'n datgelu hynny mi fyddai'r ddau ohonan ni'n gelain.

Ac eto tawelwch. Ac yna mellten. A Paulos yn cael cip ar ei ormeswr. Y gŵr mewn mantell, y dieithryn yn y coed. Tal a balch a chadarn. Ond yna mae'r fellten wedi cael ei dydd a daw'r daran yn ei sgil, yn ffyrnig, yn chwyrnu. Paulos yn cau ei lygaid. Paulos yn gofyn iddo'i hun, *Pam ydw i yma?* Paulos yn ei ddychymyg yn gweld ei gartre, yn gweld – a'r nos yn ddu o'i gwmpas – yr eira'n wyn ar gopaon Toros Daglari. Y mynyddoedd i'r gogledd o Tarsos. Y mynyddoedd yr edrychai Paulos arnynt bob dydd tan ei ben-blwydd yn dair ar ddeg. Tan iddo ddod yn bar mitzvah. Tan iddo ddod yn fab y gorchymyn a chael ei anfon gan ei dad i Jerwsalem. Ei anfon at ei chwaer, Avva. Ei anfon a throi ei gefn ar Tarsos, ar y mynyddoedd, ar ei freuddwyd am Rufain. Ei anfon i'w saernïo'n Iddew, i'w fowldio'n erbyn ei ewyllys –

Pam y ganed fi? Fy ngeni'n anarferol, y lleiaf o'r lleiaf. Beth yw fy mhwrpas i, y corrach, y crafwr, y corddwr? Fy ngeni gyda melltith yn fy ngwaed. Pwy ydw i? Pam na cha i fod yn rhywun arall?

Roedd dy dad yn aelod o blaid y Perushim, meddai'r dieithryn.

Sut gwyddost ti hynny?

Dwi'n gwybod llawer iawn o bethau.

Beth arall wyt ti'n wybod?

Dy fod ti'n aelod, hefyd. Oedd dy dad yn gorrach?

Ni wyddost hynny, felly?

Mae'r dieithryn tal a balch a chadarn yn chwerthin yn dawel.

Mae Paulos yn meddwl eto, *Pam ydw i yma? Yma yn y byd? Yma yn y cysgodion? Yma heno'n cael fy holi?*

Ac mae'n gofyn i'r dieithryn, Pam ydw i yma?

Wyt ti am adael?

Ydi, mae Paulos am adael. Ond mae Paulos am aros. Mae wedi ei alw. Fe ddaeth gorchymyn. Gorchymyn yng nghanol nos. Rhywun am iddo wasanaethu. Rhywun am iddo fod o bwys. Mae'r dieithryn yn chwerthin. Ond nid yw Paulos yn chwerthin. Mae Paulos yn dawel. Mae Paulos yn pwyso ac mae Paulos yn mesur. Daw datguddiad –

Fe ddywedaist mai'r fan hyn y cafodd rhyw rabboni ei arestio.

Ia, fan hyn.

Beth sydd gan fan hyn i'w wneud gyda fi? Beth sydd gan ryw rabboni trafferthus i'w wneud gyda fi?

Wyddost ti am Fudiad Yeshua? Carfan newydd o blith dy bobl. Rhai'n eu galw'n Meshiykiyyim.

Rydw i wedi clywed amdanyn nhw.

Mae'r dieithryn yn dweud, Cafodd eu harweinydd ei groeshoelio am ddweud mai fo oedd Brenin yr Iddewon ac am fygwth y Deml. Mae'i ddilynwyr wedi creu helbul yn y ddinas ers iddo gael ei ddienyddio. A thystiaist yn erbyn un ohonynt, yn do? Un o'r alltudion sydd wedi heidio yma ers hynny i ddilyn y mudiad.

Mae Paulos yn symud o un droed i'r llall. Ei wegil yn cosi. Ei dalcen yn chwysu. Ei ben yn curo. Mae'n ofni'r felltith. Nid yw am i'r felltith daro yma yn y nos, ar y llethr, ac yntau ar ei ben ei hun gyda dieithryn mewn mantell. Mae dan straen nawr a phryd hynny y daw'r felltith i'w lorio fel arfer.

Ond dyna pam mae'n byw'n dawel. Dyna pam mae'n cadw ar wahân. Dyna pam nad yw'n dwrdio nac yn taeru nac yn herio. Dyna pam mae'n corddi. Dyna pam mae'n ysu i fod yn ddyn newydd. Dyna pam mae tân yn ei frest –

a byddai'r fflam yn ei frest yn llosgi'r byd pe bai'r fflam yn cydio –

Dywed y dieithryn, Pan mae dyn yn cael ei ddienyddio, a'i gorff yn cael ei daflu i dwll efo dwsin o'i fath, mae rhywun yn cymryd yn ganiataol y bydd o'n cael ei anghofio. Y bydd Jerwsalem a'r Iddewon yn mynd o gwmpas eu pethau eto. Heb atgof amdano. Ond na. Nid felly mae hi. Para mae si Yeshua bar-Yôsep ar strydoedd cefn Jerwsalem, Paulos Saoul Tarsos. Para mae cysgod Yeshua bar-Yôsep ar waliau Jerwsalem. Para mae neges Yeshua bar-Yôsep yn arterïau Jerwsalem. Ac mae wedi denu cefnogwyr y Kanai'im a'r Sicari, sy'n gwneud ei fudiad yn un terfysgol. Maen nhw'n dod o bedwar ban i danseilio pŵer y Deml – a phŵer y Pax Augusta, yr heddwch sefydlwyd ar hyd a lled y byd gan yr ymerawdwr ddeng mlynedd yn ôl.

Nid yw Paulos yn dweud gair.

'Sat ti'n hoffi gwasanaethu'r Deml a'r Pax Augusta, Paulos? meddai'r dieithryn.

Ar ran p'run wyt ti'n siarad?

Ar fy rhan fy hun.

Nid yw Paulos yn dweud gair.

Dywed y dieithryn, Mi wnest ti argraff ar yr awdurdodau trwy dy waith fel tyst yn achos Stephanos.

Nid yw Paulos yn dweud gair.

A daeth dy enw i glust y grym tu ôl i'r grymoedd.

Beth wyt ti am i mi wneud, ddieithryn?

Cynnal ymgyrch filwrol gudd yn erbyn Mudiad Yeshua.

Mellten yn goleuo. Taran yn rhuo. Chwys ar dalcen Paulos. Ofn yn ei frest. Pwyso a mesur. Ystyried yr ymholiad. Meddwl, *Ai mewn trap ydw i? Ydw i'n cael fy hudo i'r fflamau?*

Mae'n gofyn, Os oes gen ti rym, pam na wnei di hyn?

Mae fy ngrym i'n gwywo. Mae fy nyddiau wedi eu rhifo.

Rydw i wedi tywallt gwaed yn ddireswm, wedi cynhyrfu'r dyfroedd. Bydda i'n cael fy erlid o 'ma cyn hir. A bai Mudiad Yeshua yw fy nghwymp. Heb eu dyfodiad nhw, a'u tarfu ar yr heddwch, byddai'r byd yn dal i droi. Felly chdi ydi'r dyn. Rydw i wedi gweld dy addewid di, Paulos Saoul Tarsos. Siaradaist yn erbyn Stephanos.

Do, meddai Paulos.

Gweithredaist yn barod yn y ddinas yma'n erbyn y mudiad. Chdi a dy gyfeillion. Dyrnu a chicio fin nos. Tydi'r awdurdodau ddim yn ffyliaid, wyddost ti.

Paulos yn gwingo, ffit yn dod –

A'i ben yn curo. A'i wynt yn fyr. A'i gnawd yn pigo. A'r curo'n ei ben yn cynyddu. A'i ddwylo'n gwaedu. Y gwaedu a'r gweu. A geiriau'r Mishnah. A'r chwys yn powlio. A'r muriau'n cau amdano. A lleisiau'n atsain. A'i enw'n daran –

Mae'r dieithryn yn dweud, Rhaid i Rufain a dy dduw di gyd-fyw. Mae gwrthryfelwyr fel Mudiad Yeshua'n fygythiad i'r ddau rym ac rwyt ti'n foi sydd am wasanaethu'r ddau. Gwasanaethu dy dduw, gwasanaethu'r Pax Augusta. Ydw i'n dweud y gwir, Paulos Saoul Tarsos? Wyt ti gyda fi?

Paulos yn dal ei wynt. Brwydro'n erbyn y felltith. Mae'n benysgafn. Mae'n siglo. Mae'n trechu ac yn chwythu'r aer o'i sgyfaint, yn diferu'r drwg o'i galon a thywallt y gwir o'i enau –

Rwyf fi gyda chi.

9

Brasgamu i lawr y llethr. Brasgamu o Gat-Smanim. Gat-Smanim wrth droed y mynydd. Wrth droed Har HaZeitim. Ar ochr ddwyreiniol y ddinas. Llethr bryn lle mae'r llwyni olewydd yn tyfu.

Yn aros amdano, gwraig mewn trol a cheffyl. Ond nid trol a

cheffyl yw ei cherbyd arferol. Mae hi mewn cuddwisg heno. Mae hi'n gweithredu yn gyfrinachol heno.

Mae'r gŵr yn neidio i'r drol. Sŵn hylif yn tywallt. Mae'r wraig yn cynnig cwpan iddo. Mae'n cymryd y gwpan. Mae'n yfed y gwin.

Ydi o'n barod i weithredu? meddai'r wraig.

Yfa'r gŵr ac ateb ei chwestiwn gydag amnaid.

Dechreua'r wraig dywys y ceffyl a'r drol am byrth y ddinas.

Edrycha'r dyn o'i gwmpas a gweld y nos a gweld y fagddu, dim byd ond tywyllwch.

Mae'r wraig yn gofyn, Oedd o'n hawdd i'w berswadio?

Mae o'n eithafwr. Wrth gwrs ei fod o.

Mae'r wraig yn dweud, Rwyt ti wedi gwneud tro da ar ran yr ARGLWYDD, yr un Duw –

Dwi ddim eisiau clywed rwtsh am dduwiau.

Mae'r wraig yn dweud yn dawel, Ac ar ran yr ymerawdwr.

Mae'r gŵr yn tuchan, yn yfed. Mae'n dweud, Ar fy rhan i dwi'n gwneud y tro da. Fy nial i ydi hyn a dial neb arall.

10

Yitshak, brawd-yng-nghyfraith Paulos, sy'n gofyn, Dammasq?

Ia, meddai Paulos.

Pam Dammasq?

I ddinistrio Mudiad Yeshua. Dechrau gydag Iddewon alltud oedd yn gweithredu gyda Stephanos. Mae'r cyntaf ar ein rhestr yn Dammasq. Philippos yw ei enw. Yna dychwelyd yma, a'u difa nhw, un ar ôl y llall.

Mae Yitshak yn pendroni. Ond nid yr hakohen hagadol sydd wedi erchi i ni wneud hyn. Fydde'r hakohen hagadol ddim yn hidio dim am be sy'n digwydd yn Dammasq. Talaith Jwdea yw ei fusnes. Talaith Jwdea a dinas Jerwsalem.

Yitshak, fel Paulos, o Shevat Binyamin. Yitshak, fel Paulos, yn Perushim. Yitshak, fel Paulos, yn Iddew. Ond Yitshak wedi ei eni yn Jerwsalem. Nid dyn dŵad mohono. Dyn y pridd. Dyn y tir. Nid fel Paulos. Nid o blith yr alltud. Nid corrach o Tarsos. Nid dieithryn. Nid mewnfudwr. A hynny'n crawni yn Paulos, y diffyg perthyn. Ond mae'r dieithryn yn y coed wedi cynnig perthyn iddo. Mae'r dieithryn yn y coed wedi cynnig yr ARGLWYDD ac wedi cynnig Pax Augusta. Duw a Rhufain.

Nid wyf fi'n Iddew fel Yitshak, mae'n feddwl. *Iddew wyf fi oherwydd bod fy nhad yn mynnu. Mae'r llwyth yn fy erbyn. Ers Giv'a, yn fy erbyn...*

(yr Hebreaid yn erbyn Paulos Saoul Tarsos, Plant Israel yn erbyn Paulos Saoul Tarsos, yr Iddewon yn erbyn Paulos Saoul Tarsos)

... rwyf fi'n rhywbeth gwahanol. Ond beth?

Ni chyhuddwyd y chwe bachgen arall o drosedd, meddai Yitshak. Petaent wedi cableddu, mi fydde'r Sanhedrin wedi eu dedfrydu fel y dedfrydwyd Stephanos.

Mae Paulos yn codi ei ysgwyddau. Pam wyt ti angen esgus i hela'r Meshiykiyyim? Cableddwyr ydyn nhw.

Yn ddiweddarach –

Yn y nos –

Paulos a Yitshak a phump arall yn sgwario trwy strydoedd Jerwsalem. Trwy strydoedd yr isddinas. Strydoedd y tlawd. Strydoedd y resha'im a'r evionim. Strydoedd y lladron a'r llwm. Strydoedd y Meshiykiyyim. Strydoedd Mudiad Yeshua.

Yr awr yw shkiah, y machlud. Mae'r saith newydd adael mincha, cyfarfod gweddi'r prynhawn. Mae'r saith newydd weddïo Ashrei yoshvei veitecha, od y'hallelucha, selah! Mae'r saith newydd weddïo Tefilat HaAmidah. Mae'r saith newydd weddïo Aleinu leshabei'ach. Mae'r saith nawr ar drywydd prae. Mae'r saith yn hela'r Meshiykiyyim. Carfan o Fudiad Yeshua. Carfan dramorol o Fudiad Yeshua. Dieithriaid sydd heb Hebraeg. Dieithriaid sydd heb ddarllen Torat Moshe yn iaith yr Iddewon. Yr iaith yr ysgrifennodd yr ARGLWYDD y Torat ynddi ar y Luchot HaBrit, dwy lech y dystiolaeth. Dieithriaid sydd heb barchu'r Deml na'i defodau.

Dieithriaid sy'n dilyn tarfwr. Y tarfwr fygythiodd y Deml. Y tarfwr alwodd ei hun yn Frenin yr Iddewon. Cableddwr gwallgo. Ac mae gan Paulos fandad i'w hela. Mandad gan y grym tu ôl i'r grymoedd. Mandad gan ei dduw a gan Rufain. Cynnal cyfamod yr ARGLWYDD, cynnal Pax Augusta.

Ac wrth feddwl am ei brae, mae'n meddwl am y proffwyd maent yn ei ddilyn. Y proffwyd a gollwyd yn y niwl. Y proffwyd laddwyd ar groes. Y proffwyd gladdwyd mewn bedd. Y proffwyd sy'n atsain hyd heddiw –

Yeshua.

Ac mae llais ym mhen pellaf ei feddwl yn sibrwd, Paulos, Paulos, Paulos, pam wyt ti'n fy erlid i?

Nawr mae Yitshak yn gofyn, Pwy oedd e, y dieithryn yn y coed?

Dim syniad, meddai Paulos.

Sut gwyddai e amdanat ti?

Am i mi lefaru ar ran y tystion yn achos Stephanos.

A beth mae e am i ti wneud, y dieithryn yn y coed? Eu harestio a'u dychwelyd, ie?

Yn farw neu'n fyw ddywedodd e. Eu dinistrio nhw. Rhain i ddechrau. Y tramorwyr. Y rhai sy'n cenhadu tu hwnt i Jerwsalem. Nhw sydd gyntaf. Rhag ofn i'w gwenwyn ledaenu. Yna, dychwelyd i'r ddinas. Targedu'r pileri.

Ddylen ni fynd ar ôl y pileri i ddechrau, meddai Yitshak.

Na, dynion eu milltir sgwâr ydyn nhw. Maent wedi eu cyfyngu i'r fan yma. Nid cenhadwyr i'r byd ydyn nhw. Rhaid anfon rheini i'r tân i ddechrau, rhwystro lledaeniad y mudiad ar draws y byd.

Be sydd gan y byd i'w wneud 'da'r Iddewon? Fan hyn yw'n lle ni.

Cur ym mhen Paulos –

ei wynt yn fyr,

ei gnawd yn pigo,

chwys ar ei dalcen,

goglais ar ei wegil,

ei sgyfaint yn dynn,

ffit –

*paid â fy erlid dilyn fi paid â fy erlid dilyn fi paid â fy erlid dilyn fi paid
â fy erlid dilyn fi paid â fy erlid dilyn fi paid â fy erlid dilyn fi –*

pendro nawr,

gwefusau'n grin,

pinnau mân yn ei ddwylo,

y felltith –

*paid â fy erlid dilyn fi paid â fy erlid dilyn fi paid â fy erlid dilyn fi paid
â fy erlid dilyn fi paid â fy erlid dilyn fi paid â fy erlid dilyn fi –*

y gosb –

*paid â fy erlid dilyn fi paid â fy erlid dilyn fi paid â fy erlid dilyn fi paid
â fy erlid dilyn fi paid â fy erlid dilyn fi paid â fy erlid dilyn fi –*

y cystudd –

*paid â fy erlid dilyn fi paid â fy erlid dilyn fi paid â fy erlid dilyn fi paid
â fy erlid dilyn fi paid â fy erlid dilyn fi paid â fy erlid dilyn fi –*

Paulos, be sy'n bod?

Yitshak yn ei bwnio. Yitshak yn dweud, Tyrd atat ti dy hun. Y'n
ni yma. Dyma'r tŷ.

Un o'r bechgyn eraill yn dweud, Barod, bois?

Pawb yn dweud, Barod.

Mewn â ni, felly, meddai'r llabwst cyntaf ac mae'n rhoi cic i'r
drws.

11

Paulos yn laddar o chwys –

*paid â fy erlid dilyn fi paid â fy erlid dilyn fi paid â fy erlid dilyn fi paid
â fy erlid dilyn fi paid â fy erlid dilyn fi paid â fy erlid dilyn fi –*

Paulos a'i wynt yn ei ddwrn –

*paid â fy erlid dilyn fi paid â fy erlid dilyn fi paid â fy erlid dilyn fi paid
â fy erlid dilyn fi paid â fy erlid dilyn fi paid â fy erlid dilyn fi –*

Paulos yn benysgafn –

paid â fy erlid dilyn fi paid â fy erlid dilyn fi paid â fy erlid dilyn fi paid â fy erlid dilyn fi paid â fy erlid dilyn fi paid â fy erlid dilyn fi –

a Paulos yn curo addolwr Yeshua gyda'i bastwn ac addolwr Yeshua'n udo ac erfyn,

mewn Koine,

y dafodiaith gyffredin,

iaith Paulos,

iaith y byd,

a'r addolwr nawr wedi ei rowlio'n belen ar y stryd a Paulos yn curo a Paulos yn cicio a Paulos yn poeri arno ac yn dweud mewn Koine, Hen ddiawl! Gwas Diafol! Ffodr i'r Infferno wyt ti a dy haid!

I fyny ac i lawr y stryd mae cyfeillion Paulos yn erlid ac yn archolli'r Meshiykiyyim. Saith ohonynt yn diodde crasfa. Saith o blith Iddewon alltud sy'n addoli Yeshua. Pum dyn, dwy wraig. Saith yn y tŷ. Saith newydd adael minha, cyfarfod gweddi'r prynhawn. Mae'r saith newydd weddïo Ashrei yoshvei veitecha, od y'hallelucha, selah! Mae'r saith newydd weddïo Tefilat HaAmidah. Mae'r saith newydd weddïo Aleinu leshabei'ach. Ond nid o'u genau nhw y daeth y geiriau. Nid o'u genau nhw y daeth yr Hebraeg. O enau pennaeth y synagog yr oeddynt yn ei fynychu. Synagog Iddewon alltud. Synagog y tramorwyr. Synagog nadroedd.

Paulos yn curo a Paulos yn melltithio a Paulos yn clywed ei gyfeillion yn waldio ac yn melltithio, a Paulos yn clywed y Meshiykiyyim yn udo ac yn erfyn a Paulos yn gynddeiriog ac

(*paid â fy erlid dilyn fi paid â fy erlid dilyn fi paid â fy erlid dilyn fi paid â fy erlid dilyn fi paid â fy erlid dilyn fi paid â fy erlid dilyn fi*)

mae gwaed Paulos ar dân a phe bai ei waed yn tywallt o'i gorff byddai gwaed ei gorff yn crasu'r ddaear.

Ac yna goleuni ac mae'n ddall ond yn gweld o hyd yn gweld i'r goleuni a'r angel yn y goleuni y dyn yn y goleuni ac mae'n cydio'n ei frest ac yn colli ei wynt ac yn oer at ei esgyrn ac mae lleisiau a'r lleisiau'n dweud Paulos Paulos Paulos ac mae'r lleisiau'n pylu ac mae Paulos yn suddo ac yn suddo ac yn suddo.

12

Hunlle Paulos –

Ail-fyw'r achos yn erbyn Stephanos. Ail-fyw Stephanos yr alltud. Ail-fyw Stephanos o'r Meshiykiyyim.

Dychwelyd i'r stafell honno. Dychwelyd i'r awr honno. Dychwelyd at lais Stephanos yr alltud, ei rybudd –

Y'ch chi'n wargaled, heb eich enwaedu yn eich calonnau na'ch clustiau. Y'ch chi wastad yn gwrthod y ruach hakodesh, ysbryd sancteiddrwydd, yn union fel yr oedd eich tadau yn ei wrthod.

Rhu Stephanos –

A nawr, nawr y'ch chi wedi bradychu'r Tzadik ac wedi ei fwrdro –

Gwaedd Stephanos –

Wedi mwrdro'r Mashiach. Wedi mwrdro'r cyfamod –

A Paulos yn griddfan. A Paulos yn glafoerio. A Paulos yn rhith-weld. A'i wely nawr ar lethr Har HaZeitim. Har HaZeitim ar ochr ddwyreiniol y ddinas. Llethr bryn lle mae'r llwyni olewydd yn tyfu. Gat-Smanim, gardd ymysg y coed. A'r coed yn sisial. Ar nos yn solat. Ond eto, golau. A nawr, taran. Yr ARGLWYDD yn styrio. Yr ARGLWYDD yn –

A nawr, y dieithryn yn y coed, y gŵr mewn mantell. Y gŵr yn camu o'r cysgodion. Yn camu o'r cysgodion yn stafell Paulos yn nhŷ Yitshak ar lethr Har HaZeitim. Yn camu a sefyll wrth y gwely ar lethr Har HaZeitim a dweud wrth Paulos mewn llais cyfarwydd –

Para mae fy si ar strydoedd cefn Jerwsalem. Para mae fy nghysgod ar waliau Jerwsalem. Para mae fy neges yn arterïau Jerwsalem –

para,
para ar ôl marw,
para ar ôl ei ddinistrio,
para er ei drechu,
para er ei sathru,
para er ei gabledd,

para yn hytrach na phydru,

para –

A'r dieithryn yn y coed, y gŵr yn y fantell, yn chwerthin. A'r chwerthin yn atsain. A'r gŵr yn tynnu'r fantell. A'r wyneb a ddatgelir yw wyneb Paulos. Paulos yn y fantell. Paulos y dieithryn yn y coed. Paulos yn cuddio yn y cysgodion. Paulos yn erlid Paulos. A Paulos y fantell yn gwyro dros Paulos yn y gwely ac yn dangos ei ddannedd a dweud, Paid â fy erlid dilyn fi paid â fy erlid dilyn fi paid â fy erlid dilyn fi paid â fy erlid dilyn fi paid â fy erlid dilyn fi paid â fy erlid dilyn fi –

A'r Paulos ar y gwely yn rhuo ac yn codi ar ei eistedd ac yn agor ei lygaid, ac mae'r gwely a'r Paulos sydd yn y gwely eto yn nhŷ Yitshak, a gwraig Yitshak yn y stafell o hyd. Gwraig Yitshak, Avva. Avva chwaer Paulos. Paulos Saoul Tarsos. Iddew o'r Shevat lleiaf. Iddew o Shevat Binyamin. Iddew sydd ddim yn perthyn. Iddew sydd wedi ei felltithio.

Ac mae Avva yno gyda'i chadach a'i chysur ac mae hi'n dweud, Ddylet ti adael llonydd i'r Meshiykiyyim, Paulos. Ti a Yitshak. Wneith hi ddim o'r tro bod Iddewon yng ngyddfau Iddewon. Mae hon yn oes o dyndra ac mae'r ddinas yn mudferwi. Bydd ffrwydriad cyn bo hir. Daeargryn neu dymestl. Dedfryd arnom ni i gyd. Mae'r byd yn ein herbyn, Paulos. A dim ond yr ARGLWYDD sydd gyda ni.

13

Dau ŵr mewn tŷ yn yr isddinas. Yr isddinas lle mae'r tlawd,
   lle mae'r resha'im a'r evionim,
   lle mae'r lladron a'r llwm,
   lle mae'r Meshiykiyyim,
   lle mae Mudiad Yeshua –

A dau ŵr o'r mudiad hwnnw –
un ffyrnig yr olwg, un tal.

Neithiwr, meddai'r un ffyrnig yr olwg.

Mae'n goblyn o ddyn. Arth o ddyn. Golwg dyn fu'n llafurio arno. Golwg sgotwr. Sgotwr o Kfar Nahum. Kfar Nahum yn y gogledd. Tre sgotwyr. Sgotwr o'r fan honno. Sgotwr gyda'i farf a'i faint a'i fôn braich. Sgotwr sy'n cael ei alw'n Kepha, a Kepha'n para i siarad –

Dwsin o ymosodiadau. Dilynwyr alltud. Wedi eu waldio. Ac mi ydan ni rhwng dwy stôl. Ar y naill law, maen nhw'n frodyr i ni. Ond ar y llaw arall maen nhw'n mynd oddi wrth neges Yeshua, oddi wrth ein neges ni. Doeddan nhw ddim yno, o'r afon i'r bryn, o'r dŵr i'r gwaed, o'r bedydd i'r bedd. Ond mae rhai ohonyn nhw'n ymddwyn fel tasan nhw. Ac maen nhw'n newid hanfod y Rabboni. Maen nhw'n anwybyddu craidd ei neges. Maen nhw'n anwybyddu Torat Moshe.

Ac mae Kepha'n dyrnu cledr ei law ac yn sgyrnygu.

Dyna fo, Kepha, meddai'r llall, yr un tal. Paid â cholli dy ben.

Mae llais yr un tal yn llawn llwch brics. Mae'n graig o ddyn. Briwiau morthwyl a briwiau hoelion ar ei ddwylo. Briwiau llafur. Oes o lafur. Oes o chwys. Oes o hollti cerrig ac o grasu brics. Oes o godi waliau, waliau Galilea. Ond nid nawr. Nawr mae'r dyn a elwir Yakov yma gyda Kepha yn Jerwsalem. Mewn tŷ yn Jerwsalem. Tŷ yn yr isddinas. Tŷ tlawd. Tŷ dilynwyr. Y dilynwyr o fysg y resha'im. Y defaid coll. Defaid coll Tŷ Israel. Y rhai drygionus. Y rhai sydd tu allan i'r Gyfraith. Y rhai oedd yn cael eu sarhau gan y Perushim a gan yr offeiriaid. Y rhai amddifad. Plant Abba. Dilynwyr Yeshua bar-Yôsep o Natz'rat, Galilea. Proffwyd a lefarodd gabledd. Proffwyd a fygythiodd y Beit HaMikdash. Proffwyd a hawliodd ei fod yn Frenin yr Iddewon. Proffwyd a fu farw ar Gulgalta.

Ond para mae si Yeshua bar-Yôsep ar strydoedd cefn Jerwsalem. Para mae cysgod Yeshua bar-Yôsep ar waliau Jerwsalem. Para mae neges Yeshua bar-Yôsep yn arterïau Jerwsalem.

Colli 'mhen? meddai Kepha. Yakov, dwi wedi colli 'mhen ers

49

tair blynedd, boi. Ers i'r Rabboni gael ei fwrdro *gan ei bobl ei hun*. Ers i'w garcas gael ei daflu i dwll –

Dyna ddigon, meddai Yakov. Dwi ddim am gael fy atgoffa o farwolaeth fy mrawd, reit? Cyn belled â dwi'n y cwestiwn, ddaru o *'rioed* farw. Ac am ei gofio fo'n fyw ydw i. Am i'r *byd* ei gofio fo'n fyw. Cofio'i eiriau fo. Y geiriau ddywedodd o, nid y geiriau mae dynion alltud yn taeru iddo fo'u deud.

Kepha'n crychu ei dalcen. Tydi'r Deyrnas byth wedi dŵad. Ddaeth hi ddim, er i ni aros, er i ni bregethu, er i ni weddïo. Er i'r Rabboni addo –

Mi ddaw hi, gyfaill, meddai Yakov. Mi ddaw hi trwy enw fy mrawd. Trwy eiriau fy mrawd. Trwy neges fy mrawd. Mi ddaw hi trwy'i gofio fo a'i anrhydeddu o. Datgan ei neges o, Kepha. Dilynwch fi.

Sut mae dilyn dyn marw?

Rydan ni wedi bod wrthi'n ddigon dygn.

Ro'n i'n ei garu o, Yakov. Ro'n i'n ei gredu o. Ond be ddaethb o ddilyn? Tlodi. Helbul. Dwrdio. A rŵan mae'r mewnfudwyr wedi dŵad. Pla o wledydd y byd. Llu'n landio o diroedd y Cenedl-ddynion. Ac maen nhw'n hawlio'i neges o, y Cenedl-ddynion dŵad yn hawlio'i eiriau fo. A matar o amser ydi hi nes bydd yr awdurdodau'n dod ar ein holau ni. Rydan ni'n lwcus ar hyn o bryd bod aelodau o'r Sanhedrin fel Gamaliel yn cydymdeimlo efo ni jest am ein bod ni'n Hebreaid cynhenid.

Nefi, Kepha, be fydda fy mrawd wedi'i ddweud tasa fo'n dy glywed di?

Mi fydda fo wedi rhoid clustan i mi. Diawl penboeth oedd o.

Yli, mi ga'n ni'n herlid tan ddiwedd ein hoes. A mi dwi'n barod am eu cerydd nhw, am eu cerrig nhw. Ond dwi ddim am i'r byd anghofio Yeshua. Be fydda fy hen fam yn ddeud taswn i'n gadael i hynny ddigwydd? Y gryduras wedi gweld ei mab fenga fel'a ar y pren, yn fwyd i'r cŵn ac i'r brain...

Nawr mae Kepha'n bwyta bara. Nawr mae Kepha'n yfed gwin. Y corff, y gwaed. Nawr mae Kepha'n pendroni. Mae ei feddyliau'n gymylog. Mae ei resymu'n fieri. Yeshua fyddai'n gweld trwy'r dryswch. Yeshua fyddai'n meddwl ac yn rhesymu ar ei ran. Ond nid yw Yeshua yma. Nid yw wedi bod yma ers tair blynedd. Ond mae Kepha'n teimlo ei fod mor fyw ac erioed, rhywsut. Fel pe bai wedi codi o'r bedd. Trwy gredu hynny mae Kepha'n goroesi. Heb gredu hynny byddai Kepha'n mynd o'i go, yn dychwelyd i Kfar Nahum, yn dychwelyd at y teulu mae wedi troi ei gefn arnynt. Troi ei gefn ar ei wraig Anat a'u plant. Troi ei gefn er mwyn dilyn Yeshua.

Dilynwch fi.

Dyna'r neges. Nid Teshuvah. Teshuvah oedd neges Yohannan Mamdana. Ei neges ar lan y Nehar haYarden. Neges y Shabbat. Y neges yn y gorffwys ac yn y pryd. Y neges yn y Dvar Torah – y darllen, y gwrando, y dysgu. Teshuvah, yr edifarhau. Dychwelyd at HaShem. Dychwelyd at Yr Enw. Yr Enw Cudd. Enw'r Adonai. Edifarhau am bechodau ddoe er mwyn bod yn rhan o'r Deyrnas fory. Ond nid Teshuvah yw'r ffordd at HaShem, at Yr Enw, at yr Adonai. Nid Teshuvah. Nid Yohannan Mamdana. Ond Yeshua.

Oherwydd –

Teshuvah *yw* Yeshua, Yeshua *yw* Teshuvah.

A thrwyddo *fo* daw'r edifarhad –

Trwy'i ddilyn.

Dilynwch fi.

Ond sut mae dilyn Mashiach sydd wedi marw?

Bu Kepha wrthi'n ddiwyd ers tair blynedd. Bu Kepha'n ddygn. Bu Kepha gyda'i farf a'i faint a'i fôn braich yn graig iddynt, i'r dilynwyr, i'r cefnogwyr. Bu'n graig i'r rhai oedd agosaf at y Rabboni, y rhai oedd yn ei gwmni o lannau'r Nehar haYarden hyd at loes Gulgalta, o'r afon i'r bryn –

o'r dŵr i'r gwaed,

o'r bedydd i'r bedd,

y rhai a elwir Avram a Yah'kob a Yokam a Judah a Bar-Talmai a Tau'ma a Mattiyah a Taddai a Ya'kov bar Hilfài a Shimon Kanai.

Kepha'n eu cynnal. Ond pwy oedd yn cynnal Kepha? Neb nawr a'r Rabboni wedi mynd. Neb nawr ar ôl Gulgalta. Ar ôl Gulgalta daeth ofn. Ar ôl Gulgalta daeth amheuaeth. Ar ôl Gulgalta daeth gwadu, daeth dwrdio, daeth dyrnu. Ar ôl Gulgalta daeth dianc. Rhai'n heidio'n ôl am Galilea. Eraill, fel Kepha, yn chwilio am loches yn Jerwsalem. Aros yn Jerwsalem. Aros gyda'r Rabboni. Aros a gwylio, nos a dydd. Gwylio bedd y Rabboni. Y twll yn y ddaear. Y twll i'r dwyrain o'r ddinas. Y twll oedd yn orffwysle i'r Mashiach.

Bedd di-nod. Bedd i'r resha'im. Bedd i ladron a bedd i lofruddion.

A safodd Kepha wrth y twll a chofio'r carcasau'n cael eu taflu i'r twll. A chaethweision yn rhawio pridd dros y carcasau. Eu claddu. Claddu gobaith a ffydd. Claddu yfory. Ac roedd y cŵn yn udo ar y cyrion, yn y fagddu. Ac ar ôl i'r criw gwaith fynd, daeth y cŵn –

i ogleuo, i dyllu, i sgyrnygu, i lusgo esgyrn a chnawd o'r ddaear, ac i chwyrnu dros esgyrn a chnawd, ymrafael dros esgyrn a chnawd –

Dros esgyrn a chnawd Yeshua.

Ei weddillion yn dod o'r pridd. Yn codi o'r ddaear. Yn atgyfodi o'i fedd.

Y pridd a'r gwaed a'r esgyrn. Y cŵn. Y brain. Y pryfed.

Ac fe syrthiodd Kepha ar ei liniau, crio a hefru. Crio a hefru ddydd ar ôl dydd, nos ar ôl nos wrth ymyl y bedd, wrth ymyl y twll, yr affwys, y fagddu. Y fagddu i Yeshua heb ddefodau marwolaeth,

heb gau'r llygaid,

heb oleuo cannwyll wrth ymyl ei gorff,

heb shomerim i eistedd gyda'i gorff,

i wylio'i gorff,

i ofalu amdano,

heb ei olchi,

heb ei lapio mewn lliain glân –

Nid dyna'i ddiwedd, na. Nid dyna ddiwedd y Mashiach. Dyna *ddechrau'r* Mashiach. O blith y resha'im y daeth yn y lle cyntaf. O blith y tlawd. Ac o'u plith y daeth wedi ei farw, bownd o fod. O'r bedd a rannodd gyda nhw. Ei neges yn fyw, ei ysbryd yn fyw, ei gnawd yn –

Mae o efo ni o hyd, meddyliodd Kepha. *Mae'n rhaid i mi gredu hynny, neu mi a' i o fy ngho. Neu mi a' i'n ôl i Kfar Nahum i dendio fy rhwydi a wynebu fy nheulu, wynebu Anat, druan. Ac mi fydda i'n gorfod erfyn am faddeuant a chydnabod fy ffolineb.*

Chaiff y byd ddim anghofio dy frawd, meddai wrth Yakov nawr. Dwi'n gaddo i chdi, mi fydd –

Curo ar y drws. Kepha a Yakov yn rhewi. Kepha'n barod am helbul.

Curo eto. Twrw mawr o'r tu allan. Curo eto. Lleisiau'n baldorddi.

Kepha'n sgyrnygu. Beth bynnag sy'n digwydd, Yakov, bydd rhywun yn cael ei staenio cyn i ni ildio i'r diawlad yma.

Ac mae'r drws yn hedfan ar agor ac mae dyrnau Kepha'n chwyrlïo.

14

Dechreuodd yr erlid ar ôl Gulgalta, ar ôl y gwaed. Pawb yn ei chael hi. Yr hogia i gyd. Kepha ac Avram a Yah'kob a Yokam a Judah a Bar-Talmai a Tau'ma a Mattiyah a Taddai a Ya'kov bar Hilfài a Shimon Kanai. Yr hogia a'r lleill. Y lleill fel Yakov. Y lleill fel Miriam hamegaddela se'ar nasha a Martâ'i chwaer. Y lleill fel Chuza a'i wraig Yôchannah. Pawb a ddaeth i Jerwsalem i aros am y Deyrnas. Pawb a welodd y Mashiach yn marw. Pawb a wylodd dros ei waed. Pawb a sgytwyd gan y trawma.

Ond ni fu Yeshua farw. Nid aeth ei enw na'i neges i'r gwynt. A daeth mwy a mwy i wrando, i glywed, i ddilyn –

wrth i si Yeshua bar-Yôsep gripian trwy strydoedd cefn Jerwsalem,

wrth i gysgod Yeshua bar-Yôsep dywyllu waliau Jerwsalem,

wrth i neges Yeshua bar-Yôsep nofio yn arterïau Jerwsalem –

Daeth dwsinau i gredu ynddo. Dwsinau'n clywed Kepha a Yakov a'r lleill yn dysgu straeon amdano –

yn dysgu'r Deyrnas,

yn dysgu Dilynwch fi,

yn dysgu ufuddhau i Torat Moshe,

yn dysgu'r brit milah,

yn dysgu'r kashrut,

yn dysgu offrwm –

A daeth dwsinau'n gannoedd.

A daeth cleifion, a Kepha a Yakov a'r lleill yn iacháu.

A daeth y melltigedig, a Kepha a Yakov a'r lleill yn allfwrw.

A daeth y resha'im, a Kepha a Yakov a'r lleill yn cysuro.

A Kepha erioed wedi cymryd y blaen, ond erbyn hyn yn gorfod cymryd y blaen. Yn gorfod arwain. A'i faint a'i farf a'i fôn braich yn teimlo'r pwysau. Yn teimlo'r pwysau'n fwy na phwysau rhwyd llawn pysgod. Ond Yeshua gyda fo. Yeshua'n ei gysuro. Yeshua, y carcas yn y bedd ond ei enw'n fyw –

yr esgyrn yn y pydew ond ei enw'n atsain,

y gobaith yn Gehinnom ond ei enw ar adenydd –

yn fflam –

yn crasu'r ddaear –

Ac yna, Iddewon alltud yn heidio i Jwdea, ac yn gwrando ac yn dysgu ac yn dilyn.

Ond y rhain yn llac ar gownt Torat Moshe. Yn llac ar gownt y Deml. Yn llac gydag offrwm.

Iddewon oedd ddim yn Iddewon, yn nhyb rhai. Iddewon oedd yn dysgu oddi wrth Kepha, yn dysgu oddi wrth Avram, yn dysgu oddi wrth Yah'kob, yn dysgu oddi wrth Yokam, yn dysgu oddi wrth Judah, yn dysgu oddi wrth Bar-Talmai, yn dysgu oddi wrth Tau'ma, yn dysgu oddi wrth Mattiyah, yn dysgu oddi wrth Taddai, yn dysgu oddi wrth Ya'kov bar Hilfài, yn dysgu oddi wrth Shimon Kanai. Ac yn dysgu hefyd oddi wrth frawd Yeshua, oddi wrth ei gig a'i waed, yn dysgu oddi wrth Yakov.

Yn dysgu ac yn dwrdio ac yn trafod ac yn gweu dysgeidiaeth

newydd, a'u dysgeidiaeth ar adenydd, a'u dysgeidiaeth ar y llwybrau masnach, a'u dysgeidiaeth yn fygythiad –

A phris i'w dalu am y dysgu –

Kepha a Yakov ac eraill o flaen y Sanhedrin. O flaen y Sanhedrin fisoedd yn ôl. O flaen y Sanhedrin cyn Stephanos. Cyn ei ru. Cyn ei waedd. Cyn –

Y'ch chi wedi bradychu'r Tzadik ac wedi ei fwrdro. Wedi mwrdro'r Mashiach. Wedi mwrdro'r cyfamod.

Cyn hynny, hyn –

A dywedodd y kahana rabba Yehoseph bar Qyph', Y'ch chi'n rhoi y bai arnom ni am dywallt gwaed y dyn hwn?

A Kepha'n ateb, Roedd yr ARGLWYDD wedi cyfodi Yeshua a dyma chi'n ei lofruddio fo ar bren, efo hoelion, efo drain. Chi, yr Iddewon, yn llofruddio Iddew, eich Mashiach.

Ac mae'r Sanhedrin yn rhuo, a'r kahana rabba Yehoseph bar Qyph' yn ceisio eu tawelu. Ac maent yn tawelu, yn lleddfu'r awydd i larpio.

Ac mae Yehoseph bar Qyph' yn dweud, Prin yr oeddwn i'n cofio'r dyn yma. Ond fe safodd fan hyn lle'r y'ch chi'n sefyll, dair blynedd yn ôl, yn ôl dogfennau'r Deml. Fe safodd wedi ei gyhuddo o fygwth y Deml. Ac fe'i cafwyd yn euog. Fe gafwyd nifer yn euog y diwrnod hwnnw. Roedd hi'n brysur yn y ddinas. Y Pesach ar ei anterth. A'm swyddogeth i, fel hakohen hagadol, oedd – fel bob Pesach – cadw trefn. Cadw'r heddwch. Fe aeth y dyn yma'n erbyn Torat Moshe a'r Beit HaMikdash. Nid oedd dewis gen i, gan y Sanhedrin, ond ei ddedfrydu. A nawr y'ch chi yma o fy mlaen. O flaen y Sanhedrin. Y'ch chi am gael eich dedfrydu? Y'ch chi am gael eich cosbi, am i mi fynd at y praefectus a galw arno i arwyddo gwarant?

Ond mae'r Sanhedrin yn dechrau galw am sekila, y gosb eithaf. Y gosb am droseddu'n erbyn yr ARGLWYDD. Y gosb am droseddu'n erbyn delw'r ARGLWYDD, hanfod dyn. Y gosb am andwyo'r tzelem Elokim. Y gosb yw dinistrio'r dyn. Y gosb yw dinistrio'r tzelem Elokim yn y dyn. Y gosb yw taflu o uchder dau lawr. Y gosb yw bwrw cerrig –

Ac mae'r Sanhedrin yn rhuo am y sekila. Defodau'r sekila. Tystion y sekila. Tystion fel Paulos Saoul Tarsos. Paulos Saoul Tarsos yno'n gwylio. Paulos Saoul Tarsos yno fel aelod o'r Perushim. Paulos Saoul Tarsos yno'n gofyn iddo'i hun, *Pwy oedd Yeshua?* Paulos Saoul Tarsos yn ysu i berthyn, yn ysu am eneiniad, yn ysu am lais yr ARGLWYDD.

Dyma'i weddi bob nos. Galw fi, fy Nuw, fel y gelwaist Dadau'r Hebreaid. Fel y gelwaist Ya'akov ac Abraham a Yitshak. Galw fi, y corrach o blith Shevat Binyamin. Y corrach o'r llwyth lleiaf. Galw fi, y gŵr ar y cyrion. Y dyn dŵad o Darsos. Galw fi er mwyn i mi fod yn rhan o'th gynllun mawreddog. Galw fi i mi ddweud wrth y byd beth yw dy neges di.

Ond nid oes ateb i'r weddi. Ni ddaw galwad. Ac mae'i waed yn berwi yn ei wythiennau. Ac mae'n ogleuo'r gwaed. Rhwd yn ei ffroenau. Rhwd sy'n cancro'r Gyfraith, sy'n cyrydu'r byd, sy'n difa'r freuddwyd am y Deyrnas. A dim ond trwy waed y bydd yr ARGLWYDD yn ei eneinio. Trwy iddo dywallt gwaed. Gwaed i grasu'r ddaear. Gwaed gelynion yr ARGLWYDD. Gelynion fel y Meshiykiyyim sy'n cableddu. Gwaed Mudiad Yeshua sydd ddim yn deall Torat Moshe, sydd heb ddeall y cyfamod.

Ond beth *yw* cyfamod yr ARGLWYDD? Beth *yw* dymuniad yr ARGLWYDD? Beth yw *cynllun* yr ARGLWYDD?

Mae dryswch. Dryswch sy'n cael ei fegino gan y mudiad, gan y cableddwyr. Dryswch yn fieri. Dryswch mae angen tân i'w ddinistrio. Tir llosg er mwyn i bethau fod yn eglur.

Byddai Paulos yn croesawu diwedd y Meshiykiyyim fel y croesawodd Nahum gwymp Nineveh a dinistr yr Assuraya. Ond, fel y proffwyd Yona pan ddatganodd ddymuniad yr ARGLWYDD i'r Assuraya edifarhau, byddai Paulos yn barod i dderbyn edifarhad y Meshiykiyyim.

Do, fe ddaeth gorfoledd yr adeg honno *ar ôl* tywallt gwaed. Ac felly daw gorfoledd eto – ar ôl y gwaed.

Ac yna wrth i'r Sanhedrin ruo am y sekila, wrth i Paulos Saoul Tarsos addo gwaed, wrth i Kepha a Yakov a'r lleill gymryd arnynt nad oes arnyn nhw ofn, saif rabban o'r enw Gamaliel a dywed

Gamaliel, Wŷr Israel, cymerwch ofal be'r y'ch chi am wneud 'da'r dynion hyn.

Mae'r Sanhedrin yn tawelu. Awdurdod Gamaliel yn eu lleddfu. Ei wybodaeth am Torat Moshe yn tanio parchedig ofn.

A Gamaliel yn dweud, Nid Yeshua oedd y cyntaf. Daeth nifer o'i flaen. Fe ddaw nifer ar ei ôl, fel y dynion yma. Gadewch i'r ARGLWYDD eu dymchwel os mai cableddwyr ydynt. Ein natur ni fel Iddewon yw taeru, gyfeillion. Taeru a thrafod Torat Moshe. Mae hynny'n iach. Felly gadewch i ni ymrafael yn athronyddol ac yn ddeallusol gyda'r dynion hyn, nid yn gorfforol. Nid ydynt wedi torri'r Gyfraith hyd yn hyn. Nid yw bod yn gyfaill i gableddwr yn eich gwneud yn gableddwr. Nid yw bod yn frawd i fwltur yn eich gwneud yn sborionwr, gyfeillion. Rwyf yn dweud, Gadewch iddynt fynd. Gadewch iddynt ddysgu. Yr ARGLWYDD ddaw i'w dymchwel.

A Paulos yn gwrando. A Paulos ar bigau'r drain. A Paulos yn ysu i ruo, Ond trwyddom ni, ei ddilynwyr, y daw'r dymchwel. Ni yw'r rhai sy'n dod â dedfryd yr ARGLWYDD i'r drwgweithredwyr. Ni yw Ei gleddyf. Ni yw Ei waywffon. Ni yw Ei rym ac mae Ei elynion yn ein gafael. Rhyddhewch Ei lid arnynt.

Ond ni ddaw gair o'i ben. Mae'n dawel. Yn rhy swil. Ac mae'r Sanhedrin yn dawel hefyd nawr. Ac mae'r Sanhedrin yn ystyried.

Ac ar ôl sbel mae Yehoseph bar Qyph' yn sefyll ac yn dweud, Dyna eirie'r Rabban Gamaliel. Beth yw barn y Sanhedrin?

15

A Yakov yw'r olaf i adael y Sanhedrin. Yakov ar ras i ddianc o'u gafael. Yakov wedi cael ei arbed. Ond llais yn ei atal.

'Yt ti wedi cael einioes, gyfaill.

Yakov yn troi. Dal ei wynt. Yr hakohen hagadol Yehoseph bar Qyph' ar ben y coridor, yn y cysgodion.

Beth dach chi isio gin i? meddai Yakov.

Mae Yehoseph bar Qyph' yn astudio'i ewinedd. Mae Yehoseph bar Qyph' yn dweud, Cydweithrediad ac ufudd-dod.

16

Ond nawr, fisoedd ar ôl y Sanhedrin –

Fisoedd ar ôl i'r hakohen hagadol ddweud, 'Yt ti wedi cael einioes, gyfaill –

Fisoedd ar ôl iddo ddweud, Cydweithrediad ac ufudd-dod –

Mae dyrnau Kepha'n stido a Kepha'n gweld sêr a lleisiau'n galw'i enw.

Kepha! Kepha! Kepha!

A'i freichiau'n melino a'r sêr yn fflachio tan fod rhywun yn cythru ynddo rownd ei ganol a'i hercio'n ôl a rhoi hwyth iddo ar draws y stafell.

Kepha'n dod ato'i hun a Yakov yn rhythu arno a dweud, Wyt ti o dy go, d'wad?

Ydw, meddai Kepha ac yna mae'n sylwi ar y cochyn, Barnabya Zacharias o Cipros. Dilynwr o blith Iddewon alltud. Dilynwr sydd wedi ei dderbyn i'r cylch mewnol, i'r cyfrin gyngor. Dilynwr sydd wedi derbyn Torat Moshe ac wedi derbyn y Beit HaMikdash a defodau'r Beit HaMikdash ac wedi darllen y Torah yn yr Hebraeg.

Ac mae Kepha'n dweud wrth y cochyn, Barnabya. Chdi sy 'na. Pam na fasa chdi wedi dweud?

Chefais i mo'r cyfle, meddai Barnabya.

Mae Barnabya'n eistedd wrth y bwrdd ac yn torchi ei lewys ac yn dweud gweddi dawel ac yna'n bwyta bara a thollti cwpaned o'r gwin iddo'i hun.

Edrycha Kepha arno. Edrych ar y cleisiau o dan ei lygaid. Edrych ar y briwiau ar ei wefusau. Ac mae Kepha'n meddwl, *Fi nath hynna? Fi, heb nabod fy nerth?*

Mae Kepha'n rhwbio'i wegil. Mae'n cofio Yeshua'n rhwbio'i wegil. Fel hyn. Fel yr oedd o wrthi nawr. Mae Kepha'n crafu ei groen. Mae'n cofio Yeshua'n crafu ei groen. Fel hyn. Fel yr oedd o wrthi nawr. Mae Kepha'n pigo crach. Mae'n cofio Yeshua'n pigo crach. Fel hyn. Fel yr oedd o wrthi nawr.

Mae'r ystumiau hyn yn llinyn rhyngddynt. Llinyn bogail. Roedd Kepha yno o'r cychwyn. O'r Nehar haYarden at Gulgalta. O ddŵr yr afon at waed y pren. O'r diffeithwch i'r dinasoedd.

Roedd Kepha yno ond er hynny mae'n amau'i hun. Mae'n amau cnawdolrwydd Yeshua. Mae'n amau mai dyn oedd o. Mashiach oedd o. Ond nid oedd y Mashiach i fod i farw. Ond dyna fu ei hanes. Hanes y Mashiach marw. Neu efallai nad marw... oedd hi'n bosib?... oedd yna si?... oedd yna honiadau?... oedd rhai'n hawlio iddynt –

ei weld ar ôl y bedd –

... efallai... efallai... efallai...

Kepha'n diodde. Ei ben yn brifo. Ei reswm yn darnio.

Ac mae'n dweud, Be wyt ti isio, Barnabya?

Fe edrychais i fyw llygaid Diafol yn ddiweddar, meddai Barnabya drwy lond ceg o fara.

Be? meddai Yakov.

Roedd gelyniaeth a gwaed drwg rhyngom, meddai Barnabya wrth i win ddiferu trwy ei farf.

Be ti'n gyboli? meddai Kepha.

Fe siaradodd ar ran y tystion yn achos Stephanos. Paulos Saoul Tarsos yw ei enw. Iddew o Cilicia. Un estron.

Tithau'n estron hefyd, Barnabya, meddai Kepha trwy'i ddannedd.

Mae haen gas ynddot ti, Kepha. Oes gen ti rywbeth yn erbyn mewnfudwyr?

Nag oes, cyn belled â'u bod nhw'n derbyn y Gyfraith, yn derbyn y Deml, yn dysgu Hebraeg ac yn dilyn neges Yeshua, meddai Kepha. A hynny os ydyn nhw'n Iddewon. Os nad ydyn nhw Iddewon, ac am gael eu derbyn i'r Deyrnas, rhaid iddyn nhw gael eu henwaedu a chadw'r kashrut o safbwynt bwyd. Os mai haen gas ydi honno, wel, dyna fo, haen gas amdani.

Hidia befo Kepha, meddai Yakov wrth Barnabya. Mae o mewn tymer. Be sy'n dy boeni di, frawd?

Y gŵr drwg hwn sy'n ein herlid ni. Fe yw'r un sy'n targedu'n brodyr. Fe a'i gyfeillion sy'n prowla gyda'r nos.

Sut gwyddost ti?

Weles i e neithiwr, Yakov. Pan oedd e'n fy nghuro i. Weles i ei lyged e, a'r fflamau ynddynt. Y gad a'r gwaed drwg. Weles i nhw a'u cofio nhw o achos Stephanos. Ma' fe'n ddyn peryglus.

Mae yna sawl dyn peryg am ein gwaed ni, meddai Kepha. Mae sôn bod y praefectus ei hun am ein mathru cyn iddo fo gael ei hel am Rufain.

Peidiwch becso am Rufain, meddai Barnabya. *Hwn* yw'n gelyn gwaethaf. Fi'n dweud bod yn rhaid taro'n ôl. Mae digonedd ohonon ni yn y ddinas. Ddylen ni amddiffyn ein hunen. Beth fyddai'r Rabboni wedi ei wneud?

Nid yw Kepha'n ateb. Mae Kepha'n meddwl. *Beth fyddai'r Rabboni wedi ei wneud?* Nid yw'n gwybod.

Nid dyddiau fel y rhain oedd y dyddiau hynny. Y dyddiau olaf oedd y dyddiau hynny. Dyddiau dyfodiad y Deyrnas. Ond ni ddaeth y Deyrnas. Ac nid oedd hanes ohoni er mai dyna oedd addewid y Mashiach. Dyna warantodd y Rabboni. A dyna fyddai'n digwydd, roedd Kepha'n sicr o hynny. Kepha'n byw er mwyn hynny. Kepha'n fodlon marw dros hynny. Pa ddewis arall oedd ganddo? Troi cefn? Gadael i'r amheuon ei drechu?

Na –

eu gwadu,

eu gwrthod,

rhyfela yn eu herbyn a –

Dilyn neges y Deyrnas –

un Duw, un Deml, un Israel –

Dilyn y neges. Dilyn y gair. Dilyn Yeshua Mashiach –

dilynwch fi dilynwch fi dilynwch fi...

Ac mae Kepha'n dweud, Byddai'r Rabboni wedi dweud,

Anghofiwch y byd. Byddai wedi dweud, Hidiwch befo am fory. Byddai wedi dweud wrthyn ni am adael llonydd i'r dyn yma. Gadael i'r dynion sy'n cymryd arnynt eu bod nhw'n feistri arnom ni fynd o gwmpas eu pethau. Mae'r Deyrnas yn dod. Teml newydd. Israel yn un. Y deuddeg llwyth yn un llwyth. Dyna ydi'n busnes ni. Dim byd arall. Gadwch y byd a'i bethau fod. Busnes y byd ydi'r byd. Byddai wedi dweud Dilynwch fi.

Ac mae Barnabya'n edrych yn chwithig ar Kepha ac mae Barnabya'n dweud, Dilyn i ble?

Ac maen nhw'n dawel, y tri. Ac mae'r tri'n edrych o'r naill i'r llall. Ac mae Kepha'n cynddeiriogi. *Pam nad ydi'r bobl yma'n dallt? Be sy'n matar arnyn nhw?* Ac mae'n dweud wrth Barnabya, Be sydd mor anodd am Dilynwch fi? Be sydd mor anodd am un Duw, un Deml, un Israel? Be sydd mor anodd am aros? Aros yn fa'ma ac aros am y Deyrnas.

Ac mae Yakov yn dweud, Ara deg, Kepha –

Rhy hwyr. Kepha'n tanio. Tydach chi'r bobl ddŵad jest ddim yn dallt ystyr y neges. Tydach chi ddim yn dallt am eich bod chi'n *ddiarth*, yn fewnfudwyr. Tydach chi ddim yn siarad Hebraeg, iaith yr ARGLWYDD, nac yn darllen y Torah yn yr Hebraeg, iaith yr ARGLWYDD, nac yn clwad y Torah yn yr Hebraeg. A heb i chi ddallt y Torah –

Barnabya ar ei draed. Rwy'n siarad yr iaith ac rwy'n darllen y geiriau. A hynny'n well na ti, Kepha. Elli di ddim darllen o gwbl, boi bach.

Kepha'n ffyrnig, ar ei draed.

Yakov yn cymodi. Hogia, dowch...

Kepha'n rhuo, Rydach chi'n dŵad efo'ch iaith ffansi a'ch traddodiadau annuwiol, efo'ch eilunaddoliaeth. Efo'ch syniadau paganaidd o Athen, efo'i hathroniaeth –

Na! Rwy'n Iddew fel ti, meddai Barnabya. Rwyf yn addoli'r ARGLWYDD fel ti, ac yn darllen – yn ei *ddarllen*, Kepha – yr un Torah ac yn cadw'r un Gyfraith. Ac yn bwysicach, mae pob *un* ohonom yn dilyn neges Yeshua Mashiach ac yn –

Kepha o'i go. Kepha'n rhoi hwyth i'r bwrdd. Y bwrdd ben

ucha'n isa. Y gwin a'r bwyd yn llanast ar y llawr. Ac yna mae'n lleddfu. Ac yna mae'n pwyso a mesur. Ac yna mae'n dweud, Sgin y dyn yma wyt ti'n sôn amdano fo ddim i'w neud efo ni.

Barnabya'n agor ei geg ond Kepha'n torri ar ei draws.

Sgin y byd ddim i'w neud efo ni.

Barnabya'n codi ei fys ond Kepha'n torri ar ei draws.

Roeddwn i yno, Barnabya. Roeddwn i yno wrth y Nehar haYarden. Roeddwn i yno yn yr anialwch. Roeddwn i yno'n clywed geiriau'r Mashiach. A dyma'i eiriau fo. Rhaid i ni bregethu'r neges. Mynd i'r trefi ac i'r pentrefi. Pregethu'r neges bod y Deyrnas yn dod. Rhaid i'r Iddewon ddilyn y neges. Ei dilyn i Jerwsalem. Fan'no fydd geni'r Deyrnas. Yn y Deml. Lle mae'r Adonai'n trigo. O'r Deml y daw'r Deyrnas. Dyna ddywedodd o, Barnabya. Glywis i efo 'nghlustia fi fy hun. Dyna ddywedodd o. Dilynwch fi i'r trefi ac i'r pentrefi. Dowch i bregethu neges yr Adonai. Y neges ydi, Dilynwch fi. Neges i'r Iddewon, Barnabya. Nid neges i'r byd. Neges i Israel. Tydi'r byd ddim yn perthyn i ni a tydan ni ddim yn perthyn i'r byd.

17

Heno, Iddewon yn uno i erlid Iddewon –

Heno, Paulos Saoul Tarsos yn perthyn. Heno, Paulos Saoul Tarsos yn gwneud argraff ar y byd. Heno, Paulos Saoul Tarsos yn arwain ac yn dweud, Dilynwch fi, a'r herwyr sydd gydag o'n gwrando.

A dyma nhw, yr herwyr –

Yitshak a Hirsh a Yoel a Manoach a Nahum ac El'azar a Gamli'el a Yehonatan ac Avner a Betzalel a Pinehas.

Dyma nhw, Iddewon yn uno i erlid Iddewon. Dyma nhw.

Un ar ddeg yn dilyn. Un ar ddeg yn dilyn Paulos Saoul Tarsos. Un ar ddeg yn ei ddilyn i erlid chwech. Un ar ddeg yn ei ddilyn i ddychwelyd chwech yn farw neu'n fyw. Un ar ddeg yn ei ddilyn i ddechrau'r gyflafan. I ddechrau'r darfod.

Ac ar furiau'r ddinas, mae milwyr Rhufain. Ac mae milwyr Rhufain gyda'u dwylo ar eu cleddyfau. Ac mae milwyr Rhufain gyda'u dwylo am eu gwaywffyn. Ac mae'r Eryr dros y Deml. Grym o fewn cyrraedd.

Ond nid yw'r grym yn gweithredu wrth i'r deuddeg heliwr ar ddeuddeg ceffyl garlamu am y porth. Nid yw milwyr Rhufain yn dadweinio'u cleddyfau nac yn anelu eu gwaywffyn. Nid yw'r Eryr yn lledaenu ei adenydd.

Ac mae'r pyrth yn agor a cheffylau'r deuddeg heriwr yn carlamu trwyddynt ac mae'r ddinas yn tawelu a'r pyrth yn cau a Rhufain yn gwylio. Gwylio geni crwsâd...

18

O Jerwsalem i Dammasq. O wlad yr addewid i wlad yr alltud. Paulos yn arwain. Paulos yn arwain un ar ddeg. Y deuddeg ohonynt ar garlam –

(*y deuddeg llwyth?*)

Taith saith niwrnod. Taith i ddileu mudiad. Taith i ddifa cableddwyr. Taith i sathru her.

Ac mae'r siwrna'n cychwyn. Ac mae'r siwrna'n carlamu tua'r gogledd –

trwy'r Emek Hayarden i dalaith Galilea,

yna troi i'r gogledd-ddwyrain am Dammasq,

a Har Hermon yn y pellter,

Har Hermon a'i gopa'n wyn dan eira,

Har Hermon yn wyn fel copaon Toros Daglari,

y geifr du'n dotio'r llethrau,

preiddiau'n patrymu'r Toros Daglari,

y preiddiau'n brefu,

25 milltir i'r gogledd o'r ddinas,
o ddinas Tarsos,
dinas Paulos y plentyn,
dinas Paulos yr alltud,
alltud fel y rhai roedd o'n eu hela –
Alltudion fel fi, meddai wrtho'i hunan.

Alltudion fel yr Hebreaid ym Mitsrayim. Alltudion yn chwilio am eu ffordd adref i'r Ha'Aretz HaMuvtahat, tir yr addewid. Gwlad Tadau'r Hebreaid, hynafiaid y deuddeg. Y deuddeg –

Re'uven a Shimon ac Y'hudah a Yissakhar a Zevulun a Dan a Naftali a Gad a Shr a Binyamin a Shaul bar Yosef a Menashe bar Yosef.

Ac o'r deuddeg, y deuddeg Shevat. O'r deuddeg, Plant Israel. O'r deuddeg, y miloedd. O'r deuddeg, yr herwyr.

Ond rhwyg yn anochel. Rhwyg rhwng brodyr. Rhwyg fel ym Mrwydr Giv'a. Rhwyg, ac un ar ddeg yn erbyn un. Un ar ddeg yn erbyn y llwyth lleia. Un ar ddeg yn erbyn corrach y genedl. Un ar ddeg yn erbyn Paulos –

yr Hebreaid yn erbyn Paulos Saoul Tarsos,
Plant Israel yn erbyn Paulos Saoul Tarsos,
yr Iddewon yn erbyn Paulos Saoul Tarsos –
Stopiwch, meddai Paulos. Dyma'r
(a'i ben yn curo a'i wynt yn fyr a'i gnawd yn pigo a'r curo'n ei ben yn cynyddu a'r chwys yn powlio a'r muriau'n cau amdano a lleisiau'n atsain a'i enw'n daran)
nawfed awr. Amser y minha, cyfarfod gweddi'r prynhawn. Awr y gyffes. Dewch i ni weddïo. Dewch i ni ddweud Ashrei yoshvei veitecha, od y'hallelucha, selah! Dewch i ni ddweud Tefilat HaAmidah a dweud Aleinu leshabei'ach. Dewch i ni fod yn Iddewon duwiol sy'n cadw Torat Moshe.

Ond hanner diwrnod o daith sy'n weddill, meddai Yoel.

Mae Paulos yn neidio oddi ar ei geffyl. Ei draed yn taro'r ddaear. Ei ben yn troi. Ei wefusau'n grin. *Dal dy dir, Paulos, paid â llewygu,* meddai wrtho'i hun. Mae'n edrych ar y lleill. Ar Yitshak a Hirsh a Yoel a Manoach a Nahum ac El'azar a Gamli'el a Yehonatan ac

Avner a Betzalel a Pinehas a Re'uven. Yn edrych ar yr un ar ddeg sy'n ei ddilyn. Un ar ddeg yn dilyn Paulos Saoul Tarsos. Un ar ddeg yn ei ddilyn i erlid chwech –

(pam wyt ti'n fy erlid i pam wyt ti'n fy erlid i pam wyt ti'n fy erlid i pam wyt ti'n fy erlid i pam wyt ti'n fy erlid i pam wyt ti'n fy erlid i)

A'r un ar ddeg sy'n ei ddilyn yn edrych ar ei gilydd, o'r naill i'r llall. Ac mae Yoel yn gofyn, Gwarant gan bwy yw hon?

Ie, meddai Nahum, pwy sydd tu cefn i'r antur hon mewn gwirionedd?

A'i ben yn curo a chroen gŵydd yn codi a'i chwys yn diferu, dywed Paulos, Yr ARGLWYDD.

A'r herwyr yn ochneidio a'r herwyr yn tuchan a'r herwyr yn sibrwd ymysg ei gilydd.

Clywais ei lais o goed Gat-Smanin, meddai Paulos.

Clywed? meddai Yoel.

A gweld, meddai Paulos. Gweld y dieithryn yn y coed. Gweld yr ARGLWYDD.

Mae'r un ar ddeg yn dawel. Neb am amau'r ARGLWYDD. Neb am gableddu. Ond yn barod iawn i amau Paulos Saoul Tarsos. Yn barod iawn i'w gyhuddo –

(yr Hebreaid yn erbyn Paulos Saoul Tarsos, Plant Israel yn erbyn Paulos Saoul Tarsos, yr Iddewon yn erbyn Paulos Saoul Tarsos)

A'i ben yn curo a chroen gŵydd yn codi a'i chwys yn diferu.

Felly… gan yr… ARGLWYDD… ei hunan? meddai El'azar.

Rhaid… rhaid bod hynny'n wir, meddai Avner. Oherwydd fydde'r hakohen hagadol na'r Deml ddim yn potsian gyda phethe'r byd. Nid eu busnes nhw yw'r byd. Ond… ond busnes yr Adonai yw'r byd.

Rydan ni yma ar awdurdod yr ARGLWYDD, meddai Paulos. Rydan ni ar grwsâd cudd, ar gomisiwn cyfrinachol. Be sydd o'i le, fechgyn? Y'ch chi ddim am wasanaethu ein duw?

Ac mae Paulos yn troi ei gefn arnynt ac yn cofio am Gat-Smanim wrth droed y mynydd. Cofio'r coed. Cofio'r nos. Cofio'r mellt a chofio'r tranau. Cofio'r dieithryn yn y coed, y gŵr mewn mantell, yn sôn am y Rabboni o Galilea. Y Rabboni Yeshua bar-Yôsep o

Natz'rat. Y Rabboni arestiwyd yn Gat-Smanim. Y Rabboni sy'n para'n si, sy'n para'n gysgod, sy'n para'n neges. A'i neges

(paid â fy erlid dilyn fi paid â fy erlid dilyn fi paid â fy erlid dilyn fi paid â fy erlid dilyn fi paid â fy erlid dilyn fi paid â fy erlid dilyn fi)

wedi treiddio a tharfu a thanio, ac wedi atgyfnerthu Stephanos at y diwedd un. A phen Paulos yn curo a chroen gŵydd yn codi a'i chwys yn diferu a'r llais yn ein ben yn atsain *Pam wyt ti'n fy erlid i? Pam?* ac mae'n cyffwrdd ei dalcen i dawelu'r gri ond nid yw'r tawelwch yn dod…

ei ben yn curo,
ei wynt yn fyr,
ei gnawd yn pigo,
chwys ar ei dalcen,
goglais ar ei wegil,
ei sgyfaint yn dynn,
ffit –

paid â fy erlid dilyn fi paid â fy erlid dilyn fi paid â fy erlid dilyn fi paid â fy erlid dilyn fi paid â fy erlid dilyn fi paid â fy erlid dilyn fi –

pendro nawr,
gwefusau'n grin,
pinnau mân yn ei ddwylo,
y felltith –

Ac mae'r byd o gwmpas Paulos yn chwyrlïo a choed yn codi o'r anialwch a choedwig yn tyfu o'r tywod a'r ddaear yn tonni a llethrau'n ffurfio, llethrau Gat-Smanin, brad Gat-Smanin, ac o'r coed, y gŵr mewn mantell, y dieithryn, y dieithryn yn chwerthin –

A'r dieithryn yn tynnu'r fantell. A'r wyneb a ddatgelir yn wyneb dieithr. Wyneb bywiog. Llygaid llachar. Creithiau ar y bochau. Y gwallt yn ddu. Nid Paulos sydd yn y fantell. Nid Paulos fel yn ei freuddwyd. Ond gwyddai *pwy* oedd o dan y fantell. Gwyddai heb wybod. Gwyddai heb iddo weld y dieithryn erioed. Gwyddai.

A'r dieithryn yn y coed nawr yn cyffwrdd yn Paulos a fflamau'n troi esgyrn Paulos yn galch a llais y dieithryn yn y coed yn llifeirio trwy wythiennau Paulos a'r llais yn dweud, Paid â fy erlid dilyn fi paid â fy erlid dilyn fi paid â fy erlid dilyn fi paid â fy erlid dilyn fi paid â fy erlid dilyn fi paid â fy erlid dilyn fi –

Ac yna mi gei berthyn... Ac yna mi gei dy eneinio... Ac yna mi fyddi'n cyfri...

Ac mae Paulos yn baglu trwy'r goedwig ac allan o'r goedwig nawr i'r anialwch, ac mae'i gyfeillion ar ei sawdl ac mae'u ceffylau'n gweryru ond mae Paulos yn fyddar iddynt ac yn fyddar i bopeth ond am y llais sy'n ei hudo a'i herio.

Paulos, Paulos, pam wyt ti'n fy erlid? Paid â fy erlid dilyn fi paid â fy erlid dilyn fi paid â fy erlid dilyn fi paid â fy erlid dilyn fi paid â fy erlid dilyn fi paid â fy erlid dilyn fi...

19

Be sy'n bod 'da fe? meddai Hirsh, wrth i Paulos faglu trwy'r anialwch. Baglu a mwydro. Mwydro am erlid. Mwydro am ddilyn. O'i enau daw parablu –

Paid â fy erlid dilyn fi paid â fy erlid dilyn –

Wn i ddim, meddai Yitshak yn gwylio'i frawd-yng-nghyfraith. Cafodd ei heintio gan ffitie trwy gydol ei fywyd. Fi'n credu ei fod yn diodde nawr.

Mae e wedi colli ei ben, meddai Avner. Be ar wyneb y ddaear ma' fe'n wneud nawr?

Ac maent yn gwylio. Maent yn fud. Maent yn gegagored. Gwylio'n gegagored wrth i Paulos fwydro. Mwydro am erlid. Mwydro am ddilyn. O'i enau daw parablu –

Paid â fy erlid dilyn fi paid â fy erlid dilyn –

Ond mae'r llais ddaw ohono'n llais bwystfil. Mae'r llais ddaw ohono'n llais Diafol. Ac mae arnynt ofn. Ofn sy'n eu hatal. Ofn wrth i Paulos neidio ar ei farch. Sbarduno'i farch. Marchogaeth ei farch.

Ble mae e'n mynd? meddai Hirsh wrth i Paulos garlamu i'r gogledd-ddwyrain tuag at Har Hermon –

Har Hermon a'i gopa'n wyn dan eira,
Har Hermon yn wyn fel copaon Toros Daglari,
y geifr du'n dotio'r llethrau,
preiddiau'n patrymu'r Toros Daglari,
y preiddiau'n brefu,
25 milltir i'r gogledd o'r ddinas,
o ddinas Tarsos,
dinas Paulos y plentyn,
dinas Paulos yr alltud –
yr alltud o'r llwyth,
yr alltud o'r hil,
yr alltud o'r byd –
Paulos, Paulos, gwaedda'r un ar ddeg ar ei ôl. Paulos, ble rwyt
ti'n mynd,
raca?
Dewch ar ei ôl, meddai Yitshak a mynd am ei geffyl. Mae Diafol
wedi ei hawntio.

MATHETES

1

Gulgalta a gwaed, gwaed a Gulgalta. Y nos yn barddu. Y prynhawn yn ddu. Y dyn ar groes. Y darfod ar y groes. Y darfod ar drawst a pholyn. Y darfod mewn hoelion. Hoelion trwy'i arddyrnau a hoelion trwy'i draed. A gwaed yn llifo'n afon o'i friwiau –

gwaed o'i lygaid ac o'i glustiau ac o'i enau,

gwaed o'r nefoedd, o fagddu'r ffurfafen –

Archoll yn yr awyr, a'r gwaed yn powlio. Anaf na fydd yn mendio. Yr anaf terfynol. Yr anaf sy'n difa'r freuddwyd. Y freuddwyd o'r deuddeg llwyth. Y freuddwyd o Israel. Israel yn dychwelyd at yr ARGLWYDD. Yr Iddewon yn dychwelyd at yr Adonai. Un wlad, un Deml, un Duw. Un llwyth dan Torat Moshe. Un llwyth yn y Beit HaMikdash. Un llwyth yn addoli'r YODH-HE-WAW-HE, yr Enw Cudd. Un llwyth oedd y freuddwyd ond mae'r freuddwyd wedi ei llarpio. Wedi ei llarpio ar Gulgalta. Wedi ei llarpio ar bolyn ar lethr bryn. Wedi ei llarpio mewn llurguniad. Llurguniad rabboni o Galilea. Llurguniad Yeshua bar-Yôsep o Natz'rat. Yeshua bar-Yôsep o Natz'rat ar bolyn, yn gwaedu. Gwaedu gyda deuddeg arall ar Gulgalta. Marw gyda deuddeg arall ar Gulgalta.

(*deuddeg llwyth ac un ar ddeg ohonynt yn erbyn un a'r un ar ddeg yn erbyn un ym Mrwydr Giv'a, yr Hebreaid oll yn erbyn Paulos –*)

Ac yn gwylio'r marw mae llanc.

Tair ar ddeg ac mae'n fab y gorchymyn. Mae'n Bar Mitzvah. Wedi bod i'r synagog. Wedi bod yno ar y Shabbat. Am y tro cynta ar y Shabbat. Am y tro cynta'n cadw'r gorchmynion, yn cadw'r mitzvot. Am y tro cynta fel oedolyn. Am y tro cynta fel dyn. Dyn o'i lwyth. Llwyth Binyamin, y Shevet lleiaf. Dyn o'r Iddewon. Dyn ar ôl bod yn y synagog. Dyn ar ôl ei aliyah cynta. Dyn ar ôl iddo adrodd y fendith uwch y Dvar Torah. Dyn ar ôl y ddefod. Defod Bar Mitzvah. Defod yr Iddewon. Defod ei gyfri'n ddyn. Dyn yn dair ar ddeg. Llafurio'n dair ar ddeg. Chwysu'n dair ar ddeg. Ennill ei fara menyn yn dair ar ddeg. Ar lethrau'r Toros Daglari yn dair ar ddeg. Yn fab y gorchymyn. Fel pob mab y gorchymyn o'i flaen ac ar ei ôl. Fel pob Bar Mitzvah. Fel pob Shaul, y llanciau wedi eu henwi ar ôl brenin cynta Israel a Jwdea, pan oedd yr Hebreaid yn un bobl. Ond nid Shaul yw. Nid Saoul ond Paulos yw. Enw i'r byd. Enw i'r Cenhedloedd. Enw i'r dinasoedd – i Athen, i Rufain, i ddinasoedd Hispania, i arwdiroedd Britannia. Nid Shaul. Nid Saoul er mwyn plesio'i dad a'i hynafiaid. Yr hynafiaid sathrodd arno, sathrodd ar ei lwyth. Y llwyth lleiaf –

(*un ar ddeg yn erbyn un ym Mrwydr Giv'a, yr Hebreaid oll yn erbyn –*)

Na, nid Shaul ond Paulos. Paulos i'r byd.

A nawr ar Gulgalta mae'n glawio gwaed ac mae'r pridd yn gnawd byw –

Ac mae Paulos, mab y gorchymyn, tair ar ddeg, yn gwylio marwolaeth un a oedd wedi ei alw'n Mashiach. Ac mae Paulos yn wlyb domen. Y gwaed sy'n peltio o'r nefoedd yn ei drochi. Ei draed yn suddo i gig amrwd y ddaear. Mae'n syllu ar y dyn ar y groes. Ar y darfod ar y groes. Ar y difa. Ac mae'r dyn yn codi ei ben o'i ysgwydd ac mae'i wep yn waedlyd ac mae'i lygaid yn sêr. Ac mae'r dyn yn gofyn, Paulos, Paulos, pam wyt ti'n fy erlid?

Erlid pwy? meddai'r llanc Paulos.

Fy erlid i.

Nid wyf yn dy erlid di.

Rydw i ar y trawst a'r polyn yma, yn tydw?

Wyt, ond nid fi sy'n gyfrifol.

Ti sy'n gyfrifol, Paulos Saoul Tarsos. Ti a'm condemniodd o flaen y Sanhedrin. Ti a'm dedfrydodd i farw. Ti oedd y Perushim a'r Seduqim. Ti oedd yr Iddewon. Ti wthiodd law Rhufain. Ti osododd y patibulum, trawst fy artaith, ar fy ysgwydd. Ti a'm rhaffodd i'r pren fel anifail. Ti a drawodd yr hoelion trwy fy ngarddyrnau, trwy fy fferau. Ti a'm pliciodd oddi ar y pren. Ti a'm taflodd ar drol a'm rhowlio at ymyl pydew, a ti a'm taflodd i'r pydew a fy nghladdu yno gyda'r deuddeg yma. Claddu Israel a'i Brenin. Ein claddu er mwyn i'r cŵn a'r brain a'r llygod ddod i fwydo. A ti oedd y cŵn, Paulos Saoul Tarsos. Y cŵn a'r pryfed. Ti oedd natur yn mynd ati i fy mhydru, i fadru fy neges, ei throi'n bwdr –

Ac yna mae'r hoelion, ar eu pennau eu hunain, yn llithro o arddyrnau'r carcas byw ar y groes. Yn llithro o fferau'r carcas byw ar y groes. Ac mae'r carcas byw yn ymlusgo i lawr y pren. Llwybr o waed ar ei ôl ar y pren. Ac mae traed y carcas byw yn hofran fodefeddi uwch y pridd a gwaed o'i friwiau'n diferu i'r pridd a'i waed yn crasu'r ddaear. Ac mae'n dweud wrth y llanc, Ond methu ddaru fy ngelynion. Methu ddaru'r Perushim a'r Seduqim. Methu ddaru'r Iddewon. Methu ddaru'r cŵn a'r brain a'r pryfed. Methu ddaru natur. Methu ddaru ti, Paulos Saoul Tarsos. Rydw i'n para. Mae fy neges yn para. Dilyn fi yw'r neges, Paulos. Dilyn fi i'r Deyrnas. Fy ngwaed sy'n agor y drws. Fy aberth sy'n dangos y llwybr. Dilyn fi dilyn fi dilyn fi –

Ac mae'r carcas byw a'i waed a'i friwiau yn camu tuag at Paulos. Camu er i'w draed arnofio uwch y tir –

uwch Gulgalta,

uwch Jerwsalem,

uwch Jwdea,

uwch Israel,

uwch y byd –

Ac mae'r carcas byw'n arnofio i gyfeiriad Paulos a Paulos ag ofn am ei fywyd yn syrthio ar ei din a'r carcas byw uwch ei ben yn dweud, Paid â fy erlid dilyn fi paid â fy erlid dilyn fi paid â fy erlid dilyn fi paid â fy erlid dilyn fi paid â fy erlid dilyn fi paid â fy erlid dilyn fi –

Ac mae'r carcas byw'n gwyro at Paulos, a Paulos yn sgrechian crio, a'r carcas yn anghenfil, yn fwy na Paulos, yn fwy na'r byd, a'i neges yn rhu, a'i neges eto yw, Paid â fy erlid dilyn fi paid â fy erlid dilyn fi paid â fy erlid dilyn fi paid â fy erlid dilyn fi paid â fy erlid dilyn fi paid â fy erlid dilyn fi –

2

Llanc ar ras. Ar ras trwy'r strydoedd. Strydoedd Dammasq. Dinas carafannau. Dinas masnach. Dinas temlau. A'r strydoedd yn drwchus – yn drwchus o brynwyr, yn drwchus o werthwyr, yn drwchus o eiddo, yn drwchus o feddianwyr – caethion, anifeiliaid, llysiau a ffrwythau, cig a physgod, crefftau, cant a mil o leisiau, dwsinau o ieithoedd.

A'r llanc yn gweu trwy'r tyrfaoedd. Gweu trwy'r prynu a gweu trwy'r gwerthu. Ysgwyddo'i hun trwy'r halibalŵ ac yna troi i'r chwith i lawr lôn dawel. Lôn mewn cysgod. Lôn gul. A gadael myrraeth y ddinas tu cefn iddo. Gadael myrraeth y prynu a'r gwerthu, myrraeth yr eiddo a'r meddianwyr.

Ac mae'r llanc yn fyr ei wynt. Ac mae'r llanc tu allan i ddrws. Ac mae'r llanc yn dal ei wynt ac yna'n curo ar y drws.

Pwy sydd yna?

Fi, meddai'r llanc. Fi, Alexandros.

Ar ôl eiliad mae'r drws yn cilagor a wyneb yn ymddangos. Wyt ti ar ben dy hun, fachgen?

Ydw.

Does yna neb wedi dy ddilyn di, nag oes?

Nag oes.

Wyt ti'n siŵr?

Gadewch fi mewn neu bydd rhywun yn siŵr iawn o sylwi arna i'n loetran fan yma. A beth wedyn, syr?

Mae'r drws yn cau. Mae'r clo'n cloncian. Mae'r drws yn agor. Mae'r dyn yn dweud wrth y llanc, I mewn â thi.

Tywyll yn y tŷ. Tywyll, tawel. Miri'r stryd wedi mynd. Y prynu a'r gwerthu wedi mynd. Yr eiddo a'r meddianwyr wedi eu gadael ar ôl.

Mae'r dyn agorodd y drws, Kyros, yn gofyn i'r llanc a ddaeth i mewn, Beth wyt ti wedi'i ddarganfod, Alexandros?

Ond mae llygaid Alexandros wedi eu glynu ar y dyn yn y gwely. Dyn gwelw. Dyn a'i wallt yn flêr a'i farf yn wyllt. Dyn gyda briwiau ar ei wyneb. Dyn gyda chadach dros ei lygaid. Dyn sy'n griddfan ac yn glafoerio wrth i Leia, gwraig Kyros, geisio'i annog i yfed dŵr. Mae Kyros yn rhoi bonclust i Alexandros a daw'r llanc o'i lesmair.

Beth wyt ti wedi'i ddarganfod? meddai Kyros eto.

Mae Alexandros yn rhwbio'i ben. Mae un ar ddeg dieithryn arfog o Jerwsalem yn y ddinas, wedi eu hanfon ar wasanaeth y Deml. Maent ar drywydd Iddew oedd gyda nhw aeth o'i go. Kyros, mae'r tsiap hwn o'i go. Hwn yw e.

O'r Deml?

Ie, Kyros, ac maent yn holi ac yn dweud bod eu cyfaill ar goll a'i bod yn bwysig dod o hyd iddo. Mae mewn perygl, meddent.

Mae e mewn perygl. Oddi wrthyn *nhw.* Ydi'r herwyr yma'n bethau cas yr olwg?

Cas dros ben, meddai Alexandros. Barfog a blin. Creithiau ar eu hwynebau nhw. Pam maen nhw ar ei ôl e, Kyros?

Mae Kyros yn cydio'n ysgwyddau'r llanc ac yn syllu i fyw ei lygaid ac yn dweud, Am ei fod o wedi gweld y goleuni. Yr ARGLWYDD ein Duw, yr un Duw, a'i hanfonodd yma, fachgen.

Aton ni?

Aton ni, Alexandros.

Pam?

Pam? Fel arwydd bod neges y Christos Iesous ar ein cyfer ninnau, hefyd. Ar gyfer Iddewon alltud, Alexandros. Y dyn hwn fan hyn yw'r arwydd bod y Deyrnas yn dod a bod y Deyrnas i *bob* aelod o *bob* un o'r deuddeg llwyth, fachgen.

Oes rhaid i ni fynd yn ôl i Jerwsalem i aros am y Deyrnas, Kyros? Fi erioed wedi bod.

Paid ti â becso, fachgen. Fu'r rhan fwyaf o Iddewon y byd erioed yno, chwaith. Ond os na ddaw y Deyrnas cyn iti droi'n Barmitzvah, mi gei di fynd yr adeg honno. Pan wyt ti'n fab y gorchymyn, ie?

Ac yna mae'r dyn ar y gwely'n griddfan ac yn hefru. Ac mae Leia'n ei gysuro. Ond nid yw'n derbyn cysur. Mae'n ei wrthod. Mae'n ymladd yn erbyn cysur a gofal a gorffwys. Mae hunllefau'n ei blagio.

Gwranda, Alexandros, meddai Kyros wrth y llanc. Cer i chwilio am Chananiah. Mae'n ddyn da. Un o arweinwyr y synagog. Mae'n cadw'r Gyfraith. Ac mae'n dilyn y Christos Iesous. Mae'n gallu iacháu, Alexandros. Mae'n gallu dod â'r goleuni i lygaid y dall. Nawr ffwrdd â ti, fachgen. A bydd yn ofalus. Mae'r ddinas am ein gwaed ni. Mae'n gelynion ni fel y sêr.

3

Mae wedi'n bradychu ni, meddai Hirsh.

Troi ei gefn ar Torat Moshe, meddai Yehonatan.

Ein harwain ni yma ar siwrne seithug, meddai Yoel.

Rhedeg ar ôl cysgodion ydyn ni, meddai Betzalel.

Dwed rywbeth, Yitshak, meddai Nahum, yn lle eistedd yno gyda dy ben yn dy blu.

Mae'r un ar ddeg mewn pandocheion yn y ddinas. Pandocheion – lle i aros dros nos, lle am bryd o fwyd, lle i roi gorffwys i'r ceffylau, lle i blotio'u dial.

Mae'r un ar ddeg wedi hel o amgylch dau fwrdd mewn cornel dywyll o'r pandocheion. Mae bara a gwin ar y bwrdd. Mae briwsion ar y bwrdd. Mae'r un ar ddeg wedi bwyta. Mae'r un ar ddeg wedi cwyno. Mae'r un ar ddeg wedi drysu.

Pam wnaeth e hyn? meddai Pinehas. Fe ddywedodd fod y comisiwn wedi dod oddi wrth yr ARGLWYDD ei hunan. Os yw hynny'n wir, Yitshak, mae e wedi anufuddhau i'r Qodes HaQodasim a'r Adonai wrth droi cefn arnom.

Dwed rywbeth, da ti, meddai Yoel wrth Yitshak.

Be ydych chi am i mi ddweud? meddai Yitshak.

Dwed wrthyn ni be i'w wneud, meddai Avner. Ti yw'r boi nawr. Mae e wedi ffoi. Be ddaeth drosto fe?

Mae e wedi ei felltithio o'r dechrau, meddai Yehonatan. Ers ei fod yn grwt. Dyna ddywedaist ti, Yitshak. Mae'n cael ffitiau. Diafol yn ei esgyrn, yn ei waed. Yw e'n ein harwain i Gehinnom, Yitshak?

74

Ydyn ni'n mynd yn erbyn Torat Moshe? Ydyn ni'n mynd yn erbyn yr ARGLWYDD?

Ac mae stŵr ymysg y dynion, cwyno a dwrdio a rhegi.

Hisht! meddai Yitshak a tharo'r bwrdd ac maent yn tawelu.

A Yitshak yn dweud, Mae'n frawd-yng-nghyfraith i mi. Fi wedi ei adnabod ers ei fod yn bar mitzvah. Mae'n Iddew da, bois. Mae'n cadw Torat Moshe. Mae'n deall Torat Moshe'n well na neb fi'n adnabod. Mae'n aelod o blaid y Perushim ac roedd ei dad yn aelod hefyd.

Ond dyn dŵad yw e, meddai Hirsh. Mewnfudwr sydd wedi cymysgu gyda'r Cenedl-ddynion. Mae'n siarad eu hiaith, mae e wedi ei fagu yn eu ffyrdd, ffyrdd y paganiaid.

Yitshak yn dweud, Iddewon ydyn ni i gyd, ta waeth o ble'r y'n ni'n dod. Yr un yw'n tadau, yr un yw'n duw.

El'azar yn dweud, Ma' fe wedi'n harwain i drap. Ma' fe wedi'n bradychu ni, dyna'r gwir. Mae dyrnu yn Jerwsalem yn un peth, ond mae teithio am saith niwrnod gyda gwarant gyfrinachol sy'n dweud yn farw neu'n fyw yn beth hollol wahanol.

Ac mae tawelwch o gwmpas y bwrdd – tawelwch yn y pandocheion, tawelwch i aros dros nos, tawelwch i gael pryd o fwyd, tawelwch i orffwys y ceffylau, tawelwch i blotio dial.

4

Pwy yw e?

Alexandros ddaeth o hyd iddo, Chananiah, meddai Kyros. Dod o hyd iddo'n baglu trwy'r farchnad, yn parablu am hoelion a gwaed, am y Christos Iesous.

Iddew o'i go, meddai Alexandros.

Kyros yn dweud, Mae'n ddall, Chananiah.

Mae'r byd yn ddall, Kyros, meddai Chananiah, ond nid oes rhaid i ni agor ein drysau iddo. Yn enwedig a hithau'n oes beryglus, yn oes o dyndra. Beth yw ei enw?

Mae Kyros yn ysgwyd ei ben. Ond mae e'n dod o Jerwsalem, meddai

Sut gwyddost ti hynny?

Mae Kyros yn dweud, O'r fan honno mae'r cyfeillion sy'n chwilio amdano'n dod. Mae'r clecwyr yn dweud bod cyfaill i'r dynion dieithr o Jerwsalem wedi eu bradychu mewn rhyw ffordd. Maent yn chwilio amdano nawr. Chwilio am Iddew sydd off ei ben. A dyma un. Dyma Iddew off ei ben, Iddew dieithr.

Chananiah'n crafu ei farf drwchus. Chananiah'n culhau ei lygaid. Chananiah'n meddwl, yn pwyso, yn mesur.

Mae llais yn torri ar y tawelwch. Wn i pwy yw e.

Mae gŵr ifanc yn sefyll yn y cysgod ar y grisiau.

Pwy yw e, Philippos? meddai Kyros wrth y gŵr ifanc yn y cysgod ar y grisiau.

Daw Philippos i lawr atynt. Un sy'n ein herlid ni, dyna pwy. Fe siaradodd ar ran y tystion yn achos Stephanos.

Mae Kyros yn ochneidio. Mae Chananiah'n griddfan.

Mae e yma i'n hela ni, fi'n dweud wrthoch chi, meddai Philippos, hela'r chwech ohonom benodwyd gan y brodyr yn Jerwsalem, y chwe ohonom wnaeth ddianc o'r ddinas ar ôl i awdurdodau'r Deml ddienyddio Stephanos.

Beth y'n ni wedi'i wneud i haeddu'r gormes hwn? gofynna Kyros.

Dweud y gwir am y Christos Iesous, meddai Chananiah. Nid yw'r byd am glywed y gwir. Nid yw'n brodyr yn Israel am glywed bod y Christos wedi dod a'u bod wedi ei lofruddio. Dyna pam yr ydyn ni'n cael ein gormesu.

Mae eiliad o dawelwch cyn i lais ddweud, Sut y gall y Christos farw?

Mae'r tri'n troi. Chananiah, Kyros a Philippos yn troi. Yn troi at y llais sydd newydd holi. Y llais ddaeth o'r dyn ar y gwely. Y dyn dall. Ac mae'r dyn dall yn gofyn eto, Sut y gall y Christos farw? Os mai ef oedd y Christos, pam ei fod wedi ei ladd? Ni fyddai'r ARGLWYDD ein duw wedi dewis i Christos farw a fynte i fod i arwain Israel i'r Deyrnas newydd. Os yw'r Christos ar groes yna mae Israel ar groes.

Mae'r tri'n gwrando ar eiriau'r dyn dall. Chananiah, Kyros a Philippos yn gwrando. Chananiah, Kyros a Philippos yn pwyso ac yn mesur.

A Chananiah'n dweud, Pwy wyt ti, gyfaill?

Neb, meddai'r dyn dall.

Rwyt ti'n rhywun.

Ti oedd yn siarad ar ran y tystion yn yr achos yn erbyn Stephanos, meddai Philippos. Pam wyt ti'n Dammasq? Wedi dod i'n hasasineiddio ni wyt ti?

Pwy y'ch chi? meddai'r dyn dall. Lle'r ydw i? Lle mae fy mrodyr?

Dyna fe, meddai Philippos. Fe ddywedais i. Mae e wedi dod gyda milwyr cudd i'n mwrdro ni.

Paid â bod yn gas gyda'r creadur, meddai Chananiah.

Ond mae e yma i'n lladd ni, meddai Philippos.

Mae e'n haeddu maddeuant a'r cyfle i edifarhau, meddai Chananiah. Fe ddylet ti wybod hynny, Philippos. Ti o bawb. Mathetes, dilynwr o fri, dilynwr amlwg. Ti sy'n gyfaill i gyfeillion mynwesol y Christos. Ti sydd wedi cyffwrdd simlah Kepha a thrwy hynny, y Christos ei hunan.

Mae Philippos yn troi ei gefn a dweud, Does gan Kepha fawr o gariad ataf fi.

Shwt un oedd e? meddai Kyros. Shwt un oedd y pysgotwr, Philippos?

Bydd yn dawel nawr, Kyros, meddai Chananiah. Mae Kepha'n Jerwsalem a'r cyfaill dall yma'n Dammasq. Dyma'n blaenoriaeth.

Ei flaenoriaeth ef yw fy erlid i, meddai Philippos. Fe ddylen ni –

Beth, Philippos? meddai Chananiah. *Beth* ddylen ni wneud? Wyt ti'n anghofio geiriau Iesous? Ti, o bawb, sydd wedi dy ddewis gan *frawd* ein Christos?

Nid yw Philippos yn dweud gair. Nid yw'n wynebu Chananiah

na Kyros na'r dyn dall. Nid yw'n symud am eiliad. Ond yna mae'n troi ar ei sawdl ac yn rhuthro o'r tŷ.

Beth *oedd* geiriau Iesous? meddai'r dyn dall.

5

Mae Philippos yn dweud, Mae e yma i'n dinistrio ni. Fe a'i giang wedi eu hanfon o Jerwsalem. Wedi dod dan warant gan y Sanhedrin, dim dwywaith. Mae Israel am ein gwaed ni, Timon.

Nid yw Timon yn dweud gair. Nid yw Timon yn symud yn ei gadair, ei ddwy benelin ar y bwrdd, ei ben yn ei ddwy law.

Mae Philippos yn gofyn, Ble mae'r brodyr eraill? Ble mae Prochoros a Nikanor, Parmenas a Nicolaus?

Does gen i ddim syniad, meddai Timon. Fe gawson ni rybudd i ddianc ar ôl dienyddiad Stephanos. Mynd i'r pedwar gwynt a dyna wnaethon ni. Cyn belled ag yr ydw i'n gwybod, dim ond ti a fi ddaeth i Dammasq.

Felly mae'n rhaid i ni *adael* Dammasq. Nid yw hi'n ddiogel yma.

Ond ble *sy'n* ddiogel, Philippos? Edrych, wyt ti'n sicr am y dyn yma? Wyt ti'n sicr ei fod wedi dod gyda giang? Gyda bwriad drwg?

Ydw, fi'n sicr, Timon. Mae'r rhain yn wŷr arfog sydd wedi teithio'r holl ffordd o Jerwsalem i Dammasq, ac wedi eu gweld a'u clywed yn plotio mewn pandocheion yn erbyn ein mudiad. Mae e a'i fêts yma ar gyfer pwrpas marwol.

Pam ma'n nhw'n ein trin ni fel hyn?

Fel y dywedodd Chananiah, am ein bod ni'n dweud y gwir. Am fod Iesous wedi dweud y gwir. A beth ddaeth ohono fe? Cael ei ladd ganddynt, Timon. Ei hoelio i bren gan yr Iddewon yn Israel. Dy'n nhw heb ddeall. Dy'n nhw heb glywed. Ni, Iddewon alltud, yw'r unig rai sydd wedi derbyn y datguddiad.

Ond beth am y cyfeillion yn Jerwsalem? Kepha, Yakov, y brodyr eraill? Y rhai fu'n cerdded gyda'r Christos?

Ysgydwa Philippos ei ben. Nid dim ond neges i Jerwsalem yw'r neges hon, Timon. Neges i'r byd. I'r Cenhedloedd, yn ogystal. A bydd y Cenedl-ddynion yn dod at yr ARGLWYDD ac at y Deml, a byddant yn dod i gyfamod gyda'r ARGLWYDD ac yn enwaedu – *ni* fydd yn dod â nhw at yr ARGLWYDD. Mae'r gwir wedi ei estyn i ni, Timon. Ni yw negeswyr yr efengylau. Ni yw'r rhai sy'n lledaenu'r newyddion da. Ni yw'r mathetes, y gwir ddilynwyr. Ein tân ni fydd yn cydio tra bydd eu fflamau hwy yn pylu ac yn marw. Y tân fydd yn crasu'r ddaear yw bod y Christos wedi trechu'r bedd. Mae e'n dychwelyd. Mae e'n dychwelyd fel brenin. Felly, Timon, mae'n rhaid cynllunio diwedd y llofrudd dall a'i gatrawd – neu fe saernïant ein diwedd ni.

6

Ond sut mae'r Christos yn garcas? Ni all hynny fod, meddai Paulos. Mae'r Christos i fod i arwain yr Iddewon i'r Deyrnas newydd. Dyna'r broffwydoliaeth. Dyna addewid yr Adonai. Sut y gall y dyn hwn o Galilea arwain a fyntau'n llwch?

Nid yw'n llwch, meddai Chananiah.

Mae Paulos yn dawel. Mae'n eistedd i fyny yn y gwely. Mae'n ddall o hyd. Ond yn gweld mwy nawr nag a welodd yn ei fyw. Ac mae'n dweud, Cefais ymgom gyda'r dyn yma.

A Chananiah'n dweud, Beth?

Ymgom gyda'r un rwyt ti'n ei alw'n Christos. Y dyn o Galilea. Pryd?

Mae Paulos yn ysgwyd ei ben ond yn dweud, Yn ddiweddar, dwi'n sicr. Daeth ataf fi tra oeddwn o fy ngho ar y gwely hwn. Gwelais ef ar y pren, ar y bryn. Gwelais ef fel aberth, fel offrwm. Roedd hi'n nos ond roedd y dyn yn llachar, yn glaer-wyn ar y groes a'i waed, ei waed yn tywallt, ei friwiau'n amrwd.

Llurguniwyd ef ganddynt, meddai Chananiah.

Do, ond roedd e'n *fyw* ac roedd e'n gofyn i mi pam yr oeddwn i yn ei erlid.

A pham oeddet ti'n ei erlid, Paulos Saoul Tarsos?

Roedd Paulos wedi datgelu ei enw i Chananiah ac roedd Chananiah wedi datgelu ei enw yntau i Paulos –

Chananiah, un o ddinas Dammasq. Chananiah, un o'r Meshiykiyyim. Chananiah, un o'r Iddewon alltud oedd yn dilyn y Christos Iesous.

Nawr mae Paulos yn ystyried cwestiwn Chananiah. Nawr mae'n cofio'r weledigaeth. Corff Iesous neu Yeshua yn waed o'i gorun at ei draed, yn archollion drosto, ac yn dod i lawr o'r groes yn fyw – *yn fyw* – ac yn ymddyrchafu uwchben Paulos ac yntau'n fab y gorchymyn. Ben ac ysgwydd uwchben Paulos, mab y gorchymyn. A'r neges yn tywallt o'i enau fel y dilyw yn hanes y proffwyd Noah. Tywallt fel hyn –

Paid â fy erlid dilyn fi paid â fy erlid dilyn fi paid â fy erlid dilyn fi paid â fy erlid dilyn fi paid â fy erlid dilyn fi paid â fy erlid dilyn fi –

A nawr mae Paulos yn ateb cwestiwn Chananiah.

Am ei fod ef a'i ddilynwyr yn mynd yn erbyn y Deml a'r Gyfraith. Roeddynt yn erbyn yr ARGLWYDD hefyd.

Ond ei elynion sy'n erbyn yr ARGLWYDD, meddai Chananiah. Ef yw Mab yr ARGLWYDD. Ei elynion yw'r rhai sy'n gwadu'r Christos Iesous. Nhw a'i lladdodd. Nhw sy'n ein gormesu ni'r mathetes, ei ddilynwyr. Ei elynion yw'r rhai sy'n ceisio lladd y neges. Stopio'r byd rhag ei chlywed. *Rhaid* i'r byd glywed. A nawr rwyt ti wedi dy alw ganddo i ddatgan ei neges i'r byd, Paulos. Mae'r Christos Iesous wedi fy anfon i yma i ddangos ei oleuni i ti.

Yw e?

Ydi, Paulos Saoul Tarsos. Ei elyn gwaethaf yw ei gyfaill gorau. Ei ormeswr creulonaf yw ei gynghreiriad tyneraf. Mae e wedi dy ddewis di, frawd.

Ond 'yf fi wedi cael fy melltithio.

Rwyt ti wedi cael dy iacháu.

Rydw i'n ddall.

Rwyt ti'n gweld.

Mae Paulos yn teimlo ias. Paulos yn teimlo tân. Paulos yn ogleuo corff aeth yn bwdr ac yn blasu gwaed aeth yn afon. Mae ei ben yn troi a'i stumog yn corddi. Mae'r felltith yn cydio – y felltith yn ei heintio, y felltith yn darian rhyngddo a'i bwrpas a'i ystyr a'i genhadaeth.

A'i ben yn curo. A'i wynt yn fyr. A'i gnawd yn pigo. A'r curo'n ei ben yn cynyddu. A'i ddwylo'n gwaedu. Y gwaedu a'r gweu. A geiriau'r Mishnah. A'r chwys yn powlio. A'r muriau'n cau amdano. A lleisiau'n atsain. A'i enw'n daran –

Paulos! Paulos! Paulos!

Mae Chananiah'n rhwygo'r cadach o lygaid Paulos ac yn dweud, Mae'r Christos Iesous yn dy eneinio di, Paulos Saoul Tarsos.

Ac mae Paulos yn cael ei hyrddio o'r tywyllwch i'r goleuni ac am foment mae'n gweld y byd i gyd ac mae'n gweld yr offrwm ar y pren ar Gulgalta a gwaed yr offrwm yn tywallt a'r gwaed yn crasu'r ddaear...

7

Fi moyn mynd gartre, meddai Yoel. Fi wedi cael llond bol ar y dre hon. Fi ddim yn deall yr iaith, fi ddim yn hoff o'r bwyd. Ac mae'r allorau yn troi fy stumog. Fi am fod gyda fy nuw eto ger y Beit HaMikdash, gyda fy mrodyr.

Mae dy dduw gyda ti ym mhobman, raca, meddai Hirsh.

Fi'n teimlo nag yw e.

Cau dy geg gyda dy gabledd, rhua Hirsh.

Mae Yoel yn dweud y gwir, meddai Nahum. Y'n ni wedi bod yn dwli yma'n Dammasq ers bron i wythnos. Mae hi'n Shabbat yfory. Fyddwn ni byth gartre mewn pryd. Fi erioed wedi bod dramor ar y Shabbat.

Mae sawl synagog yma, meddai Yehonatan.

Koine yw'r iaith yma, meddai Nahum.

Beth yw'r ots? meddai Yehonatan. Dyw hynny ddim yn rheswm i ni beidio ag offrymu a gweddïo. Fel wedodd Hirsh, ma'n duw ni gyda ni ym mhobman – ac mae'r Beit HaMikdash gyda ni hefyd, yn ein calonnau.

Cabledd! rhua Yitshak gan neidio ar ei draed.

Mae cwsmeriaid eraill y pandocheion yn amneidio ac yn troi i syllu ar y dieithriaid swnllyd. Mae cwsmeriaid eraill y pandocheion wedi dechrau cael llond bol ar y tramorwyr. Bu dwrdio rhwng y tramorwyr a'r Iddewon lleol. Bu dwrdio rhwng y tramorwyr a'r Cenedl-ddynion lleol. Mae'r dieithriaid wedi bod yn tarfu ar heddwch Dammasq dros y dyddiau diwethaf.

Un Deml sydd, meddai Yitshak. Ac mae hi yn Jerwsalem. Mae unrhyw un sy'n dweud yn wahanol yn gableddwr ac yn ddim gwell na'r Meshiykiyyim hyn y'n ni'n eu hela.

Mae Iddewon alltud yn tanseilio'r Deml, meddai Hirsh ac yna mae'n codi ei lais. Dy'n nhw ddim fel ni. Dy'n nhw ddim yn Iddewon go iawn.

Mae sisial siarad yn saethu trwy'r pandocheion. Sisial cynllwynio. Sisial sarhad. Sarhad tuag at y dynion dŵad.

Cau dy geg, Hirsh, neu fe gawn gythrwfl, meddai Yoel.

Fi *moyn* cythrwfl, meddai Hirsh ac mae'n neidio ar ei draed ac yn dweud eto, yn uwch y tro hwn, Fi moyn cythrwfl.

Eistedd, Hebrëwr, meddai arth o ddyn mewn Hebraeg.

Fe eistedda i ar dy ben di, raca, meddai Hirsh.

Mae'r arth ar ei draed. Mae'r arth yn anferth. Mae'r arth yn farfog ac yn filain.

Eistedd, Hebrëwr, meddai'r arth eto ac yna mae'n dweud rhywbeth mewn Koine wrth berchennog y pandocheion.

Hei! Hebraeg yw iaith yr ARGLWYDD, meddai Hirsh. Pwy yw dy dduw di?

Yr un duw â thi, meddai yfwr arall. Rydyn ni i gyd yn Iddewon. 'Sdim ots os ydyn ni o Jerwsalem neu Dammasq. 'Sdim ots os ydyn ni'n siarad Hebraeg neu Koine.

Mae ots gen i, moelyn, meddai Hirsh. Rydyn ni o Israel. Ni yw plant yr ARGLWYDD. Ni yw plant y cyfamod. Cŵn ydych chi i gyd. Cŵn ers eich bod chi'n byw gyda chŵn y Cenhedloedd.

A nawr mae'r pandocheion i gyd ar ei draed. Pob dyn sydd yno, boed Iddew ai peidio, ar eu traed. A Hirsh yw'r cyntaf i ymosod. Cydia mewn cwpan a'i thaflu at yr arth. Mae'r gwpan yn taro'r arth ar ei dalcen. Mae'r arth yn sigo. Ond mae'i gyfeillion yn rhuthro ar draws y stafell. A nawr byrddau'n cael eu troi, llestri'n deilchion, dyrnau'n chwyrlïo, traed yn arfau, pengliniau'n arfau, talcenni'n arfau, cyllyll yn hacio, ffyrc yn trywanu –

Gwaed ac anhrefn yn y pandocheion –

yr un ar ddeg dan warchae,

yr un ar ddeg yn erbyn y byd,

y bobl sanctaidd yn cael eu gormesu,

yr Hebreaid yn colli'r maes,

a dihangodd tri o'r gyflafan,

tri'n baglu trwy ddrws y pandocheion,

tri'n cael eu chwydu i'r stryd,

tri i oleuni'r dydd,

y tri –

Hirsh,

Yitshak,

Betzalel –

A'r tri'n ei heglu hi cyn i'r awdurdodau gyrraedd,

y tri ar ras trwy'r strydoedd,

y tri gyda fflamau yn eu gwaed –

A nawr yn dal eu gwynt i lawr lôn gefn. A nawr yn chwysu mewn ali dywyll. A nawr yn tendio i'w cleisiau a'u briwiau.

Beth am y bechgyn eraill? meddai Betzalel.

Paid ti â becso amdanyn nhw, meddai Hirsh. Pob dyn drosto'i hunan yw hi mewn terfysg o'r fath. Fe wyddan nhw hynny.

Nage ddim. Ni'n frodyr. Ni'n fintai sydd wedi –

Bydd yn dawel, Betzalel, meddai Yitshak. Mae ganddon ni gomisiwn.

Nid nawr a'r awdurdodau'n siŵr o fod ar ein trywydd, meddai

Betzalel. Roedd Yoel yn llygad ei le. Rhaid i ni fynd gartre. Rwyf fi gyda fe. Fi moyn mynd yn ôl i Jerwsalem heb weld y twll lle yma byth eto.

Paid ag ymddwyn fel crwt ystyfnig, meddai Yitshak. Mae ganddon ni warant i'w gwireddu. Gwarant oddi wrth yr ARGLWYDD.

Mae Betzalel yn gegagored. Beth? Wyt ti'n credu'r bradwr Paulos? Wyt ti'n credu'r tramorwr jiawl hwnnw?

Na, fi ddim, meddai Yitshak. Dim gair ddaw o'i ben e. Ond fe yw'n gwarant nawr.

8

Paulos Saoul Tarsos yw ei enw. Mae ganddo warant o'r Deml i'n harestio ni neu efallai'n lladd ni, meddai Philippos. Dyna yw'r achlust ar y stryd. Y si yw ei fod yma i ddinistrio'n mudiad. Asasineiddio'r mathetes.

Mae Timon a thri arall yn gwrando ar Philippos yn y stafell. Mae'r dynion yn aelodau o'r ekklesia, y gynulleidfa a sefydlodd Philippos yn y ddinas ar ôl iddo gyrraedd yma'n ffoadur yn dilyn dienyddiad Stephanos.

Mae Timon yn dweud, Ond beth fyddai'r archoffeiriad yn fecso am Dammasq? Nid yw hynny'n gwneud synnwyr.

Mae hynny'n profi mai ymgyrch gudd yw hi, meddai Philippos. Mae e yma o Jerwsalem gyda gwarant i'n difa ni, i ddinistrio neges y Christos Iesous.

Mae Timon a'r tri arall yn ystyried. Mae Timon a'r tri arall wedi drysu.

Mae Philippos yn dweud, Mae'r asasin yn llechu mewn tŷ sy'n eiddo i Kyros, un o'n brodyr yn Dammasq. Mae Kyros yn fachgen da ond mae e wedi ei ddallu gan Paulos Saoul Tarsos. Gan Diafol. Gan Chananiah.

Ond mae Chananiah'n mathetes, meddai Timon. Mae e'n ddysgwr, yn ddisgybl. Ef yw un o'r gwir gredinwyr yn y ddinas. Dilynwr Iesous o'r dechrau.

Wel dyna fe, mae yntau wedi ei ddallu'r tro hwn, meddai Philippos.

Beth os byddan nhw'n ein gwrthwynebu?

Mae Philippos yn ystyried ac yna mae Philippos yn dweud, Os yw Chananiah neu unrhyw frawd yn sefyll yn ffordd ewyllys ein Christos, byddant yn ffodr Gehinnom. Miniogwch eich llafnau, fechgyn. Mae'n dagerau wedi eu bendithio gan waed Iesous. Daw daioni o drywanu'n gelynion a rhaid amddiffyn ein Christos hyd at farw.

9

Alexandros ar ras. Alexandros fel y gwynt. Alexandros yn seren wib, yn chwim trwy'r tywyllwch. Ar garlam er bod y Shabbat yn agos.

Mae'r strydoedd yn dawelach heno. Dammasq dan do. Dammasq ar ôl diwrnod o waith. Diwrnod o brynu a gwerthu, o fasnach rydd. Y nos yno'n arafach ond Alexandros yr un mor gyflym. Ar frys fel pe bai'n dianc oddi wrth elyn, fel pe bai Heosphoros ar ei sawdl. Heosphoros, mab y wawrddydd. Heosphoros – neu i roi ei enw cyffredin iddo –

Diafol.

Nawr, Alexandros ar ras i lawr y stryd,

i lawr y stryd am y tŷ,

tŷ Kyros a Leia,

drws Kyros a Leia,

curo drws Kyros a Leia ac –

Aros –

Aros –

Aros –

i rywun ateb,

i rywun ddod,

i rywun gyrraedd –

Aros ar bigau'r drain. Edrych o'i gwmpas. Ei nerfau'n frau. Edrych a disgwyl gweld, unrhyw funud, y dynion yn dod. Edrych a disgwyl gweld mab y wawrddydd ar flaen y giang, yn arwain y giang, yn feistr ar y giang.

Disgwyl eu gweld yn taranu rownd y gornel, eu dagerau'n finiog, pelydrau'r lloer yn llachar ar y llafnau, ond yna –

Y drws yn agor, Leia yno.

Alexandros, be ar wyneb y ddaear –?

Ond mae'r bachgen wedi gwibio heibio iddi ac yn gweiddi, Kyros, Kyros, maen nhw'n dod!

Leia'n rhoi clustan i Alexandros a dweud, Paid ti â rhuthro heibio i mi fel yna, fachgen. Fi yw gwraig Kyros, felly parcha fi.

Leia, maen nhw'n dod, meddai'r bachgen yn mwytho'i glust boeth. Mae'r dynion yn dod i chwilio am Paulos Saoul Tarsos.

Be sydd yn dy ben di, fachgen? Cer gartre. Mae hi bron yn Shabbat.

Na, na, Leia, maen nhw'n dod. Ei gyfeillion. Gyda dagerau. Dynion o Jerwsalem. Maen nhw'n siarad Hebraeg, iaith Israel. Roedd yna derfysg mewn pandocheion yng ngogledd y ddinas lle mae'r tlawd a'r bobl ddrwg yn byw. Bu clatsio, Leia. Jerwsalem yn erbyn Dammasq, dyna glywais i. Iddew yn erbyn Iddew.

Mae Leia'n syllu ar y llanc ac yn gofyn, Wyt ti'n siŵr, Alexandros?

Ar fy llw.

Ac mae Leia'n troi at y grisiau ac yn gweiddi nerth ei phen. Kyros! Kyros, tyrd nawr!

Maen nhw'n curo ar y drws. Maen nhw'n chwythu bygythion.
Maen nhw'n eu chwythu mewn Koine. Maen nhw'n mynnu gweld
Paulos Saoul Tarsos.

Dewch â fe at y drws, meddai un ohonynt.

Ry'n ni am gael gair 'da fe, meddai un arall.

Wnawn ni ddim niwed iddo fe nac i neb sydd yn eich tŷ,
meddai'r trydydd.

Dim ond am sgwrsio y'n ni, meddai'r cynta.

Os na agorwch chi'r drws, meddai'r ail, fe falwn ni e'n rhacs.

O'r tu mewn, yn dal cyllell, mae Leia'n dweud, Nid oes dynion
fan hyn. Mae fy ngŵr a'i frodyr wedi mynd i'r synagog ar gyfer y
Shabbat. Rydw i'n wraig ar ben fy hunan. Os ydych chi'n Iddewon,
pam nad ydych chi'n gorffwys gyda'ch teuluoedd? Pam nad ydych
chi'n paratoi?

Tawelwch o'r tu allan. Mae Leia'n edrych ar Alexandros. Mae
Alexandros yn edrych ar Leia. Mae edrychiad y ddau'n dweud,
Mae'r dynion wedi mynd.

Ond yna –

Paid ti â phregethu i ni am Shabbat, wraig. Nid dy le di yw
dweud wrth ddynion shwt i addoli. Dy le di yw bod yn ail. Nawr,
agor y drws.

Mae Leia'n edrych tua'r grisiau,

i fyny'r grisiau,

y cysgodion yno,

y gŵr yn y cysgodion,

y gŵr o Jerwsalem,

y gŵr oedd yn ddall,

y gŵr sydd yn gweld,

y gŵr a ddaeth i'w hela,

y gŵr sy'n brae –

Mae'r herwyr tu allan yn mynnu eto, yn y dafodiaith gyffredin,
bod y perchennog yn agor y drws. Mynnu ar dop eu lleisiau.

Mynnu'n llawn bygythiadau. Mynnu – ond yna mae'r mynnu'n stopio. Ac yn lle'r mynnu, sibrwd, yr herwyr yn cynllwynio.

Leia'n barod. Leia'n ymwroli.

Ac yna, llais o'r tu allan yn dweud, Leia, fi Philippos sydd yma. Agor y drws nawr.

Ph-Philippos?

Ie. Yw Kyros i mewn? Yw Chananiah yno?

Mae Leia'n oedi ac yna'n dweud, Ph-Philippos, pam wyt ti'n curo ar ein drws fel hyn? Pam wyt ti fel dyn ffyrnig, yn codi ofn arnaf fi?

Rwyt ti mewn perygl, Leia. Ti a Kyros. Perygl corfforol a pherygl ysbrydol.

Beth wyt ti'n stwnsian?

Mae'r dieithryn wedi cael ei anfon yma gan rymoedd y fall, meddai Philippos. Mae e wedi cael ei anfon yma gan Heosphoros, mab y wawrddydd, gelyn Iesous. Gan Diafol ei hunan. Mae e'n eich gwenwyno chi, Leia. Ti a Kyros. Byddwch yn llosgi yn yr Infferno.

Mae Leia'n pwyso a mesur. Mae'r Infferno yn ei dychryn. Mae Leia'n edrych ar Alexandros. Mae llygaid Alexandros yn llydan. Mae'r Infferno'n ei ddychryn yntau. Mae Leia'n camu at y drws. Mae Leia am ei agor, ond yna –

Na!

O'r grisiau, hisiad.

Leia'n troi.

Chananiah yno. Chananiah yn y cysgod ar y grisiau. Chananiah yn y cysgod ar y grisiau eto'n dweud, Na!

Philippos sydd yno, meddai Leia wrtho.

Nid yw Chananiah'n dweud gair. Mae'n syllu i fyw llygaid Leia, ei edrychiad yn ddigon i'w rhewi. Ac yna mae'n troi ac yn rhedeg i fyny'r grisiau ac mae Leia'n clywed shifflan a symud a lleisiau o'r ail lawr.

Ac mae hi'n rhuthro am y drws.

Mewn basged? meddai Paulos.

Neidia i mewn iddi, ddyn, meddai Chananiah. Maent yn y tŷ, nawr. Wyt ti'n clywed?

Daw stŵr o'r llawr isaf. Stŵr o leisiau. Lleisiau dynion. A llais Leia'n erfyn.

A Kyros yn y stafell wely yn clywed ac yn llwyd ac yn dweud, Fy ngwraig...

Cer ati, meddai Chananiah gan wthio Paulos i'r fasged sy'n crogi tu allan i'r ffenest. Mae rhaff ynghlwm â'r fasged. Mae'r rhaff yn arwain o'r fasged i biler.

Â Kyros o'r stafell, cloi'r drws. Rhuthra i lawr y grisiau.

Fe siarada i gyda nhw, meddai Paulos.

Maent yma i wneud drwg i ti, frawd, meddai Chananiah.

Fe wna i gymodi, ac esbonio.

Beth ddywedi di?

Ni ŵyr Paulos. Mae'n dawel.

Mae Chananiah'n dweud, Iesous sydd wedi dy ddewis di, Paulos Saoul Tarsos. Mae e wedi dy ddewis di o fysg miloedd. Mae gen ti warant nawr sy'n bwysicach na gwarant unrhyw offeiriad o gig a gwaed – os oedd yna'r fath warant. Ond ta beth, mae gen ti warant gan yr Adonai a'i Fab i fynd â'i neges i'r byd.

Paulos yn cofio Gat-Smanin. Paulos yn cofio'r dieithryn yn y coed. Paulos yn cofio'r ARGLWYDD yn y coed...

Ond nawr –

Sŵn traed ar y grisiau. Gweiddi a rhegi a chwythu bygythiadau.

I mewn â thi i'r fasged, ddyn, meddai Chananiah.

Mae Paulos yn camu trwy'r ffenest ac i'r fasged.

Mae dyrnau'n curo'r drws. Mae Philippos yn gweiddi, Gad ni mewn, Chananiah. Rwyt ti mewn cynghrair gyda'r gelyn. Fi wedi gweld natur y dyn rwyt ti'n ei amddiffyn. Fi wedi gweld y bwystfil ynddo. *Fe* gondemniodd Stephanos. *Fe* dystiodd yn ei erbyn a gwylio wrth iddo gael ei ladd ganddynt fel y lladdwyd ein Christos.

A wyf yn gwneud y peth cywir? gofynna Chananiah.

Ni ddywed Paulos air. Mae'n gwyro i lawr yn y fasged. Mae'n gorrach llai byth nawr. Mae'n tynnu'r gorchudd dros ei ben. Mae Chananiah'n llacio'r rhaff ac yn ara deg ostwng y fasged. Ac mae'r fasged yn cyrraedd y stryd gefn islaw. Paulos yn ei theimlo'n taro'r gwaelod. Ac mae'n neidio o'r fasged ac mae'r fagddu'n drwchus o'i gwmpas ac mae sŵn drws yn malu'n dod o'r ffenest uwchlaw ac mae Chananiah'n ymddangos yn y ffenest ac yn edrych ar Paulos am y tro olaf, ei lygaid yn llydan, yn llawn gobaith, yn llawn ofn.

Ac yna mae Chananiah'n cael ei lusgo o'r ffenest i'r stafell gan ddwylo ac mae Paulos yn troi ar ei sawdl ac yn rhedeg nerth ei draed.

12

Ar ras trwy Dammasq. Ar ras am ei fywyd. Ar ras i ddianc. Ar ras i ddarganfod ac i ddilyn y lleisiau yn ei ben. Y llais. A geiriau'r llais –

Paid â fy erlid dilyn fi paid â fy erlid dilyn fi paid â fy erlid dilyn fi paid â fy erlid dilyn fi paid â fy erlid dilyn fi paid â fy erlid dilyn fi –

Gwaed Paulos ar dân wrth iddo redeg. Wrth iddo weu trwy strydoedd cefn Dammasq. Dilyn ei drwyn. Ei sgyfaint fel cadachau gwlyb yn crogi'n ei frest, yn drwm. Mae'n –

dilyn ei reddf,

dilyn ei dduw,

dilyn y llais –

dilyn fi Paulos dilyn fi Paulos dilyn fi Paulos dilyn fi Paulos dilyn fi Paulos dilyn fi Paulos dilyn fi…

A'i ben yn curo. A'i wynt yn fyr. A'i gnawd yn pigo. A'r curo'n ei ben yn cynyddu. A'i ddwylo'n gwaedu. A'r muriau'n cau amdano. A lleisiau'n atsain. A'i enw'n daran. A'r felltith –

y felltith o hyd,

ond yna –

nid melltith –

na –

bendith –

y llais –

dilyn fi Paulos dilyn fi Paulos dilyn fi Paulos dilyn fi Paulos dilyn fi Paulos dilyn fi Paulos dilyn fi...

A nawr, ei feddyliau'n glir a'r dychryn yn cydio. Dychryn am fod awr y Shabbat yn agos. Dychryn am y dylai fod dan do yn gorffwys neu mewn synagog yn offrymu. Dychryn am ei fod yn torri Torat Moshe, yn torri'r cyfamod. Yom Shabbat yw'r dydd o orffwys. Dydd o ddefodau. Camu o'r nawr, o'r byd. Camu i'r freuddwyd o'r Baradwys a grëwyd gan yr Adonai. Camu i'r perffeithrwydd. Cael blas arno. Dyma yw Yom Shabbat. Dyma sydd wedi ei ddeddfu. Yom Shabbat yw –

diwedd gwaith,

diwedd amddifadedd,

diwedd pryderon,

diwedd diflastod,

diwedd llafur,

diwedd chwys –

Ond mae Paulos yn chwysu, yn llawn diflastod a phryderon, yn llawn dryswch. Mae'n pendroni dros ei weledigaeth, pendroni dros ei ddatguddiad, pendroni dros ei ystyr, pendroni dros y llais, y llais sy'n rhuo –

dilyn fi Paulos dilyn fi Paulos dilyn fi Paulos dilyn fi Paulos dilyn fi Paulos dilyn fi Paulos dilyn fi...

Mae'n dod i groesffordd –

Pedair lôn –

Un i'r gogledd –

Un i'r dwyrain –

Un i'r de –

Un i'r gorllewin –

Pedwar pwynt cwmpawd –

Pedwar cyfeiriad y byd –

A Paulos yn stond. Paulos yn dal ei wynt. Paulos yn edrych i lawr pob lôn ac mae pob lôn yn dywyll wrth i'r nos fynd i'r afael â gwendid y dydd, wrth i amser gripian tuag at Yom Shabbat. Ac yna, cysgodion yn y pedair lôn, ffurfiau dynol.

Paulos yn dal ei wynt.

Yw'r Adonai wedi anfon angylion i'w ddifa? Ei ddifa am ei fod wedi mynd yn groes i'r Gyfraith trwy chwysu a phryderu a diflasu ar Yom Shabbat?

Mae'r pedwar cysgod ar ffurf pedwar angel yn camu ar hyd y pedair lôn i'w gyfeiriad.

Mae'r pedwar cysgod ar ffurf pedwar angel yn camu i olau'r lleuad sy'n goglais cegau'r pedair lôn.

Mae'r pedwar cysgod ar ffurf pedwar angel yn bedwar dyn, ac mae'r pedwar dyn yn sefyll, nawr, yng ngheg pob lôn ac mae'r pedwar yn bedwar, yn ogledd ac yn ddwyrain ac yn dde ac yn orllewin a Paulos yn y canol.

A'r pedwar yw –

Yitshak,

Hirsh,

Betzalel,

a dieithryn…

Ac mae'r dieithryn yn sefyll yn y lôn sy'n arwain i'r gorllewin ac nid yw'r dieithryn fel y tri arall. Nid yw'n gwisgo arfwisg. Nid oes dagr yn ei law. Nid oes malais yn ei lygaid.

Mae'r dieithryn yn noeth –

Sgerbwd o ddyn –

Gwaed yn tywallt o friwiau –

Briwiau ar ei ddau arddwrn –

Briwiau ar ei ddwy ffêr –

Briwiau'n crisgroesi ei gorff, y cnawd mewn mannau wedi ei rwygo,

yr esgyrn a'r gewynnau i'w gweld,

yr organau i'w gweld,

y dyn o dan y croen i'w weld –

A dyma'r dyn –

Dyma'r un –

Dyn o waed –

Dyn o oleuni –

Mab y wawrddydd –

Mab yr Adonai –

Angel go iawn –

... *dilyn fi Paulos...*

Mae Paulos yn camu am y dyn ond mae llais yn ei sgytio. Aros ble rwyt ti, Paulos.

Daw Paulos ato'i hun. Daw Paulos o'i lesmair. Daw Paulos i'r byd go iawn. Ac yn y byd go iawn –

Yitshak,

Hirsh,

Betzalel –

Y tri'n sefyll yn agoriad y tair stryd, y tri'n arfog.

Mae Paulos yn chwilio am y dieithryn ond nid yw'r dieithryn yno a dim ond y fagddu sydd yno –

corn gwddw tywyll y stryd.

Ble ti wedi bod? meddai Yitshak. Mae pethau'n siop siafins, Paulos. Y bois eraill wedi cael crasfa a does dim syniad 'da ni ble ma'n nhw nawr. Yn y carchar, debyg. Neu ym mhridd gwlad estron, wedi eu towlu i dwll heb ddefodau.

Ie, a ti sydd ar fai, meddai Hirsh.

Fi? meddai Paulos.

Fe wnest ti ddianc, meddai Hirsh. Rhedeg bant ar gefn dy geffyl.

Fe ddaethon ni i'r ddinas yn gobeithio dod o hyd i ti, meddai Betzalel. Ond roeddet ti fel ysbryd, wedi diflannu. A neb yn gwybod dim.

Yna, meddai Yitshak, fe ddaethon ni o hyd i dy geffyl mewn stabl a dywedodd perchennog y stabl mai *fe* oedd berchen y ceffyl nawr. Dywedodd ei fod wedi ei brynu yn y farchnad. Roedd ei berchennog wedi cael ffit, medde'r dyn wrthyn ni. Wedi cael ffit ac wedi mynd o'i go ac fe aethpwyd ag ef gan Iddew, medde fynte. A dyma fi'n gofyn i'r dyn, Pwy yw'r Iddew? A dyma fe'n dweud, O, pwy a ŵyr, wir, mae cannoedd ohonynt yn Dammasq. Ac yna dyma fe'n dweud, Ac mae nifer yn addoli rhyw dduw newydd maent yn ei alw'n Iesous Christos. Cabledd yw hynny, ondyfe, Paulos? Ac fe wyddost ti beth yw'r gosb am gabledd.

Mae'r tri'n syllu ar Paulos ac mae Paulos yn syllu ar y tri. Ac yna mae Paulos yn chwilio am y dieithryn yn y gorllewin, y bedwaredd lôn, ond nid yw'r dieithryn yno a dim ond pydew sydd yno – twnnel tywyll i grombil Gehinnom.

Ac mae Yitshak ac mae Hirsh ac mae Betzalel yn camu i'r sgwâr lle mae Paulos yn oedi, lle mae Paulos yn aros am achubiaeth, lle mae Paulos yn aros am gyfeiriad.

Ac mae cledrau Yitshak a Hirsh a Betzalel yn gwasgu am eu dagerau. Ac mae Yitshak ac mae Hirsh ac mae Betzalel yn sgyrnygu.

Ac mae Hirsh yn dweud, Rwyt ti wedi troi dy gefn arnom ni, Paulos.

Ond yn wa'th na hynny, meddai Betzalel, rwyt ti wedi troi dy gefn ar yr ARGLWYDD a'i warant –

Na, na, meddai Paulos, nid –

Ond cyn iddo ddweud gair arall dywed Hirsh, Ac ar Torat Moshe ac ar y Beit HaMikdash.

Na, na, nid –

Ond ni chaiff Paulos gyfle i siarad.

Hirsh eto –

Ac rwyt ti wedi troi dy gefn ar Israel.

Na, na –

Ac yna mae Yitshak ac mae Hirsh ac mae Betzalel yn edrych ar ei gilydd. Ac mae Yitshak ac mae Hirsh ac mae Betzalel yn edrych ar Paulos. Ac mae Paulos yn gweld y fflamau yn llygaid y tri ac mae Paulos yn dweud, Mae hi'n Yom Shabbat, fechgyn. A chofiwch, da chi, lo tirsah – na lofruddia, un o'r Asereth ha-D'bharîm, y Deg Gair. Cofiwch hynny, fechgyn. Cofiwch a hithau'n Yom Shabbat.

Beth wyt ti'n boeni am Yom Shabbat nac am y Deg Gair? meddai

Hirsh. Rwyt ti wedi anufuddhau i sawl un o'r Deg Gair ers i ni ddod i'r ddinas hon, Paulos. Ti yw'r cableddwr gwaethaf. Nid Iddew wyt ti nawr.

A beth yw'r gosb am gabledd, Paulos? meddai Betzalel. Beth oedd cosb y cableddwr hwnnw y tystiaist yn ei erbyn yn Jerwsalem? A beth yw cosb Iddew sy'n dwyn camdystiolaeth ynerbyn yr hakohen hagadol? Fe ddangosaf i ti, Paulos Saoul Tarsos –

Ac mae Betzalel yn codi ei ddagr. Ac mae Betzalel yn rhoi gwaedd. Ac mae Betzalel yn rhuthro am Paulos. Ac mae –

Betzalel yn rhewi,

Betzalel yn agor ei geg,

Betzalel yn lledaenu ei lygaid,

Betzalel yn cwympo,

Betzalel yn taro'r llawr,

Betzalel yn gwbl lonydd,

Betzalel gyda dagr yn ei wegil –

Dagr Yitshak. Yitshak yn sefyll yno. Yitshak a'i law dde'n anelu. Yitshak a'i law dde newydd daflu'r arf.

Nawr, Hirsh yn dweud, Yitshak, beth wyt ti wedi'i wneud?

Paulos yn syllu ar gorff Betzalel ac yna'n syllu i lygaid ei frawd-yng-nghyfraith.

Hirsh eto. Wyt ti o dy go?

Cer o 'ngolwg i, Paulos, meddai Yitshak.

Paulos yn ymestyn amdano, i'w gofleidio ond –

Paid â mwydran, meddai Yitshak. Cer cyn i mi newid fy meddwl.

Fi heb newid f'un i, meddai Hirsh gan lamu tuag at Paulos.

Eto Yitshak yn ymyrryd. Eto Yitshak yn groes i'r graen. Eto Yitshak yn achub cam Paulos –

naid am Hirsh,

cydio'n Hirsh,

llusgo Hirsh i'r llawr –

Cer nawr! meddai Yitshak. A dwed wrth Avva fy –

Ond ni ddaw gair arall o'i enau. Nawr mae Yitshak a Hirsh yn ymrafael ar y llawr. Y ddau yn brwydro dros ddagr. Y ddau yn poeri a rhegi. Paulos yn gwylio ond yna rhywbeth yn tynnu ei sylw –

Y dieithryn gwaedlyd yng ngheg y lôn,

y dieithryn gwaedlyd yn ei ddenu,

y dieithryn gwaedlyd yn ei dywys i'r gorllewin,

y dieithryn gwaedlyd yn dweud –

... dilyn fi Paulos dilyn fi...

Rhed, Paulos, rhed!

Llais Yitshak wrth i ddagr Hirsh suddo i'w frest. Llais Yitshak wrth i ffigyrau eraill lenwi'r lonydd cul, eu lleisiau'n fygythiol, eu lleisiau'n gyfarwydd, eu lleisiau'n Hebraeg –

Y bechgyn eraill wedi landio, yr wyth yn rhydd –

Yoel a Manoach a Nahum ac El'azar a Gamli'el a Yehonatan ac Avner a Pinehas.

... dilyn fi Paulos dilyn fi...

Rhed, Paulos, rhed!

Ac mae Paulos yn dilyn y dieithryn gwaedlyd,

yn ei ddilyn i'r gorllewin,

yn ei ddilyn i'r twnnel,

yn ei ddilyn i Gehinnom,

yn ei ddewis o flaen ei frodyr,

yn ei ddewis o flaen ei bobl,

yn ei ddewis o flaen ei wlad,

yn ei ddewis yn –

dduw –

Ac yn meddwl, *Nid Iddew wyf fi nawr.*

EDH-DHIB

1

Ym mlwyddyn gyntaf teyrnasiad yr ymerawdwr Gaius Julius
Caesar Augustus Germanicus, a elwir Caligula, chwe blynedd ers
mwrdwr y Mashiach...

y garwdiroedd, yr araba, yr anialwch yn –
nhalaith Jwdea yn ardal Ein Gedi wrth yr Yam ha-Melah, sef y
môr halen.

Ac meddai'r crefftwr haearn, Mae dyn o'i go'n byw yn yr ogofâu
wrth y llyn ger Kumr'an. Mae'r bobl leol yn ei alw fo'n edh-Dhib.
Y blaidd. Mae o'n udo fel un weithiau. Udo a chwyrnu. Fedrwch
chi ddim trystio blaidd. Ond os ydach chi'n fodlon gwneud, bydd
hwnnw'n gallu gwerthu pabell i chi. Ewch nawr ac mi fyddwch chi
yng ngolwg ei ogof cyn y machlud. Mi glywch yr udo. Udo edh-
Dhib. Hanner diwrnod o daith.

Ac wrth iddo siarad, mae'r crefftwr haearn yn saernïo. Saernïo
delw. Pen duw. Mae sawl duw ar ei silffoedd. Duwiau hen a
duwiau newydd, duwiau da a duwiau drwg, duwiau nerthol a
duwiau llipa, duwiau ar ffurf dynion, duwiau ar ffurf anifeiliaid,
duwiau di-ri, duw ar gyfer pob achlysur.

Wrth saernïo, mae'n chwsyu. Mae'n noeth at ei ganol. Gwres yr
haul a gwres y ffwrn yn ei wneud yn domen dail. Ac mae'n sychu
ei dalcen moel gyda chadach. Mae'r teithwyr – gŵr a gwraig – yn
ei wylio'n creu'r duw ac mae'r dyn yn gofyn, Dwyt ti ddim yn
gyfarwydd â'r Asereth ha-D'bharîm, y Deg Gair gludwyd o begwn
Har Sinai gan Moshe Rabbenu?

Mae'r crefftwr yn chwerthin.

Mae'r teithiwr yn dweud, Rwyt ti wedi clywed am y chēṭ'
ha'ēggel, pechod y llo, yn do? Paid â dweud nad wyt ti. Rwyt ti'n

Hebrëwr fel ninnau. Rwyt ti'n Iddew. Wyt ti'n cofio? Plant Israel yn adeiladu llo aur tra fod Moshe mewn ymgom gyda'r ARGLWYDD ar Har Sinai?

Ac mae'r crefftwr haearn yn rhoi'r gorau i'w saernïo ac yn dweud, Paid â dod i fy anialwch i a dechrau pregethu, mêt. Rydw i wedi cael llond bol ar bregethu. Mae'r byd yn llawn proffwydi a phregethwyr. Maen nhw'n bla, a phob un wan jac yn dweud mai fo sy'n iawn ac i'r diawl â'r gweddill. Edrych ar fy silffoedd. Mae duw yma ar gyfer pob dyn, hyd yn oed os ydyn nhw'n dduwiau gwneud.

Un duw sydd, ac un Deml, meddai'r teithiwr.

Nid fan hyn, gyfaill. Dewis dy dduw. Dewis dy Deml.

Ond mae'r Deg Gair yn dweud na wna i ti ddelw gerfiedig –

Mae dynion yn dweud wrth ddynion eraill am beidio gwneud llawer iawn o bethau, meddai'r crefftwr.

Nid dynion sy'n dweud hyn, gyfaill, ond yr un Duw, yr ARGLWYDD. Un o'i eiriau oedd wedi eu hysgrifennu ar y Luchot HaBrit, cerrig y cyfamod, y Gyfraith a roddodd Ef i Moshe ar Har Sinai.

Mae'r crefftwr haearn yn ochneidio. Mae'n mynd ati eto gyda'i waith. Gyda'r chwys a chyda'r llafur. Gyda'r duwiau. Mae'n dweud, Ffor' acw mae'r blaidd sy'n gwneud pebyll. I'r de tuag at Kumr'an.

Diolch, gyfaill. Ai yn fan'no mae'r Isiyim yn trigo? Ar lannau'r Yam ha-Melah?

2

Mae'r byd yn mynd i'r Infferno, meddai'r teithiwr wrth ei wraig. Mae Israel yn darnio a'r Hebreaid yng nghoflaid Diafol.

Ac rydan ni'n dianc i'r garwidiroedd, i'r araba? gofynna'i wraig.

Ydym, oherwydd mai gan yr Isiyim mae'r ateb, meddai'r gŵr.

Gan y garfan hon o fysg yr Iddewon. Y garfan ar wahân. Y garfan hon sy'n gyfrinachol. Y garfan sydd heb ei gwenwyno gan y byd am ei bod mewn ogofâu. Yn yr ogofâu mae'r ateb.

Rwyt ti wedi taeru hynny am bawb yn dy dro. Gan rhain mae'r ateb. Gan rhain. Rwyt ti'n dweud hynny oherwydd bod pris –

Taw'r iâr! meddai'r gŵr.

Maent yn agos at yr ogofâu, yn agos at lannau'r Yam ha-Melah, y môr halen. Maent yn agos at edh-Dhib, y blaidd sy'n gwneud pebyll, ac yn agos at yr Isiyim ac at yr ateb i'r cwestiwn dyrys –

Sut mae ennill lle yn Nheyrnas yr ARGLWYDD a phryd y bydd y Deyrnas honno'n dod i'r byd diflas hwn?

Nid oedd y teithiwr wedi cael ateb. Nid oedd wedi cael ateb gan y Perushim na'r Seduqim na'r Kana'im. Nid oedd wedi cael ateb gan Rufain. Nid oedd wedi cael ateb gan Roeg. Roedd Mudiad Yeshua bron â chynnig ateb. Ond roedd briw wedi ei agor rhwng y gŵr a dilynwyr y Mashiach. Briw marwol. Anaf nad oedd mendio arno. A nawr, er ei fod yn caru Yeshua ac am ei ddilyn i'r Deyrnas, dim ond yr Isiyim oedd ar ôl. Efallai na châi ei wraig groeso yno. *Gwraig* oedd hi, wedi'r cwbl. *Gwraig* oedd yn eilradd. Ond dyna fo. Roedd yr enaid yn bwysicach na'r cnawd.

Mae'r teithiwr yn dweud, Pwy arall sydd ar ôl? Y crefftwr haearn, efallai?

Cystal â neb, meddai'i wraig.

Mae'r gŵr yn edrych arni fel pe bai hi o'i cho ac yn dweud, Wyt ti eisiau i'r ARGLWYDD dy gosbi di?

Nac'dw, ond efallai mai gyda'r crefftwr duwiau roedd y gwir. Nefi, efallai mai ef yw'r proffwyd olaf. Efallai mai ef yw'r un cyfiawn. Ef, efallai, sy'n addoli'r gwir dduw yn y ffordd gywir. Sut mae gwybod beth yw'r gwir? Sut mae gwahaniaethu rhwng un honiad a'r llall, rhwng un proffwyd a'r nesa?

Wyt ti wedi colli dy ben, wraig? Nid addoli oedd o, y globan wirion. Torri un o'r Deg Gair oedd o. Beryg ei fod yn torri pob un. Roedd o'n dy chwennych di, siŵr o fod, a gweddill fy eiddo hefyd heb amheuaeth – y mul yma, fy shiclau, pob dilledyn yr ydw i'n ei wisgo, a dy ddillad di, siŵr o fod. Am dy droi di'n butain oedd o. Ac roedd o'n chwennych fy nhŷ yn Jerwsalem, hefyd.

Does gen ti ddim tŷ yn Jerwsalem. Fe werthaist ein cartre i ddod i chwilio am bebyll deudwll. Does gen ti ddim ond fi a'r mul yma.

A f'enaid, diolch i'r –

Mae'r garreg yn taro'r dyn ar ganol ei frest. Mae'r dyn yn baglu am yn ôl. Mae'r dyn yn syrthio'n lwmp ar y llawr, yn brwydro am ei anadl, ei wep yn cochi. Mae'i wraig yn sefyll yn stond ac yn syllu'n gegagored i gyfeiriad yr ogofâu o ble daeth y taflegryn a loriodd ei gŵr.

Ac o ogof daw udo. Ac o'r ogof o ble daeth yr udo daw hanner dyn. A'r hanner dyn sy'n udo. Udo fel blaidd. Edh-Dhib. Sgerbwd byw. Anifail dwy-droed. Corrach diawledig – yn noeth ond am yr 'ezor, a'i groen yn fudr, a'i farf yn glawdd drain, ond ei lygaid yn emrallt ac yn llawn tân.

Mae'r corrach a'r wraig yn syllu ar ei gilydd. Mae'r teithiwr yn tagu. Mae'n crychu ei dalcen mewn poen. Mae'n griddfan wrth ddod ato'i hun. Mae dolur ar ei frest.

Mae'r wraig yn gweiddi, Eisiau prynu pabell ydan ni.

3

Nawr yn yr ogof. Nawr o flaen y tân. Nawr yn bwyta bara a mêl gyda'r corrach. Nawr drewi'r gwaith, drewi'r chwys, drewi'r pebyll.

Y pebyll o'u cwmpas. Darnau ohonynt. Rhai mewn cyflyrau gwahanol. Rhai wedi eu cwblhau, yn barod i'w gwerthu i brynwyr fel y rhain.

Mae'r corrach yn dweud, Roedden ni'n casglu blew y geifr du ar lethrau'r Toros Daglari, finnau a phrentisiaid fy nhad. Roedden ni'n hel y blew i sachau, yn llenwi'r sachau. Ac roeddwn i'n adrodd y Torah she-be-'al peh, y Torah sy'n cael ei ddatgan. Ac roedden ni'n chwys at ein crwyn ar y llethrau, er bod eira ar y copaon. Ond roedd gwres y prynhawn yn llethol. Ac yna roedd troliau a cheffylau'n dod o Tarsos a ninnau'n llwytho'r sachau ar y troliau, ac yna'n llusgo'n traed wrth ddilyn y troliau'n ôl i Tarsos, yn ôl i weithdy fy nhad – 25 milltir o siwrne. Ac ar y siwrne, roeddwn i'n adrodd y Torah she-be-'al peh.

Mae'r corrach yn stwffio talp o fara wedi ei drochi mewn mêl i'w geg. Mae'n cnoi. Mae'r mêl yn diferu i'w farf. Mae'i geg yn llawn ond mae'n parablu.

Yng ngweithdy fy nhad, roedden ni'n cynhyrchu ciliciwm i'r milwyr a'r morwyr. Gwisg arbennig. Gwisg i gadw'r gaeaf draw. A phebyll, hefyd. Gwneud pebyll. Pebyll fel y rhain.

Ac mae'n chwifio'i law o amgylch yr ogof, dangos ei waith, dangos ei grefft.

Pebyll ar gyfer masnachwyr, meddai'r corrach. Masnachwyr oedd yn mynd a dod trwy Tarsos. Mynd a dod o Ephesos a mynd a dod o Rufain. Ie, Rhufain. Rhufain, y ddinas aur. Rhufain, goleufa'r byd. Mynd a dod i brynu a gwerthu a mynd a dod i glecen a dwli a sgwrsio a dwrdio. A finne, trwy gydol hyn, yn dysgu, yn adrodd y Torah she-be-'al peh. Ac wrth adrodd, gwaedu. Fy nwylo. Edrychwch –

Mae'n dangos ei ddwylo. Creithiau'n plethu ar draws y cledrau. Dwylo gweithiwr. Rhawiau o gnawd ac esgyrn a gewynnau.

Gwaed a gwaed a gwaed a gwaed, meddai'r corrach. Gwaed yn diferu o ddwylo'r gwehyddion. A finnau'n dysgu o'r gwaed. Yn dysgu'r gweu. Yn dysgu'r grefft. Fy nwylo bach. Fy nwylo'n gwaedu. Gwaedu wrth weu. Chwysu wrth weu. Adrodd wrth weu. Adrodd o'r Torah. Adrodd y Mishnah roeddwn wedi ei ddysgu yn y synagog. Ei ddysgu'n ddeg oed. Dysgu chwe threfn y Mishnah. Dysgu Zeraim. Dysgu Moed. Dysgu Nashim. Dysgu Nezikin. Dysgu Kodashim. Dysgu Tohorot. Dysgu fel pob Iddew. Dysgu a gweu a gwaedu. Dysgu a gweu a gwaedu –

Ac mae'n cnoi,
ac mae'n llyncu,
ac mae'n tagu,

ac mae poer a bwyd yn sbrencian o'i geg,
ac mae'n dweud –
Ydych chi'n meddwl fy mod i'n Iddew da?
Mae'r gŵr yn rhwbio'i frest. Mae'r wraig yn nodio'i phen. Mae hi'n meddwl, *Nid yw'n fawr o flaidd.*

Roedd Yeshua Mashiach yn Iddew da, yn ogystal, meddai'r corrach. Glywsoch chi am Yeshua Mashiach? Ydych chi'n fodlon i mi siarad mewn Hebraeg fel hyn? Honno yw'ch iaith chi? Fe alla i siarad Koine, os hoffech chi. Honno yw fy iaith i. Tafodiaith fy mamiaith. Iaith y byd, ondyfe? Dyna pam eu bod nhw'n fy nhrin i fel pe bawn i ddim yn perthyn. Am mai honno yw fy iaith. Am mai dyn dŵad wyf fi. Un o'r Iddewon alltud. Ac Iddew o'r llwyth lleiaf. Iddew o Shevat Binyamin. Deuddeg llwyth ac un ar ddeg ohonynt yn erbyn un. A'r un ar ddeg yn erbyn un ym Mrwydr Giv'a, yr Hebreaid oll yn fy erbyn. Sathrasant arnaf. Ac rydw i wedi cael fy erlid i'r araba, i'r garwdiroedd. Beth ydych chi eisiau? Wedi dod i chwilio am atebion ydych chi? Wedi dod i gloddio am ystyr?

Ia, meddai'r gŵr. Wedi dod i gael ymgom gyda'r Isiyim ar lannau'r Yam ha-Melah. Fan hyn maen nhw'n trigo? Ydych chi'n aelod o'u cymuned?

Mae'r corrach yn ysgwyd ei ben, yn bwyta'r bara, yn llyfu mêl oddi ar ei fysedd, ei ewinedd yn hir ac yn fudr.

Mae'n dweud, Ond mae ganddynt sgroliau. Maent wrthi'n brysur o fore gwyn tan nos yn yr ogofâu'n Kumr'an acw. Maent wrthi'n brysur yn copïo'r geiriau ar bapeirws. Y geiriau. Mae ganddynt eiriau'r proffwyd Yeshayahu, eu cyndadau wedi eu cofnodi. Mae ganddynt drafodaeth rhwng Lemek a'i fab Noah. Mae ganddynt Y Rhyfel rhwng Meibion y Goleuni a Meibion y Fagddu, a'r Gwaredwr Trydyllog –

Beth? meddai'r gŵr.

Y Gwaredwr Trydyllog, meddai'r corrach. Mae'r geiriau'n dweud y daw gwialen o gyff Yishay. Blaguryn a dyf o'i wraidd, o Dav'id. A hwn fydd Tywysog y llu. Ac fe ddedfrydant ef i farwolaeth gydag archollion. Yr hakohen hagadol yn gorchymyn ei ladd. Lladd y Mashiach. Ei ladd fel hyn, gydag archollion –

102

Ac mae'r corrach yn dangos ei arddyrnau a'i fferau.

Fan hyn a fan hyn, wedi ei drywanu.

Mae talcen y teithiwr yn crychu ac mae'n gofyn, Beth ydych chi'n feddwl?

Yeshua, meddai'r corrach. Yeshua Mashiach yw'r Gwaredwr Trydyllog. Maent i gyd wedi camddeall. Pawb a ddaeth o fy mlaen. Wedi drysu. Roedd yn *rhaid* i'r Mashiach farw. Ei drywanu. Ei ladd ganddynt er mwyn iddo fyw eto. Er mwyn i ni gael byw trwyddo fe.

Mae'r gŵr yn syllu arno. Mae'r wraig yn llechu tu ôl i'w gŵr.

Mae'r corrach yn siglo'n ôl a blaen, yn mwmian y Mishnah a ddysgodd yn ddeg oed, mwmiam chwe threfn y Mishnah –

mwmian Zeraim,

mwmian Moed,

mwmian Nashim,

mwmian Nezikin,

mwmian Kodashim,

mwmian Tohorot –

Mwmian a gweu a gwaedu. Gwaedu fel y Mashiach. Ac mae'n syllu ar ei arddyrnau. Ac mae gwaed yn diferu o drydyllau yno. Ac mae'r teithiwr yn agor ei geg ac yn agor ei lygaid ac yn neidio ar ei draed a rhoi hwyth i'w wraig ac yn dweud, Dyma'r ystyr. Dyma'r ateb. Ef yw'r un. Ti yw'r dyn.

Ac mae'r corrach yn dal ei arddyrnau i fyny i'w dangos ac mae gwaed yn diferu o archollion yno ac mae'n dweud, Y Gwaredwr Trydyllog yw'r ateb.

Ac mae'r teithiwr ar ei liniau yn parablu ac yn diolch i'r ARGLWYDD ac yn erfyn am achubiaeth ac mae'r corrach yn brygawthan y Mishnah a threfn y Mishnah ac mae'r wraig yn edrych ar y ddau fel pe baen nhw wedi colli eu pennau ac nid yw'r wraig yn gweld na gwaed nac archollion na goleuni yn yr ogof.

Ond bydd rhai mewn fagddu beth bynnag a ddaw, fel yr arferai ei gŵr ei ddweud.

O ble daethoch chi? gofynna Paulos i'r gŵr gan anwybyddu'r wraig am nad oedd ganddi ddim i'w ddweud, am nad oedd hi wedi gweld. Ac wedi'r cwbl, gwraig oedd hi. O groth Hawwah, y wraig gynta, a phechod honno'n trwytho trwy'r gwragedd a'i holynodd.

O Jerwsalem, meddai'r gŵr gan glymu'r babell mae Paulos wedi ei gwerthu iddynt ar gefn y mul.

A ble ydych chi'n mynd?

Roeddan ni'n bwriadu ymuno gyda'r Isiyim a byw yma yn yr ogofâu, chwilio am y gwir.

Na, na, meddai Paulos. Rwyt ti wedi gweld y goleuni, gyfaill. Rwyt ti wedi profi'r gwir. Wedi cadarnhau i mi beth roeddwn i wedi myfyrio yn ei gylch ers tair blynedd. Ers i mi ddianc o Dammasq a Diafol ei hunan ar fy sawdl. Rydw i'n llwch ac yn lludw gerbron yr un a fu farw ar y pren. Rydym i gyd yn llwch ac yn lludw. Ond mae wedi fy eneinio i yn yr ogofâu. Fe ddaeth ata i ac fe gefais y neges ganddo *Ef*. Nid gan ddynion. Nid gan y rhai sy'n dweud eu bod yn Ei ddilyn. Fe all iacháu pawb. Hyd yn oed y gwaethaf. Roedd gwahanglaf yma. Roedd yn crwydro ac yn udo mewn Aramaeg, Marana Tha, Marana Tha – Tyrd, ARGLWYDD. Roedd yn chwilio, roedd ganddo ffydd. A wyddost ti be, gyfaill? Cafodd ei iacháu. Un diwrnod, nid oedd hanes ohono. Ni ddaeth i fwydro ac i faglu. Ei weddi – Marana Tha – wedi ei hateb. Yr ARGLWYDD wedi ei waredu. A nawr, *nawr*, rwyt ti wedi derbyn y datguddiad hefyd. Rhaid i ti ddod yn ôl i Jerwsalem gyda fi. Beth yw dy enw, frawd?

Hanina, meddai'r gŵr. A hon yw Shiphrah. Teg a phleserus yn ôl ei henw, ond nid yw hynny'n wir amdani bob tro.

Mae'r gŵr Hanina a'i wraig Shiphrah yn rhythu ar ei gilydd. Ac yna'r wraig sy'n siarad. Ni allwn ddychwelyd i'r ddinas.

Beth? Mae ganddoch chi ful, meddai Paulos. Mae ganddoch chi ddwy droed. Mae gen ti, Hanina, ffydd.

Mae pris ar ein pennau, meddai Hanina.

Mae Paulos yn ysgwyd ei ben a dweud, Mae'r pris wedi ei dalu. Rwyt ti wedi derbyn Yeshua Mashiach ac mae dy bechodau wedi cael eu glanhau yn ei waed. Y gwaed dywalltodd o'i gorff ar y pren. Rhaid i ti ddwyn perswâd ar y wraig i'w dderbyn ac yna ni all unrhyw ddyn eich dedfrydu.

Mae'r gŵr Hanina a'i wraig Shiphrah yn rhythu ar ei gilydd. Ac yna'r wraig sy'n siarad. Nid yw'n ddoeth i ni ddilyn Yeshua.

Paid â chyboli, Shiphrah, meddai'r gŵr.

Nid cyboli ydw i. Wyt ti wedi colli dy ben?

Ac mae Paulos yn gegagored. Mae dy wraig yn gegog, frawd.

Ydi, meddai Hanina, ond daw gwirionedd o'i genau.

Nid oes ond un gwir ac fe welaist ti hwnnw yn yr ogof, meddai Paulos.

Mae gwir arall, meddai Hanina. Y gwir am ein trosedd a'r dyn sy'n ein herlid.

ESCHATOS

1

Y mis yw Nisan, y mis cyntaf. Y ddinas yw Jerwsalem, dinas yr
ARGLWYDD. Y lle yw'r Deml, y Beit HaMikdash. Yr awr yw'r
drydedd, yr awr weddi. Yr awr i offrymu arogldarth yn y
gysegrfan. Yr awr i aberthu oen y Tamid, yr oen cyntaf. Yr awr i
agor pyrth y Beit HaMikdash. Ond mae'r pyrth wedi eu hagor yn
barod i un. Un sydd wedi bod yn tarfu. Un sydd wedi bod yn taeru.
Un sydd wedi bod yn tystio. Un a fu'n disgwyl ers yr awr gyntaf
yng Nghloestr Shlomo.

A'r dyn a fu'n disgwyl nawr yn y Beth din shel Kohanim, llys
yr offeiriad. Ac o flaen y dyn sydd wedi bod yn disgwyl, yr allor.
Ac i'r chwith o'r allor y Môr Tawdd, y golchlestr copr, i'r kohanim
bureiddio. A, tu ôl i'r allor, y Qodes HaQodasim, y Cysegr
Sancteiddiolaf lle triga'r YODH-HE-WAW-HE, yr Enw Cudd, yr
Yehovah – yr ARGLWYDD.

A daw kohen i mewn. Ond nid kohen dwy a dimai. Y prif un.
Yr hakohen hagadol yn yr Hebraeg, iaith Israel, iaith Jwdea. Y
kahana rabba yn yr Aramaeg, iaith y dyn sydd wedi bod yn
disgwyl. Y kahana rabba wedi ei wisgo yn y Bigdei Kodesh, yr
wyth dilledyn sanctaidd. Y kahana rabba, Yehonatan bar Hananiah.
Ac nid yw Yehonatan bar Hananiah yn cymryd arno ei fod yn
gweld y dyn sydd wedi bod yn disgwyl sydd yn y Beth din shel
Kohanim. Ac mae Yehonatan bar Hananiah yn shifflo at y Môr
Tawdd ac yn pureiddio ac yn gwrthod cydnabod y dyn sydd wedi
bod yn disgwyl. Ac mae'r dyn sydd wedi bod yn disgwyl yn tagu
ac mae'r kahana rabba yn edrych arno ac mae'r kahana rabba'n
dweud, Ti sydd wedi dod i glecen?

Ac mae'r dyn sydd wedi bod yn disgwyl yn dweud yn

yr Aramaeg, Dod i gael ymgom gyda'r kahana rabba newydd nesh i.

Oeddet ti'n arfer cael ymgom gyda Yehoseph bar Qyph'?

Bob hyn a hyn.

Fe werthaist gableddwr i ni, ondyfe? Chwe blynedd yn ôl. Fi'n cofio. Roeddwn i'n aelod o'r Sanhedrin ddedfrydodd y sekila.

Nid yw'r dyn sydd wedi bod yn disgwyl yn dweud gair.

Mae Yehonatan bar Hananiah yn gwenu a dweud, Wyt ti am werthu gweddill dy frodyr i ni?

Nid brawd i mi oedd Stephanos, meddai'r dyn sydd wedi bod yn disgwyl. Cableddwr oedd o. A doedd gin i ddim dewis. Ni neu nhw oedd hi.

Mae gen ti gyfeillion dylanwadol. Fe safodd yr hen Gamaliel ac amddiffyn dy fudiad, ondyfe? Amddiffyn Mudiad Yeshua.

Amddiffyn yr Iddewon ddaru o.

Ie. Cadw'r ddysgl yn wastad. Cadw'r heddwch. Dyna fydde'r hen Gamaliel yn ei wneud. A fy rhagflaenydd yn ogystal. Dynion meddylgar. Rydych chi Fudiad Yeshua wedi bod yn ufudd i Torat Moshe ac i'r Beit HaMikdash, ondyfe? Ond rydych chi'n *dal* i ddadlau mai fe yw'r Mashiach. Ond beth yw e mewn gwirionedd? Llwch. Ymgeisydd arall am y goron. Ymgeisydd arall a fu farw, ga'th ei brofi'n ffug.

Tydi o ddim yn ffug. Mae o'n dal efo ni.

Yw e? Paid ti â dweud hynny wrth y Seduqim. Dy'n nhw ddim yn credu mewn atgyfodiad. Dyna pam ma'n nhw am eich gwaed chi, ie? Seduqim wyf fi, gyda llaw. Ond beth bynnag, mae pawb am eich gwaed chi. Y Perushim, ein gwrthwynebwyr ninnau. Dydych chi ddim yn hoff o'r ffaith eu bod nhw'n llac gyda Torat Moshe. Maent yn dadansoddi, yn dyfeisio traddodiadau yn hytrach na dilyn y gair.

Torat Moshe ydi sylfaen Israel a Torat Moshe roedd Yeshua Mashiach yn ei bregethu, a dyna'r ydan ni'n ei bregethu hefyd, meddai'r dyn sydd wedi bod yn disgwyl.

Ie, ond rydych chi hefyd wedi pregethu cwymp y Deml hon, ac mae hynny'n gabledd.

Naddo wir, ac mae'r rhai sydd wedi gwneud wedi –

Cael eu bradychu gennyt ti, meddai Yehonatan bar Hananiah.

Nid yw'r dyn sydd wedi bod yn disgwyl yn dweud gair. Ac mae'n ciledrych tuag at y Qodes HaQodasim lle triga'r YODH-HE-WAW-HE ac mae'n gobeithio hefyd bod Yeshua, Gwaredwr yr Iddewon, yno. Mae'n gobeithio bod y Tad a'r Mab yn aros, a bod Israel yn aros, a bod y byd yn aros, ac mae'r dyn sydd wedi bod yn disgwyl yn meddwl wrtho'i hun, *Rŵan, Yeshua. Dychwela rŵan os wyt ti'n bwriadu dychwelyd. Dychwela rŵan os mai dyna oedd dy neges a bod Kepha a'r lleill heb gam-ddallt. Dychwela ac agor pyrth y Deyrnas i ni, i'r Iddewon.*

Ond ni ddaw na theyrnas na theyrn. Ac mae'r dyn sydd wedi bod yn disgwyl yn disgwyl o hyd yn y Beth din shel Kohanim. Mae'r dyn sydd wedi bod yn disgwyl yn ceisio taro bargen newydd gyda'r kahana rabba newydd.

Beth wyt ti moyn? meddai'r kahana rabba newydd.

Heddwch a rhyddid, meddai'r dyn sydd wedi bod yn disgwyl.

Un iach wyt ti'n gofyn hynny!

Pam felly?

Pam? Ceisiodd eich rabboni danio terfysg ar y Pesach. Ac ers y Pesach hwnnw rydych wedi wedi bod yn gur pen i'r awdurdodau, yn loes i fy rhagflaenydd.

Roedd Yehoseph bar Qyph' a finna ar delerau da, meddai'r dyn sydd wedi bod yn disgwyl.

Mae Yehonatan bar Hananiah'n chwerthin unwaith eto. Nid cydraddolion oeddech chi. Kahana rabba oedd e a chableddwr a'i ben yn y dorch wyt ti. Dyn cyfiawn oedd fy rhagflaenydd. Dyn oedd yn gorfod ymdopi gyda Pilatus, praefectus oedd yn rhy ffyrnig a chas hyd yn oed i Rufain. A'r unig praefectus sydd wedi ei alw'n ôl gan yr ymerawdwr cyn iddo gwblhau ei gyfnod. A nawr mae gen i Marcellus, sydd yn eistedd ar ei din yng Nghaesarea Maritima. Ac yn ystod y Shalosh Regalim, tair gŵyl y pererindod – y Pesach, y Shauvot, y Sukkot – fe ddaw'r praefectus yr holl ffordd o'i baradwys ar lan y môr i'r ddinas ffyrnig hon. Dinas sy'n byrlymu gyda Phlant Israel. Iddewon o'r gogledd, o'r dwyrain, o'r de, o'r gorllewin. Iddewon fydd yn meddwi a chlatsio. Ac Iddewon fydd ar goed ar Gulgalta gyda hoelion trwy eu fferau os bydd yna unrhyw drafferth. Wna i ddim ceisio dwyn perswâd ar y praefectus newydd i beidio ag arwyddo gwarantau marwolaeth, wyt ti'n deall? Fe fydda i'n ei *annog* i'w harwyddo. Os wyt ti am gael bargen gyda fi, os yw dy fudiad am ddod dan nawdd y Deml, rhaid i mi wybod dy enw di.

Mae'r dyn sydd wedi bod yn disgwyl yn oedi ac yn ystyried ac yn ofni am ei fywyd.

Beth yw dy enw? meddai Yehonatan bar Hananiah. Dwed nawr, neu fe alwaf ar Heddlu'r Deml.

Ac mae'r dyn sydd wedi bod yn disgwyl yn dweud, 'Yn enw i ydi Yakov bar-Yôsep o Natz'rat. Brawd Yeshua Mashiach.

2

Tydi'r kohen gadol yma ddim yn gyfaill i ni, meddai Yakov gan ddefnyddio'r Hebraeg i ddisgrifio swyddogaeth Yehonatan bar Hananiah. Mae o eisiau heddwch ond ar ei delerau fo'i hun. Rydan ni wedi cyd-fyw'n ddigon hamddenol efo'r offeiriad am flynyddoedd. Mae'n allweddol ein bod ni'n cynnal y berthynas honno. Rhaid i'n mudiad ni oroesi, Kepha. Rhaid i atgof fy mrawd oroesi.

Oes, siŵr iawn, meddai Kepha. Ni ydi ceidwaid y neges. Amddiffynwyr y ffydd. Yr un ffydd, y wir ffydd. Ni oedd yno ar y cychwyn ac ar y diwedd. Ni sy'n gwybod.

Dyna fo, meddai Yakov. Ac mae'r dynion dŵad yma sy'n pregethu eu neges eu hunain a datgan mai honno oedd neges fy mrawd yn fygythiad.

Maen nhw'n tanseilio perthynas Plant Israel, a'n perthynas ni, gyda'r Adonai. Maen nhw'n bygwth ein treftadaeth ni. Maen nhw'n bychanu hanes Ya'akov ac Abraham a Yitshak. Maen nhw'n

110

sarhau Tadau'r Hebreaid ac yn hidio dim am y deuddeg Shevat. Maen nhw'n andwyo'r freuddwyd o uno'r Iddewon dan yr Adonai, y freuddwyd fu'n mudferwi ers i Reḥav'am rwygo'r Deyrnas yn ddwy. Breuddwyd y proffwydi Yeshayahu a Yirmeyahu ac Eliyahu, Daniyyel, Yohannan Mamdana a fy mrawd. Y Deyrnas yn uno dan y Mashiach – a fo, Yeshua, oedd – *ydi'r* – Mashiach.

Kepha allan o wynt. Allan o wynt ar ôl ei araith. Allan o wynt ar y safle adeiladu. Allan o wynt yn y tŷ maen nhw'n ei adeiladu. Allan o wynt a llwch brics yn ei sgyfaint. Llwch brics yn llewni'r stafell gyfyng. Llwch brics a llafur gwaith. Gweithio i fyw. Gweithio i fwydo. Gweithio gyda Yakov. Gweithio gyda chriw. Gweithio ar y tŷ yn Jerwsalem. Tŷ cefnogwr. Tŷ dilynwr. Dilynwr neges ei gyfaill.

A Yakov o'r un farn. Yakov allan o wynt wrth lafurio. Llafurio ac yntau'n heneiddio. Llafurio am oriau maith, o fore gwyn tan nos. Llafurio am fara a dŵr. Llafurio i gynnal neges ei frawd, i gynnal atgof ei frawd – er mwyn i'w frawd fyw.

Ac ar ôl cael ei wynt, mae Yakov yn edrych ar Kepha ac mae talcen Kepha'n grychlyd ac mae llwch brics yn y crychau ac mae oglau'r môr yn dal i darthu o Kepha er na fu'n agos at ddŵr halen ers cyn marw'i gyfaill.

Ac mae Yakov yn dweud, Rhaid i ni ennill y dydd yn erbyn ein gelynion – hyd yn oed os ydyn nhw'n dweud eu bod nhw'n frodyr i ni. Nid brodyr ydyn nhw.

Kepha'n ystyried. Kepha'n ysgwyd ei ben. Kepha'n dweud, Ond os na ddaw'r Deyrnas yn o fuan, fel y dywedodd Yeshua, mi fydd yna ddiferlif o ddilynwyr. Rydan ni'n colli rhai'n barod. Maen nhw'n troi at Iddewon alltud sy'n honni eu bod yn pregethu neges Yeshua. Allwn ni ddim cyd-dynnu efo nhw neu mi ga'n ni'n boddi. Maen nhw'n glyfrach na ni, maen nhw'n sgwennu a darllen a ballu. Mi ga'n ni'n boddi gan broffwydi llygredig. Os eith hi'n flêr, mi eith hi'n flêr. Fuodd yr alltudion erioed yn agos at Yeshua. Ddaru nhw erioed dendio i'w friwiau fo. Ddaru nhw erioed ei gyfarfod o, siarad efo fo. A maen nhw'n dweud mai neges Yeshua maen nhw'n bregethu. Drapia! Mae Iddewon alltud yn heidio i Israel i ledaenu cabledd, Yakov. Pregethu i'n pobl ni, i bobl Yeshua, i'r defaid coll. Pregethu a rhoi'r Deml a'r Gyfraith yn eilradd i'r neges. Nid dyma oeddan ni'n bregethu 'Ngalilea. Mae hi fel tasa gweinidogaeth Galilea wedi cael ei hanghofio. Yohannan Mamdana wedi cael ei anghofio. Yeshua wedi cael ei anghofio – yr Yeshua go iawn. Y dyn o gig a gwaed. Y geiriau ddaeth o'i geg o. Mae'r rhain yn rhoid geiriau newydd yn ei geg.

Yakov yn gosod brics. Yakov yn llunio sylfaen. Yakov yn codi wal.

Kepha'n dweud, Dwi'n siŵr y daw Yeshua'n ôl pan ddaw'r Deyrnas, a fo fydd yn ein harwain ni. Ond tan hynny rhaid i *ni* siarad ar ei ran o. Ni a neb arall.

Siarad 'ta. Chdi a'r lleill, Kepha. Siaradwch. Neu mi fydd y mewnfudwyr yma'n siarad.

Rydan ni'n siarad fel slecs, 'sti.

Tydach chi ddim wrthi'n ddigon dygn.

Yli, Yakov, rydan ni wedi aberthu bywyd teuluol, wedi gweld meibion yn llwgu, wedi cael ein herlid wrth bregethu'r neges i'r Iddewon. Ond os ydi'r Iddewon am glywed neges wahanol, be 'nei di?

Be 'nei di? Mwy, dyna be.

Dwn i'm fedra i wneud mwy na throi fy nghefn ar fy nghyfrifoldebau, ar y fy nheulu. Roeddwn i'n sicr bod y Deyrnas yn dod, Yakov. Yn sicr bod Yeshua'n llygad ei le –

Mi oedd o. Jest aros sydd rhaid. Bod yn amyneddgar. Mi ddywedodd o mai dim ond yr Adonai oedd yn gwybod yr Awr. Rhaid i ni aros. Rhaid i ni gadw'r ffydd. Rhaid i ni gofio'i fywyd o.

Dwi'n cofio o fore gwyn tan nos, meddai Kepha. Cofio'i fywyd o a'i farwolaeth o. Anodd peidio. Y gwaed a'r hoelion a'r bedd hwnnw wedi eu serio ar fy meddwl i. Nefi, ella bod Barnabya'n iawn, 'sti.

Ar gownt be?

Mai neges i'r byd ydi hon.

Rargian, Kepha! Dwi'n dy gofio di ryw dair blynedd yn ôl, yn fuan ar ôl i Stephanos gael ei ladd, yn dweud wrth Barnabya nad oedd gin y byd ddim i'w wneud efo ni. Dyna dy union eiriau di. Roeddwn i yno, Barnabya, medda chdi. Roeddwn i yno wrth y Nehar haYarden ac yn yr anialwch. Dyna ddudist ti, Kepha. Neges i'r Iddewon, Barnabya, medda chdi. Dilynwch fi. Dilynwch fi. Nid neges i'r byd. Neges i Israel. Dy eiriau di oedd, Tydi'r byd ddim yn perthyn i ni a tydan ni ddim yn perthyn i'r byd. Rhaid dod ag Israel at yr ARGLWYDD i ddechrau ac yna'r Cenhedloedd, y rhai sydd ddim yn Iddewon. Does 'na ddim hafan yn y Deyrnas i'r Cenedl-ddynion heb fod *pob* Iddew wedi derbyn lle. Tydi'r byd ddim yn perthyn i ni, Kepha. Dy eiriau di, ddyn.

Ac mae gan ddyn hawl i newid ei feddwl.

Fasa dyn efo gwir ffydd byth yn newid ei feddwl, meddai Yakov. Ty'd i fildio'r wal yma efo fi.

3

Shiphrah a Hanina –

Shiphrah'n dweud, Fe fydd Kepha'n ein lladd ni.

Hanina'n dweud, Paid â chyboli.

Cyboli? Ti ddywedodd fod yn rhaid i ni ddengid o'r ddinas oherwydd ei bod hi wedi darfod arnan ni.

Yr adeg honno, Shiphrah. Nid nawr.

Be sydd wedi newid, Hanina?

Rydw i wedi deall.

Deall be?

Neges Yeshua Mashiach.

Ond neges Yeshua Mashiach oedd Kepha'n ei phregethu, meddai Shiphrah.

Wrandewaist ti ddim ar *air* ddywedodd y brawd yma?

Mae Hanina'n amneidio tuag at y corrach, Paulos. Mae Paulos yn ymlwybro trwy'r stryd o'u blaenau. Trwy stryd yn Jerwsalem.

Wnest ti ddim teimlo'r goleuni'n dy drywanu, Shiphrah?

Cyllell Kepha fydd yr unig beth fydd yn fy nhrywanu i, meddai Shiphrah, ac yna, o dan ei gwynt, gan syllu ar afl ei gŵr mae'n dweud, Gwaetha'r modd.

Na, na, meddai Hanina, bydd Kepha'n maddau i ni. Bydd Kepha'n gweld nawr ein bod wedi dilyn a'n bod ni wedi cael datguddiad. Dyna oedd ystyr ein fföedigaeth. Cawsom ein herlid oddi yma a'n hanfon at Paulos i ddysgu'r wir ffydd – y neges fel yr oedd Yeshua am iddi gael ei datgan. Neges y gwaed a'r gras. Ac fe gawn ni groeso ganddynt pan ddatgelwn ni'r neges yma.

Glywis i erioed y ffasiwn lol, Hanina. Rwyt ti o dy go. Ac mae gen i ofn.

Taw'r iâr neu mi wertha i di i'r Rhufeiniaid, meddai Hanina gan edrych i fyny. Ac ar golofnfeydd y Beit HaMikdash ac ar furiau'r ddinas mae –

Rhufain yn gwylio,
Rhufain yn gwrando,
Rhufain yn cadw cownt,
Rhufain a'i llaw ar ei chleddyf,
Rhufain a'i chledr am ei gwaywffon –

A Hanina'n oeri at ei esgyrn. Ofn yn treiddio trwyddo eto. Ofn a deimlodd wrth ffoi ar ôl i Kepha roi pris ar ei ben. Ias ar ôl i Kepha ddweud, Yr ARGLWYDD a'th gosba!

Ond beth oedd ei drosedd? Beth oedd ei gam? Beth oedd ei bechod? Cadw mymryn iddo ef a Hanina. Cadw mymryn ar gyfer eu hwyrion. Cadw mymryn i'w cynnal.

Yn ôl Kepha, eiddo un oedd eiddo pawb. Eiddo aelod oedd eiddo'r mudiad. Beth oedd pwrpas cyfalaf os oedd cyfri'n dod? Gwerthwyd tir. Gwerthwyd tai. Gwerthwyd caethweision a da byw a'r elw i gyd yn llenwi'r coffrau. Coffrau oedd yn cynnal y neges. Coffrau oedd yn coleddu'r mudiad. Coffrau oedd yn bwydo, oedd yn llochesu, oedd yn tendio. Coffrau oedd dan ofal Yakov, brawd y Mashiach. A Yakov yn ben ar bwyllgor y coffrau. Ac yn eistedd ar y pwyllgor, Kepha ac Avram a Yah'kob a Yokam a Judah a Bar-Talmai a Tau'ma a Mattiyah a Taddai a Ya'kov bar Hilfài a

Levi a Shimon Kanai. Y rhai oedd yno wrth y Nehar haYarden. Y rhai oedd yno yn yr anialwch. Y rhai oedd yno ar Gulgalta lle'r oedd y gwaed a'r hoelion a'r arswyd. Y rhai a glywodd eiriau'r Mashiach yn dod o *enau'r* Mashiach. Ac os oedd y rhai a glywodd eiriau'r Mashiach yn dod o *enau'r* Mashiach yn dweud mai fel hyn oedd pethau i fod, *fel hyn oedd pethau i fod.* Pwy oedd Hanina i anghytuno?

Ond roedd Hanina *yn* anghytuno.

Ac ar ôl i Barnabya Zacharias werthu darn o dir a rhoi pob shicl yn y coffrau, ac ar ôl i Kepha ddweud, Dilynwch esiampl y brawd Barnabya, fe werthodd Hanina ei dir. Gwerthu ei dir a rhoi pob shicl yn y coffrau. *Bron* pob shicl.

Cadw mymryn.

Dyna oedd ei drosedd. Dyna oedd ei gam. Dyna oedd ei bechod.

A daeth melltith Kepha arno ac ar Shiphrah.

Yr ARGLWYDD a'th gosba!

Y geiriau a roddai bris ar ben bradwr. Y geiriau fyddai'n anfon asasiniaid ar drywydd prae. Y geiriau oedd yn warant marwolaeth.

4

Nawr mae Hanina'n dilyn Paulos Saoul Tarsos. Paulos Saoul Tarsos, y corrach gwyllt o'r ogofâu ar lan yr Yam ha-Melah ger Kumr'an. Paulos Saoul Tarsos, y corrach sy'n gweu pebyll. Paulos Saoul Tarsos, y corrach a'i farf a'i wallt yn hir. Paulos Saoul Tarsos, y corrach gyda'r llygaid emrallt a thân ynddynt. Paulos Saoul Tarsos, y corrach gyda ffydd cyn gryfed â Thadau'r Hebreaid.

Pe bai gen i hanner ffydd hwn, meddylia Hanina. *Pe bai gan fy ngwraig hanner fy ffydd i,* ac mae'n edrych ar Shiphrah ac mae'r un hen ofn yn corddi. *Dilyn hwn,* meddylia Hanina, *ac fe fyddi di'n ddiogel rhag llid Kepha. Fe fyddi di'n ddiogel, fel fi, rhag dagr ei asasin. Dilyn hwn a'i neges am Yeshua Mashiach, y Gwaredwr Trydyllog.*

Y Mashiach oedd wedi ei drywanu. Y Mashiach oedd wedi ei ladd ganddynt er mwyn iddo fyw eto, er mwyn i ni fyw. Gras trwy'r gwaed.

Cred ynddo fo, Shiphrah, meddai Hanina wrthi.

Beth?

Cred hwn, y corrach yma. Cred yn y Gwaredwr Trydyllog.

Ac yna llais yn taranu. Credwch yn y Gwaredwr Trydyllog!

Ac mae Hanina'n troi i gyfeiriad y llais. Ac mae Shiphrah'n troi i gyfeiriad y llais. A daeth y llais o enau Paulos Saoul Tarsos, corrach blêr mewn simlah fudr sy'n sefyll ar y sgwâr, yn sefyll ac yn cyhoeddi.

Credwch yn y Gwaredwr Trydyllog! Fe'i hatgyfodwyd gan yr Adonai er mwyn i ni gael byw. Mae'n pechodau wedi eu glanhau. Trwy ei waed fe ddaw gras. Trwy ei aberth cawn ein gwaredu.

Ac mae rhai yn chwerthin ac eraill yn twt-twtian ac mae Rhufain yn gwylio ac mae offeiriad yn gwrando ac mae Hanina'n addoli ac mae Shiphrah'n ofni ac mae dyn yn y dorf yn ystyried –

pengoch,

craith o'i dalcen at ei ên,

ac mae'r dyn yn syllu i fyw llygaid Paulos,

ac mae Paulos yn syllu i fyw llygaid y dyn,

ac mae gelyniaeth yn eu llygaid,

a gwaed drwg rhyngddynt.

5

Fe! Fe yw e! Mae wedi dychwelyd, wedi dod o farw'n fyw. Ac mae wedi dychwelyd gyda Hanina a Shiphrah, y lladron jiawl!

Kepha'n dweud, Hanina a Shiphrah'n ôl yn y ddinas?

Yakov yn gofyn, Wyt ti'n feddw, Barnabya?

Nac ydw, Yakov, fi'n gwbl sobor. Paulos Saoul Tarsos – Shaul ydych chi'n ei alw. Ac mae e'n pregethu.

Kepha'n dweud, Pregethu be?

Bod y neges i'r byd. Bod iachawdwriaeth yn dod trwy waed Yeshua, trwy ei farwolaeth. Trwy ei atgyfodiad o'r bedd.

Damia! meddai Kepha. Pregethwr celwyddog arall.

Nid *unrhyw* bregethwr, meddai Barnabya. Y'ch chi ddim yn cofio? Roedd hwn yn siarad ar ran y tystion yn achos Stephanos. Roedd hwn yn erlid ein brodyr. Cefais grasfa ganddo fy hunan. Ac fe fu sôn iddo gael gwarant gan Yehoseph bar Qyph' i erlid Philippos, Prochoros, Nikanor, Timon, Parmenas a Nicolaus ar draws y byd.

Gwarant, wir, meddai Kepha. Lol wirion oedd y si honno. Fyddai hakohen hagadol talaith Jwdea ddim yn busnesu efo gweddill y byd. Hel clecs ydi hynny.

Ddaru o'u herlid nhw? meddai Yakov.

Dyna yw'r sôn, meddai Barnabya. Ond mae'n negeswyr ni'n dweud bod y chwech yn fyw ac yn iach –

Wel dyna fo, anwiredd oedd y lol yma am warant, meddai Kepha. Dwi'n cael llond bol ar hel straeon. Dyna sut mae'r negeswyr ffug yma'n ffynnu. Mae yna gymaint o gyboli, wir. Pob math o glebran, chwedlau di-ri.

Gwrandewch, meddai Barnabya. Mae e'n dweud hefyd nad yw'r Deml yn flaenoriaeth ac nad oes rhaid i neb gael ei enwaedu i ddod i'r Deyrnas.

Ebwch o gorn gwddw Kepha. Sut ddiawl maen nhw i fod i ddŵad yn Iddewon felly? Beth am y cyfamod? Tydyn nhw ddim yn Iddewon heb gael eu henwaedu, a neges i'r Iddewon, nid i'r byd, oedd neges y Rabboni. Roeddwn i yno! Sut affliw mae dod i'r Deyrnas os nad yw dyn yn Iddew?

Mae Barnabya'n dweud, Trwy gredu yn Yeshua Mashiach. Dim ond credu ynddo. Credu a dim byd mwy.

Bydd y neges yn apelio at Iddewon alltud, eto, meddai Kepha.

A bydd yn denu'r Cenedl-ddynion hefyd, meddai Yakov.

Kepha'n gynddeiriog. *Ni* ydi'r negeswyr. *Ni* ydi'r rhai sydd wedi cael eu hanfon. *Ni* ydi'r –

Apostolos, meddai Barnabya sy'n medru Koine.

Kepha'n gofyn, Be?

Negesydd, meddai Barnabya. Gŵr sy'n cael ei anfon gyda'r neges. Dyna mae Paulos Saoul Tarsos yn galw ei hunan. Apostolos.

Na, meddai Kepha. Na, na, na. Dim ond o'r mudiad y gall y negeswyr ddod. Ddim ond o'n plith ni. Ni sydd efo'r hanes, ni sydd efo'r dreftadaeth. Hyn sy'n bwysig – y berith bayin hebatrim, y cyfamod rhwng yr ARGLWYDD ac Abraham. Sylfaen y brit milah, yr enwaedu, y cyfamod rhwng Moshe Rabbenu a Yehovah. A'r brith ha-kehuna, y cyfamod rhwng yr Adonai ac Aharon ar ran yr offeiriaid. Dyma'n sylfeini ni fel pobl, fel gwlad, fel deuddeg llwyth. Rhaid i ni gynnal a chadw hyn, doed a ddelo. Dyma sy'n sanctaidd. Ac roedd Yeshua'n gwybod hynny. Daeth i wireddu hyn i gyd a dychwelyd Israel i'r Deyrnas. Uno Plant Israel, eto dan oruchwyliaeth y Deml, dan adain yr ARGLWYDD, yn un llwyth. Ein cyndeidiau ni fu'n gaethweision ym Mitsrayim, a'n cyndeidiau ni ryddhawyd o'u caethiwed gan yr Adonai – ac iddyn nhw y rhoddwyd Ha'Aretz HaMuvtahat. *Ni* ydi'r bobl. Nid y byd. *Ni* ydi'r negeswyr. Nid Shaul –

Kepha'n dyrnu'r bwrdd, ei waed yn berwi.

Mi a' i drwy dân a brwmstan i amddiffyn neges Yeshua. Dyma'r gwirionedd. A gwae neb sy'n dweud yn groes i hynny.

Ar ôl tawelwch mae Barnabya'n dweud, Beth wyt ti moyn i ni wneud?

I ddechrau, meddai Kepha, mae yna bris ar ben dau leidr.

Nerth ei thraed. Am ei bywyd. Fel Yehu –
  Shiphrah trwy'r strydoedd,
  Shiphrah'n y nos,
  Shiphrah a'i gwynt yn ei dwrn,
  Shiphrah'n laddar o chwys,
  Shiphrah a phris ar ei phen,
  Shiphrah, a'i gŵr yn garcas –
  Ei wddw ar agor a'i waed yn pistyllio. Y pris wedi ei dalu.
Y warant wedi'i gwireddu –
  Yr ARGLWYDD a'th gosba!
  Yr ARGLWYDD wedi gwibio trwy Jerwsalem i ddifa'i elynion
fel y gwibiodd trwy wlad Mitsrayim i ddinistrio plant Phar-oh. Yr
ARGLWYDD yn gysgod, yr ARGLWYDD yn dywyllwch, yr
ARGLWYDD yn ddagr finiog a'r gwaed yn tywallt wrth i'r
ARGLWYDD hollti gwddw Hanina –
  a'r dyrfa'n sgrialu wrth i'r gwaed ysgeintio,
  y dyrfa'n dychryn wrth i Hanina syrthio,
  y dyrfa'n ochneidio wrth i'w gorff wingo,
  a'i wraig yn sgrechian,
  a'i wraig yn rhedeg,
  a'r Adonai ar ei sawdl –

8

Dau gorff gwaedlyd ar ddau fwrdd. Dau gorff gwaedlyd wedi eu
derbyn ar gyfer defodau marwolaeth. Traddodiadau marwolaeth.
Traddodiadau'r Iddewon –
  cau'r llygaid,
  gosod y cyrff ar y llawr,

goleuo canhwyllau wrth ymyl y cyrff,
a'r shomerim yn eistedd gyda'r cyrff,
a'r shomerim yn gwylio'r cyrff,
a'r shomerim yn gofalu am y cyrff,
ac ar ôl y shomerim,
golchi'r cyrff,
ac ar ôl golchi'r cyrff,
eu lapio mewn tallit,
mewn lliain glân,
ac ar ôl eu lapio,
eu claddu,
claddu'r cyrff,
claddu'r cyrff yn y pridd,
claddu Hanina a Shiphrah yn y pridd –

A Kepha'n annerch y brodyr fel hyn. Dyma ddaw o bechu'r ARGLWYDD! Dyma be ddaw o ddiystyru neges y Rabboni! Edrychwch arnyn nhw, ar Hanina a'i wraig, Shiphrah. Yr ARGLWYDD wedi eu cosbi. Yr ARGLWYDD wedi eu difa. Does yna ddim cuddiad rhag yr ARGLWYDD. Dim dengid. Does yna'r unlle'n saff rhag ei lid. Edrychwch. Cofiwch. Ofnwch.

Yno'n gwrando a chytuno mae Yakov. Yno'n gwrando a chytuno mae Avram a Yah'kob a Yokam a Judah a Bar-Talmai a Tau'ma a Mattiyah a Taddai a Ya'kov bar Hilfài a Shimon Kanai. Yno i bwysleisio bod hyn yn ddifrifol. Yno i bwysleisio bod hyn yn beryglus. Yno i bwysleisio bod undod yn allweddol.

Mae hi'n bwysig eich bod chi'n dilyn Yeshua Mashiach, meddai Kepha. Mae hi'n bwysig eich bod chi'n gwrando ar y neges ac yn deall y neges. Mae'r Deyrnas yn dod ac mi fydd *o* yno efo'r ARGLWYDD yn aros amdanan *ni*. Os ydach chi'n sarhau'r gair ac yn anufuddhau, fel y gwnaeth Hanina a Shiphrah, bydd yr ARGLWYDD yn eich cosbi!

A Yakov yn gwrando. A Yakov yn meddwl am ei frawd bach. Cofio'i frawd bach. Cofio'r dwrdio rhyngddynt. Yeshua'n gyndyn o chwysu gyda'i frawd. Yeshua'n gyndyn o lafurio i fwydo'r teulu. Yeshua a'i freuddwyd. Yeshua a'i ddatguddiad yn yr anialwch.

A nawr, Yakov yn cynnal y freuddwyd. Yakov yn cynnal y datguddiad. Yakov yn cynnal atgof ei frawd.

Paid ti â gadael iddyn nhw anghofio, 'ngwas bach i!

Llais eu mam. Yakov yn ei gofio. Yakov yn driw iddo. Yn driw i ddymuniad eu mam. Ei dagrau'n ei sgaldio. Ei galar yn ei flingo. Ei chŵyn yn ddagr yn ei galon.

Ac mae'n meddwl wrth wrando ar Kepha, wrth wylio'r ffyddloniaid yn ofni'r ARGLWYDD, *Fy llafur, rŵan, fy chwys, fy mhwrpas, ydi sicrhau na fydd enw Yeshua'n mynd yn llwch.*

Ac wrth wrando ar Kepha, mae'n gwybod nad dyna yw llafur a chwys a phwrpas y sgotwr. Llafur a chwys a phwrpas y sgotwr yw sicrhau nad yw *neges* Yeshua'n mynd yn llwch.

Mae'n gwybod y bydd tensiwn rhyngddynt. Mae'n gwybod y bydd twrw a therfysg. Mae'n ymwybodol y bydd dyddiau fel y rhain, cyrff fel y rhain, cyrff fel Hanina a Shiphrah. Cyrff yr anufudd. Cyrff y bradwyr. Cyrff gelynion Yeshua. Bydd cyrff yn angenrheidiol. Bydd gwaed yn angenrheidiol. Mae'n gwybod hynny. Mae'n gwybod hyn hefyd –

Mai oes o dyndra yw hon. Dynion yn erbyn dynion. Brodyr gwaed yn torri addewidion. Tadau'n troi'n erbyn meibion. Gwledydd yn erbyn gwledydd. Y rhain yw arwyddion y darfod. Diwedd dyddiau. Aharit ha-yamim i Blant Israel. Eschatos yw gair Iddewon alltud, y rheini sy'n siarad Groeg a'i thafodieithoedd fel iaith gynta. Ond Eschatos neu Aharit ha-yamim, yr un yw'r ystyr.

A'r ystyr yw pwynt terfyn.

Ewch, meddai Kepha, ewch a byddwch yn ffyddlon. Cadwch Torat Moshe. Offrymwch yn y Beit HaMikdash. Addolwch yr ARGLWYDD. Pregethwch neges Yeshua Mashiach. Ymdrochwch ym myd y resha'im. Arhoswch am y Deyrnas. Gwnewch hyn i gyd neu *hyn* –

ac mae'n nodi'r cyrff. Nodi Hanina a Shiphrah. Hanina a Shiphrah wedi eu cosbi gan yr Adonai

– fydd eich ffawd.

9

Paulos wedi dod i gyfarfod Barnabya ar risiau synagog yn Jerwsalem, wedi derbyn neges i'w ddisgwyl yno.

Ac mae Barnabya'n dweud, Rydym wedi cyfarfod o'r blaen.

Ac mae Paulos yn dweud, Do?

Tystiaist yn erbyn Stephanos, fy mrawd.

Ac mae Paulos yn gwyro'i ben ac nid yw'n dweud gair.

A dyrnaist fi un noson, meddai Barnabya.

Ac mae Paulos yn codi ei ben ond nid yw'n dweud gair.

Wyt ti'n cofio nawr?

Nawr mae Paulos yn siarad. Rwyt ti'n siarad Koine'n wych iawn, Barnabya.

Fy iaith gyntaf. Rydw i o Cipros.

Barnabya'n syllu ar Paulos –

Barnabya'n cofio syllu ar Paulos flynyddoedd ynghynt –

Syllu i fyw llygaid Paulos ar y diwrnod y dedfrydwyd Stephanos –

Ac mae Barnabya'n cofio'r gelyniaeth a'r gwaed drwg oedd rhyngddo a Paulos Saoul Tarsos. Ac iddo ef, mae gelyniaeth a gwaed drwg o hyd.

Ond daeth gorchymyn gan arweinwyr y mudiad –

Galwa ar y dyn yma o Darsos. Galwa arno fo sy'n pregethu'r gair. Galwa arno fo sy'n dweud bod Yeshua Mashiach wedi atgyfodi o'r bedd ac yn cynnig iachawdwriaeth i bob dyn yn y byd – i'r Iddewon *ac* i'r Cenhedloedd eraill. Galwa arno fo sy'n pregethu gras trwy'r gwaed. Galwa ar y dyn yma sy'n dweud bod y neges i'r byd ac nid jest i Israel. Galwa arno fo a thyrd â fo i'n tŷ ni er mwyn i ni ei roi ar ben ffordd.

A Paulos yn dweud wrth Barnabya, Edrychais i lygaid Stephanos ac fe wibiodd mellt trwy fy esgyrn. Mellt neges y Christos Iesous. Had wedi ei blannu yn fy nghalon. Had sydd wedi ei feithrin dros y blynyddoedd. Had sydd wedi ffrwythloni. A'r

Christos oedd y garddwr. A'i neges yn blaguro. Galwodd arnaf i wasanaethu. Eneiniodd fi. Fi, ei elyn. Ac os yw'n achub gelyn, Barnabya, gall achub pawb.

Mae Barnabya'n syllu i fyw llygaid Paulos.

(*yr elyniaeth, y gwaed drwg*)

Mae'r dilynwyr am drafod, meddai Barnabya. Maent am dy addysgu am wir ystyr y neges.

Kepha?

Ie, Kepha.

Y dyn ei hun.

Ie'r dyn ei hun.

A brawd y Christos, yn ogystal?

Ie, Yakov.

Mae Paulos yn syllu. Mae Paulos yn pwyso ac yn mesur. Mae Paulos yn ystyried.

10

Shaul oedd enw fy nhad, meddai Paulos Saoul Tarsos. A Shaul oedd e'n fy ngalw. Ac os dymunwch, frodyr, fe gewch chithau fy ngalw'n Shaul. Os yw hynny'n gyfleus. Os yw'n haws a chithau heb fedru'r dafodiaith gyffredin.

Mae Kepha'n cilwenu. Mae Yakov yn gwawdio.

Kepha'n dweud, Rydan ni'n aros am y darfod, yn disgwyl y Deyrnas. Chwe blynedd ar ôl ei farwolaeth, ac mi ydan ni –

Nid yw'n farw, meddai Paulos, neu Shaul.

Kepha'n gegagored. Kepha mewn tŷ yn Jerwsalem. Kepha mewn tŷ yn yr uwchddinas. Trigfan yr uchelwyr. Trigfan y cyfoethog. Trigfan y barus. Yn bell o'r tlodion. Yn bell o'r llwgu. Ac yn bell o'r cŵn. Tŷ addolwr. Addolwr alltud. Addolwr cefnog. A Kepha'n westai. Kepha a thri arall. Yakov, Barnabya a Paulos Saoul Tarsos – *Shaul oedd enw fy nhad*.

Nid yw'n farw. Cefais ymgom gydag ef, meddai Shaul-oedd-enw-fy-nhad. Cefais fy aileni trwy waed Yeshua Mashiach. Bydd ei waed yn crasu'r ddaear. Bydd ei waed yn gwaredu dynion. Gwaed ei aberth, Kepha. Yr offrwm ar yr allor.

Mae llygaid Shaul-oedd-enw-fy-nhad yn llachar. Dau emrallt. Mae'i ffydd fel tymestl. Boddi'r byd. Unwaith o'r blaen roedd Kepha wedi gweld y fath angerdd. Unwaith o'r blaen roedd Kepha wedi gweld y fath eiddgarwch. A'r unwaith o'r blaen oedd Yeshua.

Mae Shaul yn dweud eto, Nid yw'n farw. Cyfododd o'r bedd. Roedd y bedd yn wag ar ei ôl. A'r bedd gwag yw'n gobaith ni. Concrodd farwolaeth er mwyn i ni goncro marwolaeth. Dyma'r neges. Nad oes marwolaeth i'r rhai sy'n credu. Rhaid i ni fynd â'r neges ledled y byd, Kepha. Trwy'r Ymerodraeth gyfan. O Iberia i Arabia.

Mae Kepha'n nodio, ddim yn rhy siŵr.

Mae hi'n anrhydedd mawr cyfarfod â rhywun oedd wedi cerdded gyda'r Mashiach, meddai Shaul.

Mae Kepha'n nodio, ddim yn rhy siŵr.

Rydyn ni am ddod â chwyldro i'r holl ddaear, Kepha.

Mae Kepha'n nodio, ddim yn rhy siŵr.

Mae Kepha'n dweud, I'r Iddewon rydan ni'n pregethu. Dyna oedd neges Yeshua.

Dyna oedd ei ddymuniad, meddai Yakov. Iddew oedd o. Iddew fel ni.

A'r dyn Shaul yma'n dweud, Na, na. Nid ydych yn deall, frodyr. Mae'r byd i gyd yn disgwyl y neges yma. Nid dyn oedd e. *Duw* oedd e. Mae e wedi dweud wrtha i –

Gerddish i efo fo, meddai Kepha sydd yn dechrau colli ei dymer. Roish i eli ar ei friwiau fo. Ei gofleidio fo. Rannish i fara efo fo. Welish i o'n marw ar groes. Fi a Yakov, ei frawd o. Mi welish i a Yakov nhw'n taflu ei gorff o i fedd cyhoeddus, a'r cŵn –

Na! meddai'r dieithryn o Tarsos, y dyn dŵad. Mae yna frodyr wedi ei weld ar ôl ei farw. Welest ti, Yakov? Welest ti, Kepha? Mae'n rhaid eich bod wedi gweld. Dyna pam wyt ti'n dal i bregethu, Kepha.

Mae Kepha'n nodio, ddim yn rhy siŵr.

A'r dyn Shaul yn dweud, Fe ysgrifennaf amdano fe, Kepha. Fe ysgrifennaf fi. Mae gen *i* addysg. Fe ysgrifennaf er mwyn i Genhedloedd y ddaear glywed ei neges. Fe ysgrifennaf yn Koine ac fe drefnaf fod eraill yn ysgrifennu amdano hefyd – dweud ei hanes, llunio stori arwrol iddo. Ei llunio yn iaith y byd, iaith addysg. Fe fydd *pawb* yn clywed hanes Yeshua Mashiach, Kepha. Fe fydd *pawb* yn plygu glin iddo, plygu glin gerbron ei fawredd. Brenin yr *holl* fyd yw.

Mae Kepha'n nodio, ddim yn rhy siŵr.

Ac mae Shaul-oedd-enw-fy-nhad yn dweud, Wyddost ti beth yw hyn, Kepha?

Mae Kepha'n ysgwyd ei ben.

Ac mae Shaul yn cythru ynddo. Ac mae Shaul yn edrych i fyw ei lygaid. Ac mae Shaul yn dweud, Y dechrau yw hyn, Kepha. Dyma'r dechrau.

Dechrau be?

Byd newydd.

Byd newydd?

Byd heb farwolaeth. Dyna'r neges.

Y neges ydi Dilynwch fi, meddai Kepha, ei dymer yn mudferwi. Dilynwch fi ac mi gewch ddod i'r Deyrnas.

Ie, dilynwch *fi*, meddai'r dieithryn Shaul. Dilynwch *fi* ato *fe* ac fe goncrwch y bedd.

Nid hyn oedd Yeshua'n bregethu pan oeddwn i efo fo, meddai Kepha.

Kepha, Yakov, gwrandewch arna i. Nid ei fywyd sy'n bwysig ond ei farwolaeth. Nid chwys ei dalcen ond gwaed ei aberth. Nid ei grud ond ei fedd.

Kepha'n crychu ei drwyn. Ei farwolaeth? Welson ni o'n marw ac roedd o'r peth mwyaf dychrynllyd. Mae'i ddiodde fo'n fy hawntio i hyd heddiw. Hunlle sy'n fy neffro i bob nos. Prin dwi wedi cael noson dawel o gwsg ers y diwrnod dychrynllyd hwnnw.

Mae'r dyn dŵad yn edrych ar Barnabya ac yn dweud, Ni welodd *hwn* mo'r farwolaeth honno. Ni welais innau. Dim ond yr atgyfodiad yr ydyn ni wedi ei brofi. Hynny sy'n cyfri nawr, Kepha. Beth wyt ti'n ddweud, Barnabya? Beth sy'n ystyrlon i'r Cenedl-ddynion ac i Iddewon alltud na welsant erioed ein Mashiach? Beth sy'n taro deuddeg gyda ni na welsom gnawd, ond sydd wedi profi'r ysbryd?

Cyn i Barnabya ateb, mae drws y tŷ yn agor a thrwy ddrws y tŷ daw Avram a Yah'kob a Yokam a Judah a Bar-Talmai a Tau'ma a Mattiyah a Taddai a Ya'kov bar Hilfài a Shimon Kanai. Ac wrth i Avram a Yah'kob a Yokam a Judah a Bar-Talmai a Tau'ma a Mattiyah a Taddai a Ya'kov bar Hilfài a Shimon Kanai ddod i'r tŷ, mae gên y gŵr mae Kepha'n ei alw'n Shaul yn syrthio. Ac mae llygaid y gŵr mae Kepha'n ei alw'n Shaul yn lledaenu – fel pe bai wedi gweld y Mashiach ei hun yn dod i'r stafell.

11

Hwn ydi o, felly, meddai Shimon Kanai.

Hwn sy'n dweud nad oes rhaid i'r Cenedl-ddynion gael eu henwaedu er mwyn dod i'r Deyrnas, meddai Mattiyah.

Hwn sy'n dweud nad oes yn rhaid cadw'r kashrut, meddai Bar-Talmai, a bod dynion yn cael bwyta beth bynnag maen nhw'n ffansi.

Ia, hwn ydi o, meddai Kepha.

Pwy wyt *ti* i ddweud y pethau mawr yma? meddai Avram, brawd Kepha. Roeddwn i a fy mrawd yno ar y dechrau cynta. Ni aeth i nôl y Mashiach i'r anialwch pan oedd Diafol yn ei herio fo ar ôl i Yohannan Mamdana gael ei arestio. Oni bai amdanan ni byddai'r neges wedi cael ei cholli. Neges yr afon ydi'r neges. Neges y Nehar haYarden.

Trwyddan ni, meddai Yokam, ddaeth y neges honno'n neges i'r pentrefi. Mi aethpwyd â hi at ddefaid coll Tŷ Israel. Ar eu cyfer *nhw* mae'r neges. Dyna ddywedodd y Mashiach wrthan ni, beth-bynnag-ydi-dy-enw-di.

Paulos Saoul Tarsos, meddai Paulos gan ddod ato'i hun er ei fod mewn cwmni chwedlonol. Ac mae'n anrhydedd dy gyfarfod di, Yokam.

Rho'r gorau i seboni, washi, meddai Yokam. Rydan ni'n ormod o hen bennau i gael ein twyllo gan grafwr.

Os wyt ti'n pregethu neges wahanol i neges y Mashiach, i'r neges yr ydan *ni'n* bregethu, dwyt ti ddim yn un ohonan ni, meddai Kepha. Neges gau ydi dy neges di, felly. Neges neud. Neges *dyn*.

Mae Paulos yn gwenu. Mae Paulos yn ysgwyd ei ben. Mae Paulos yn dweud, Cefais ymgom yng ngarwdiroedd Ein Gedi gyda'r Mashiach. Ymwelodd â fi sawl gwaith –

Mae'r dynion yn y stafell yn edrych ar ei gilydd. Mae'r dynion yn mwmian. Mae'r dynion yn twt-twtian.

Mae Barnabya'n syllu ar Paulos ac yn teimlo fod mellt yn gwibio trwy'i esgyrn.

Ac mae Paulos yn para i siarad. Ymwelodd â fi a datgelodd i mi berthynas dyn gyda Torat Moshe a'i fwriadau ar gyfer y Cenhedloedd eraill –

Na! rhuodd Yah'kob, ei fochau fel bitrwd. Na! Pwy wyt ti'n feddwl wyt ti, raca? Dyma chdi, rhyw hogyn crand o Tarsos. Un o'r Iddewon alltud sydd erioed wedi offrymu yn y Deml, debyg. Rwyt ti'n meiddio dweud wrthan *ni* beth yw ystyr y Gyfraith. Does yna'm *ystyr* i'r Gyfraith – y Gyfraith *ydi'r* Gyfraith. *Byw'r* Gyfraith oedd neges Yeshua. Cadw Torat Moshe. Cadw *pob* gair, a'u cadw'n *well* ac yn fwy trylwyr nag erioed. *Dyna'r* ffordd i'r Deyrnas. Dilyn ei air. Dilyn ei esiampl. *Dyna* sut mae'i gadw'n fyw tan y bydd o'n dychwelyd efo'i Abba pan ddaw'r Deyrnas.

Ac mae'r stafell yn llenwi gyda Clywch, clywch! a Deuda di, Yah'kob! a Digon gwir, digon gwir! –

Ond mae Paulos yn gwenu ac mae Paulos yn nodio ac mae Barnabya'n syllu ar Paulos o hyd ac yn teimlo fod mellt yn dal i wibio trwy'i esgyrn.

Mae Avram yn dweud, Mi ddangosodd Diafol ddinasoedd y byd i Yeshua. Dangos y pethau melltigedig ar y ddaear. Dangos pethau na ddylia Iddew ymwneud â nhw. Ac rwyt ti am fynd yn groes i hynny a mynd i *fysg* y budredd a'r pechu mae dyn yn ei ddarganfod yn ninasoedd y Cenedl-ddynion. Fasa'n rheitiach i ni osgoi be sy'n cael ei gynnig gan Diafol. A dyna ddaru Yeshua, oherwydd mi wrthododd o demtasiynau'r Gŵr Drwg – pob un wan jac ohonyn nhw.

Ond Avram, meddai Paulos, os mai dinasoedd Diafol oedd rheini, onid ein cyfrifoldeb ni yw achub eu poblogaethau o grafangau'r Gŵr Drwg?

Mae tawelwch. Mae'r dynion yn rhythu ar Paulos, ofn ym mhob calon, casineb ym mhob llygad.

A Kepha sy'n siarad. Nid dy neges di ydi'n neges ni. Nid dy neges di ydi neges Yeshua Mashiach. Nid y Yeshua roeddan *ni* yn ei nabod, beth bynnag.

Rwyt ti wedi creu dy Yeshua dy hun, meddai Yakov. Yeshua wyt ti'n gallu ei hawlio am na elli di hawlio'n un ni, yr un gwir. Fy mrawd bach!

Ffor shêm, meddai Kepha. Ffor shêm yn dŵad yma a chymryd arnat dy fod ti'n nabod y Rabboni'n well na ni. Yn well na'i deulu fo, hyd yn oed. Ffor shêm i ti ddeud dy fod ti'n gwybod beth oedd yn ei galon o'n well na ni. Yli, mae croeso i ti ddilyn cyngor Yohannan Mamdana. Teshuvah – dychwelyd at HaShem, dychwelyd at Yr Enw. Enw'r Adonai. Edifarhau am bechodau ddoe er mwyn bod yn rhan o'r Deyrnas fory. Mae croeso i ti wneud hynny, ac mi fyddwn ni'n dy gofleidio di fel brawd. Rwyt ti wedi dy enwaedu, rwyt ti'n cadw'r kashrut. Ond mae'n *rhaid* i chdi ddilyn.

Mae mwmian yn y stafell, ac yna Kepha'n parhau.

Ond paid â dŵad yma a'n herio ni, Shaul neu Paulos neu beth bynnag ydi dy enw di. Ni ydi ceidwaid y wir ffydd. Ni sydd yn gwybod be oedd y neges a ddaeth o lygad y ffynnon. Ni oedd yn nabod y Rabboni. Paid ti â meiddio'i hawlio fo na'i air o, gyfaill. Cadw dy syniadau crand i chdi dy hun. Dos â Tarsos yn ôl i Darsos. Dos â Groeg yn ôl i Roeg. Defaid coll Tŷ Israel ydi praidd y Mashiach. Fasa'n rheitiach i chdi ufuddhau, washi. Neu'r ARGLWYDD a'th gosba!

Μέρος δεύτερο

NACHASH

1

Mae nifer o drigolion Antioch yn derbyn Yeshua Mashiach, meddai Barnabya. Iddewon alltud a hefyd y Cenedl-ddynion. Mae'n brodyr alltud oedd wedi diengyd yn dilyn mwrdwr Stephanos wedi teithio yno ac maent wedi bod yn pregethu'r newyddion.

Kepha'n gwrando. Yakov yn gwrando. Ac mae Kepha'n edrych ar Yakov. Ac mae Yakov yn edrych ar Kepha. Talcen y ddau'n crychu. Y naill na'r llall yn dweud gair.

Daethant o Cipros ac o Kyrene yno i bregethu, meddai Barnabya.

Pregethu be? meddai Yakov.

Pregethu neges Yeshua Mashiach, meddai Barnabya.

Yakov yn cnoi ei ewinedd. Kepha'n crafu ei ben. Barnabya'n edrych ar Kepha, yn edrych ar Yakov. Barnabya ar bigau'r drain. Barnabya'n aros am ateb yn y tŷ lle maent yn addoli. Aros am arweiniad yn y tŷ lle maent yn cyfarfod. Aros iddynt weld bod byd tu hwnt i Jerwsalem. Tu hwnt i'r tai lle maent yn dod at ei gilydd. Bod byd sy'n erfyn am neges Yeshua Mashiach. Bod byd sydd *angen* neges Yeshua Mashiach. Ei neges fod y Deyrnas yn dod. Ei neges pan oedd Kepha'n teithio gyda fo trwy Galilea a thrwy Jwdea'n pregethu, yn proffwydo, yn iacháu, yn allfwrw.

A Barnabya'n meddwl, *Pam nad yw'r ddau yma oedd gyda'r Mashiach yn cydnabod hyn?*

Rhaid i ni fynd i'w cynorthwyo, Yakov, meddai Barnabya. Mae Antioch yn rhodd i ni, yn rhodd gan yr Adonai –

Taw, meddai Kepha gyda'i farf a'i faint a'i fôn braich. Pan mae Kepha'n dweud wrth ddyn am dewi, mae dyn yn tewi.

A nawr Kepha'n gofyn, Ydi'r brodyr newydd yma, y brodyr o'r

Cenhedloedd, yn cael eu henwaedu yn ôl Cyfraith Moshe Rabbenu? A pryd maen nhw am ddŵad i'r Deml i aberthu?

Mae Barnabya'n ochneidio. Kepha'n rhythu arno a Yakov yn rhythu arno a Kepha'n dweud, Wyt ti'n awgrymu nad oes *rhaid* iddyn nhw gael eu henwaedu, Barnabya?

Ac yna Yakov yn datgan, Mae'r Meshiykiyyim alltud yn helbul. Maen nhw'n mynd yn groes i Torat Moshe. Maen nhw am i'r neges gael ei lledaenu i'r byd, ymysg y Cenedl-ddynion. Ymysg y rhai sydd ddim yn Iddewon. Ond mae'n *rhaid* i'r neges gyrraedd Plant Israel gynta. Ac wedyn y Cenedl-ddynion. Dyna'r cyfamod.

Ac yna Kepha'n dweud, Heb enwaedu does yna ddim cyfamod, heb gyfamod tydyn nhw ddim yn Iddewon. Dyna fo. Dyna ddiwedd arni. Mae pwy bynnag sy'n deud yn wahanol yn nachash, mae'n sarff.

Mae Barnabya'n cofio'r un sgwrs oes yn ôl. Oes pan oedd gŵr o'r enw Paulos Saoul Tarsos yn pregethu neges newydd. Nid y Deml. Nid Torat Moshe. Nid enwaedu. Ond y Christos a gwaed y Christos, ei aberth ar y trawst. Oes yn ôl a Kepha'n dweud yr adeg honno, Rhaid i ni gynnal a chadw hyn, doed a ddelo. Dyma sy'n sanctaidd. Ac roedd Yeshua'n gwybod hynny.

Yeshua – hawdd i ti ddweud hynny, Kepha, meddai Barnabya wrtho'i hun. *Hawdd i ti gan i ti ei gyffwrdd, ei gofleidio, ei glywed yn siarad, ogleuo'i chwys, ymolchi yn ei waed. Hawdd i ti ac i Yakov, ond beth amdana i? Beth am y gweddill ohonom?*

Dyn oedd Yeshua i'r ddau yma ac i'w cyfeillion, y brodyr oedd gyda'r Mashiach o'r cychwyn. Dyn o gig a gwaed.

Ond beth yw Yeshua i mi? Mewn chwedlau mae'n byw i mi. Mewn straeon y mae dynion fel Kepha a Yakov yn eu hadrodd –

cerddodd ar wyneb y dŵr,

bwydodd filoedd gyda briwsion a brithyll,

iachaodd y dall a'r byddar,

allfwrwodd ysbrydion drwg,

atgyfododd...

Welish i o ar wyneb y dŵr, welish i o'n bwydo'r miloedd, pedair mil, pum mil, fyddai Kepha'n arfer rhuo.

Wyt ti'n siŵr? gofynnai Barnabya.

Mae'n *rhaid* i mi fod, roedd Kepha'n ddweud.

Ond roedd Paulos yn siŵr. Roedd gŵr na welodd Yeshua'n siŵr. Gŵr na fu erioed yng Ngalilea. Gŵr na chofleidiodd y Mashiach. Gŵr na chlywodd ei lais. Gŵr nad ogleuodd ei chwys. Gŵr oedd yn fwy sicr na Kepha, yn fwy sicr na Yakov. Gŵr ddywedodd mai'r gwaed a'r bedd sy'n cyfri. Nid y bregeth a'r bywyd. Ond ble mae'r gŵr hwnnw?

Mae Barnabya'n gwasgu ei ddannedd gyda'i gilydd cyn dweud, Mae'n iawn i chi'ch dau, i'r bechgyn eraill. Y'ch chi wedi cyfarfod y Mashiach. Fe gerddoch gyda fe. Bwyta gyda fe. Ond rydyn ni'n llai na chi. Ni sydd heb ei gyffwrdd, heb ei glywed, heb ei weld, heb ei... heb ei garu.

Beth wyt ti isio, Barnabya? meddai Kepha. Wyt ti am iddo fo gerdded trwy'r drws acw a dy gofleidio di a dweud, Barnabya, fy mrawd, dyma fi? Trwyddan *ni* mae o'n byw.

Ond mae hi fe pe bai ganddoch chi gyfrinach a ry'ch chi'n gwrthod ei rhannu efo gweddill y byd, meddai Barnabya.

Kepha'n dweud, Be sydd haru chdi, raca? Rydan ni'n rhannu bob diwrnod. Rydan ni'n pregethu yn y ddinas. Rydan ni'n cael ein curo a'n cosbi am –

Mae yna ffafriaeth, meddai Barnabya. Ffafriaeth o fewn y mudiad. Hierarchiaeth gyda ti a Yakov a'r brodyr o Galilea ar ben y domen, a ninnau wedyn. Nid yw pawb yr un peth.

Paid â chyboli, meddai Kepha a'i fochau'n cochi.

Ond Kepha, rydych *chi* i gyd yn Iddewon y Deml. Rydych chi'n Iddewon sy'n siarad yr un ieithoedd, sy'n siarad Hebraeg ac Aramaeg, mamiaith y Mashiach. Chi yw Plant Israel. Ni yw'r Alltudion, mewnfudwyr, y dynion dŵad, a dy'n ni ddim cystal â chi, ry'n ni –

Kepha ar ei draed, clustan i Barnabya. Barnabya'n siglo, ei ben yn troi.

Yakov yn dweud, Dyna ddigon. Ffor shêm, Barnabya. Ffor shêm, a ninnau wedi rhoi to dros dy ben di, wedi dy groesawu di fel brawd o'r cychwyn. Cofia di hyn. Roedd Yeshua'n frawd i mi. O'r un groth. Yr un fam. Yr un – ia, wel, ta waeth… fy nghnawd i. Dyn byw. Dyn o gig a gwaed. Ac roedd y dyn hwnnw'n garcas ar bren. Fy mrawd bach i. Be wyddost ti? Ewadd, roedd o wedi mwgro'i ben efo Yohannan Mamdana. A Kepha hefyd –

Kepha'n gwyro'i ben. Kepha'n gweld ei fai.

Yakov yn dal ati. Kepha a Yeshua, hogia'r ardal yn hidio dim am yfory, hidio dim am fwydo'u teuluoedd. Ond yn meddwl yn hytrach am y Deyrnas. Am Israel eto'n un llwyth. Am y Deml. Felly'r oeddan nhw. Felly'r oeddach chi, yn te, Kepha?

Kepha'n dweud dim. Cofio'i wraig, Anat. Cofio'i blant. Wedi eu gadael.

A Yakov eto. Ewadd, ro'n i'n hefru ar Yeshua i ddŵad adra. Ty'd i weld dy fam druan. Ty'd i weithio efo fi – faint fynnir o waith… Sepphoris… nefi… Ond mi oedd o'n bengaled. Chwilen yn ei ben o am y Deyrnas ac am y neges – Dilynwch fi, dilynwch fi, dil–, ia, wel, dyna fo… A dyma fo'n cael ei fwrdro ar y Pesach. Ei gyhuddo o… dwn i'm be. Mân drosedd, bownd o fod. Ond roeddan nhw am wneud esiampl y flwyddyn honno. Dim maddeuant. A dyna lle'r oedd o. Yeshua fy mrawd bach yn pydru ar bren. Hoelion. Hoelion mawr trwy'i freichiau fo. Trwy'i draed o. A'r gwaed… nefi'r gwaed… ei waed *o*. Mae Kepha'n cofio. Wyt ti'n cofio, Kepha, yn dwyt? Dim ond Kepha a fi oedd yno. Ni'n dau, y fo a fi. Neb arall. Doeddat ti ddim yno, Barnabya. Doedd y blydi Shaul neu Paulos neu beth bynnag mae o'n galw'i hun, doedd o ddim yno. Doedd yna neb alltud yno. Yr un ohonach chi Iddewon alltud. Ond wedyn dyma chi'n dŵad. A dyma chi'n dechrau deud straeon amdano fo, am fy mrawd. Fy mrawd i. Dechrau'i hawlio fo, jest iawn. Ond be oeddach chi'n wybod, Barnabya? Nid eich brawd chi oedd o. Deud straeon, deud mai dyma'i neges o neu dyma'i neges o. Wel, na. Nid chi sydd i ddeud. *Ni* sydd i ddeud. Fi a Kepha ac Avram a Yah'kob a Yokam a Judah a Bar-Talmai a Tau'ma a Mattiyah a Taddai a Ya'kov bar Hilfâi a Levi a Shimon Kanai.

A Kepha'n codi ei lais a dweud, Ia, ni. Y rheini oedd yno wrth yr afon. Y rheini oedd yno yn yr anialwch. Y rheini oedd yno ar Gulgalta lle'r oedd y gwaed a'r hoelion a'r arswyd. Y rheini a glywodd eiriau'r Mashiach yn dod o *enau'r* Mashiach.

A Barnabya'n dweud, Ond rydyn ni am rannu'r newyddion da. Rhannwch o ond peidiwch â'i ailsgwennu o, meddai Yakov.

A Kepha'n dweud, Dydyn nhw ddim yn bwyta'r un bwyd â ni, y Cenhedloedd eraill. Maen nhw'n baganiaid. Dwi wedi clywed straeon ofnadwy amdanyn nhw.

Barnabya'n ochneidio. Rwyf fi wedi bod yn driw i chi ers blynyddoedd, frodyr. Rydw i wedi pregethu'r neges. Ond mae gan y byd yr hawl i'w chlywed hefyd, nid dim ond Israel. Gadewch i mi fynd i Antioch i gynorthwyo gyda'r dilynwyr newydd gan fod cymaint ohonynt.

Kepha a Yakov yn pendroni. Kepha a Yakov yn teimlo baich y byd. Yakov yn dweud, Wel, o leia rwyt ti'n ffyddlon i'r hanes gwir. Mi gei di sicrhau eu bod nhw'n clywed y neges go iawn. Sicrha nad ydi'r bregeth maen nhw'n glywed yn cael ei gwyrdroi, Barnabya. Iawn? Neu mi fydd yna le.

Barnabya'n dweud, Rwyf eisiau caniatâd i fynd i Tarsos yn gyntaf i mofyn Paulos. Mae'n rhugl yn yr iaith ac yn danllyd dros Yeshua. Bydd o gymorth mawr. Mae ar dân dros y Mashiach ac y'n ni heb wneud defnydd ohono.

Roedd hwnnw'n sarff, mae Kepha'n feddwl. *Nachash go iawn*. Ac mae'n dweud, Mi ddiflannodd ar ôl ein herio ni yma flynyddoedd yn ôl. Ro'n i'n meddwl ei fod o wedi marw.

Ry'n ni wedi bod yn gohebu gyda'n gilydd, meddai Barnabya. Mae e am wasanaethu. Gadewch iddo fe .

Kepha'n dawel. Yakov yn llonydd. Y byd yn aros.

Mae dy neges yn apelio, meddai Barnabya.

At bwy?

At y byd, ataf fi.

Nid at Yakov, meddai Paulos. Nac at Kepha. Nid atyn nhw oedd gyda fe ar ei siwrne.

Paulos yn dychwelyd at ei waith. Ei waith yn Tarsos. Ei waith yng ngweithdy ei dad. Ac yn y gweithdy, y gwehyddion yn gweu'r gwlân. Cynhyrchu'r ciliciwm, gwisg drwchus i'r morwyr a'r milwyr. Gwisg i gadw'r gaeaf draw. Ac yn y gweithdy, gwneud pebyll. Pebyll ar gyfer masnachwyr sy'n mynd a dod trwy Tarsos. Mynd a dod o Ephesos a mynd a dod o Rufain. Rhufain, y ddinas aur. Rhufain, goleufa'r byd. Rhufain, breuddwyd Paulos.

A thra bo gweu mae gwaedu. A gwaed a gwaed a gwaed a gwaed. A dwylo Paulos yn gwaedu. Y gwaed yn diferu. A Paulos wedi dysgu o'r gwaed. Wedi dysgu'r gweu. Wedi dysgu'r grefft. Ei ddwylo mawr. Ei ddwylo'n gwaedu. Gwaedu wrth weu. Chwysu wrth weu. Adrodd wrth weu. Adrodd y –

Nid ydynt yn deall, meddai Paulos.

Barnabya yn y gweithdy yn Tarsos yn ysgwyd ei ben.

Paulos yn dweud, Rwyf fi'n cael pyliau o lawenydd mawr, ac yna iselder.

Barnabya yn y gweithdy yn Tarsos yn ysgwyd ei ben.

Paulos yn dweud, Maent am fy ngwaed i.

Barnabya yn y gweithdy yn Tarsos yn ysgwyd ei ben.

Paulos yn dweud, Cefais fy erlid o Jerwsalem ganddynt. Cefais rybudd gan Kepha. Fe gododd fraw arna i. Dangosodd ei ddannedd. Roeddwn ymhlith bwystfilod a dywedodd y Christos wrtha i am ddiengyd. A dyna wnes i, Barnabya. Dod gartre.

Ac mae Paulos yn y gweithdy yn Tarsos yn ysgwyd ei ben. Dychwelyd at ei waith. Dychwelyd at y gweu. Dychwelyd at y gwaed.

Barnabya'n dweud, Mae pedair blynedd ers i ti adael. Mae pethau wedi newid. Wyt ti'n pregethu nawr?

Ydw. Mae'r Adonai wedi fy ngalw. Mae'i Fab wedi fy eneinio. Datgelodd Chananiah hynny i mi yn Dammasq. Roeddwn i'n ddall ac yna roeddwn i'n gweld. Dechreuais berthyn, Barnabya. Galwodd y Christos fi. Esboniodd i mi ei neges. Duw wedi ei eni'n ddyn. Aberth er ein mwyn. Ei waed yn ein gwaredu. Ac rydw i'n pregethu yma. Tarsos a'r cyffiniau. Fy mhobl i. Pobl y byd.

Mae Tarsos yn rhy fach i ti, Paulos.

Beth wyt ti'n feddwl?

Mae'r byd dy angen di, frawd. Mae'r byd angen dy neges di.

Nid fy neges i –

Ie, dy neges di. Dy neges di bod *pawb* yn perthyn i'r Christos Iesous. Edrych, gwranda – Yakov, Kepha, Mudiad Yeshua yn Jerwsalem, nid ydynt am glywed. Do, fe glywsant eiriau'r Christos. Cerdded gyda fe. Ond nid ydynt wedi cael yr ystyr. Dyw'r goleuni heb gwympo arnynt. Maent fel yr oeddet ti, yn ddall. Ond nawr ti sy'n gweld, Paulos. Ti sydd yn y goleuni.

A Paulos yn y gweithdy yn Tarsos yn nodio. Mae'n crychu ei dalcen a dweud, Ie, *fi* sy'n deall, *fi* yw'r un goleuedig.

Mae pawb am berthyn i'r Christos, meddai Barnabya, ond nid yw Mudiad Yeshua'n caniatáu hynny. Yakov a Kepha sydd berchen Iesous. Ond mae'r Christos yn eiddo i bawb. Dyna wyf fi'n gredu bellach. Wedi i mi ystyried. Meddwl a phendroni a gweddïo. Mae'n perthyn i'r Iddewon *ac* i'r Cenedl-ddynion. A ti sydd gyda'r neges honno. Ti sydd wedi cael y datguddiad. Mae e wedi atgyfodi. Ei ysbryd gyda ni o hyd. Trwy ei waed y byddwn ninnau'n cael ein hatgyfodi. Ondyfe?

A Paulos yn y gweithdy yn Tarsos yn dychwelyd at ei waith.

A Paulos yn y gweithdy yn Tarsos yn gofyn, Sut y galla i gynorthwyo?

CHRISTIANOS

1

Antioch ar yr Orontes. Ar y llwybr masnach. Ar y Lôn Sidan. Ar Lôn Frenhinol Persis. Antioch, canolfan i Iddewon alltud. Ac yng nghanolfan Iddewon alltud, un o'u plith. Un ohonynt ar wahân iddynt. Ar wahân gyda'i neges a'i neges yw gwaed. Gwaed yw pob dim iddo. Gwaed un dyn. Gwaed un Duw. Gwaed y Christos. Y Christos a fu farw ar drawst. Y Christos a elwir Iesous –

A thrwy waed y Christos a elwir Iesous daw iachawdwriaeth,

a thrwy waed y Christos a elwir Iesous daw edifarhad,

a thrwy waed y Christos a elwir Iesous daw aileni –

– *atgyfodiad* –

– *yn ddyn* –

– *newydd* –

Ac maent yn frwd, Iddewon alltud. Maent yn frwd, y Cenhedloedd eraill. Maent yn frwd am y gwaed ac am yr iachawdwriaeth ac am yr edifarhad ac am yr aileni, am yr atgyfodiad. Maent yn frwd dros y syniad nad oes rhaid enwaedu ac offrymu. Maent yn frwd dros y Christos a elwir Iesous, dros yr Apostolos Paulos, hwnnw sydd wedi ei anfon atynt.

Bu farw, meddai Paulos wrthynt o flaen synagog Antioch, er ein mwyn ni. Er eich mwyn chi. Pob Iddew, pob Cenedl-ddyn. Marw i ni gael byw. Byw gyda Fe a'i Dad yn y Deyrnas, yn y nefoedd.

A daw llais o'r dorf yn gofyn, Ac nid oes rhaid i ni gael ein henwaedu?

Ambell Iddew yn mwmiam, cwyno. Ond Paulos yn dweud, Rydych chi wedi'ch enwaedu yn eich ysbryd.

Daw llais arall o'r dorf. Ond mae dynion sydd wedi eu hanfon o Jerwsalem yn dweud, os y'n ni am ddilyn y dyn hwn, bod rhaid i ni gael ein henwaedu.

Ac mae Paulos yn benysgafn. Mae Paulos yn sigo. Mae'r byd yn aneglur. Mae'n sibrwd enw'r Christos. Mae'n galw ar y Christos. Ac mae'r Christos yn cynnig ateb iddo. Ac mae'r ateb yng ngeiriau Stephanos o flaen y Sanhedrin flynyddoedd ynghynt.

Y'ch chi'n wargaled, heb eich enwaedu yn eich calonnau na'ch clustiau. Y'ch chi wastad yn gwrthod y ruach hakodesh, ysbryd sancteiddrwydd, yn union fel yr oedd eich tadau yn ei wrthod. Oedd yna broffwyd erioed na fuon nhw'n ei erlid? Fe laddon nhw hyd yn oed y rheini oedd yn darogan dyfodiad y Tzadik, yr Un Cyfiawn. A nawr, nawr y'ch chi wedi bradychu'r Tzadik ac wedi ei fwrdro –

Ac mae'n dweud wrth y dorf, Os ydych chi wedi derbyn y Christos Iesous fel iachawdwr, rydych chi wedi'ch enwaedu yn eich calonnau a'ch clustiau.

Ac mae'r dorf yn mwmian. Mae Iddewon alltud yn mwmian. Mae'r Cenedl-ddynion yn mwmian.

A Paulos yn edrych ar Barnabya sydd wrth ei ysgwydd. A Barnabya'n edrych ar Paulos. A'r ddau'n gwenu.

2

Mae gŵr yn siarad yn y tŷ.

Fe ddaeth dynion yma o Cipros, dy bobl di, Barnabya. A daeth dynion o Kyrene. Dynion gafodd eu herlid o Jerwsalem ar ôl i'r Iddewon lofruddio Stephanos. Daeth y dynion yma ac roeddynt yn dilyn y Christos, ac roeddynt o fysg Iddewon alltud – dynion y Diaspora – a dechreuodd y dynion hyn bregethu am Iesous wrthym ni'r Cenedl-ddynion.

Mae llygaid y dyn yn llachar. Mae fflamau'r Christos yn ei waed.

Gall Paulos weld hynny. Gall deimlo'r gwres. Enw'r dyn yw Loukios ac mae'n ifancach na Paulos ac mae'n feddyg. Gŵr doeth. Gŵr deallus. Dilynwr defnyddiol.

Mae Paulos a Barnabya wrth fwrdd Loukios. Mae Paulos a Barnabya yn bwyta bara Loukios. Mae Paulos a Barnabya yn yfed gwin Loukios. Maent yn gwrando ar Loukios ac mae Loukios yn dweud, Oedden ni heb glywed neges felly o'r blaen. Y'n ni wedi clywed am Iesous, siŵr iawn. Fe ddaeth ei ddilynwyr, y mathetes, yma flynydde'n ôl a phregethu i'r Iddewon bod y Deyrnas yn dod a bod yn rhaid iddynt ddychwelyd i Jerwsalem. Dychwelyd yno ac ailafael yn eu deddfau. Deddfau eu proffwyd Moshe. Ac roedden ni'n gofyn, Gawn ni ddod gyda chi i'r Deyrnas? A hwythau'n dweud, Na, rhaid i chi ddod yn Iddewon. Rhaid i chi ga'l eich enwaedu ac offrymu yn y Deml. Rhaid i chi gadw deddfau'r bwyd, y kashrut. Ond, Paulos, pwy sydd am gael ei enwaedu, mewn difri calon? Syniad arswydus. A fi ddim moyn mynd yr holl ffordd i Jerwsalem ac offrymu mewn teml ddieithr. Beth sydd o'i le gydag offrymu mewn synagog fan hyn? Neu mewn tŷ. O, a fi'n hoff o gig moch!

Ac mae Paulos yn crensian ei ddannedd ac yn gwrando –

Fi ddim moyn gadael Antioch, meddai Loukios. Ac mae'n braf clywed bod bywyd am byth, iachawdwriaeth, ar ga'l i ninnau sydd ddim am golli'n blaengroen –

Loukios yn tynnu wyneb, dychmygu'r boen. Ond Paulos yn meddwl, *Dychmyga boen Gehenna, gyfaill.*

Loukios eto. Fe alla i ddweud wrth fy nghyfeillion, nawr, bod gobaith am fywyd gwell heb orfod mynd trwy artaith. 'Sdim rhaid i mi waedu. Mae rhywun arall wedi gwaedu er fy mwyn. A fi'n hoff hefyd o'r neges bod *pawb* yn gyfartal. Bod pob dyn sy'n derbyn y Christos, yn, yn – beth fydde'r gair? – yn, yn... dyna fe, yn *Christianos* –

Christianos, mae Paulos yn feddwl. Dyna fe. Dyna y'n ni. *Christianos, dilynwyr Christos.*

Ac mae Paulos yn dweud, Mae pob un sydd wedi ei fedyddio i'r Christos wedi gwisgo'r Christos amdano.

A Loukios yn dweud, Dyna fe. A dyna y'n ni i gyd, nawr, Christianos. I gyd yn gyfartal ynddo, fel y dywedsoch chi heddi. Nid oes rhagor rhwng Iddewon a Chenedl-ddynion, rhwng caeth a rhydd, rhwng gwryw a benyw –

Na, na, meddai Paulos.

Na? meddai Loukios.

Na, meddai Paulos, cur yn ei ben, dryswch, ei feddyliau'n driphlith draphlith, ac eto mae'n dweud, Na, nid hynny oeddwn i'n ei olygu, bod *pawb* yn gyfartal.

Beth?

Na, na. Nid yw gwraig yn *gyfartal* â'i gŵr, siŵr iawn, meddai Paulos. Ac nid yw caethwas yn gyfartal â'i feistr.

O?

Na, dweud oeddwn i bod... bod... bod pawb – Iddewon, Cenedl-ddynion, benywaidd, gwrywaidd, caeth, rhydd – yn cael iachawdwriaeth ac yn cael bywyd tragwyddol dim ond iddynt ddilyn y Christos. Nid yw'n ffafrio unrhyw un yn benodol. Nid yw'n ffafrio'r Iddewon.

O, ie, meddai Loukios.

Ond nid ydynt yn gyfartal *yn y byd*, meddai Paulos. Sut all gwraig fod yn gyfartal â'i gŵr? A chaethwas yw caethwas, ondyfe? Na, yn y Christos maent yn gyfartal. Nid yma, nid nawr.

Wel, ie, meddai Loukios. Camddeall wnes i.

Ie, camddeall, meddai Paulos yn finiog. Rhaid i ni beidio gadael i'r neges gael ei llygru.

Fe ddylech chi ysgrifennu'r neges ar bapeirws, meddai Loukios. Fe ysgrifennaf i. Rydw i'n ysgrifennwr. Ysgrifennu'r hanes, dy hanes di, Paulos. Ac yna bydd pawb yn deall. A fydd neb yn gallu llygru'r gwirionedd.

3

Llygru'r gwirionedd, meddai Yakov. Ei lygru tra'i fod o'n byw a bod efo'r crachach a'r cefnog yn Antioch a ninnau'n llwgu'n fa'ma, yn byw a'r friwsion ac ewyllys da. Mae'n coffrau ni'n wag bron iawn. Mae'r dilynwyr cefnog roeddan ni'n dibynnu arnyn nhw wedi gadael Jerwsalem. Ella'n bod ni wedi cymryd gormod ganddyn nhw. Ond peth barus ydi cadw dy elw a'th frodyr yn llwgu. Diawlad! Ac aros di i mi gael gafael ar Barnabya. Mi adawodd o i bethau fynd dros ben llestri, gadael i'r dyn ofnadwy hwnnw o Tarsos gael ei ffordd ei hun.

Y mis yw Nisan, y mis cyntaf. Y ddinas yw Jerwsalem, dinas yr ARGLWYDD. Y lle yw'r Deml, y Beit HaMikdash. Yr awr yw'r drydedd, yr awr weddi. Yr awr i offrymu arogldarth yn y gysegrfan. Yr awr i aberthu oen y Tamid, yr oen cyntaf. Yr awr i agor pyrth y Beit HaMikdash.

Yno, Yakov. Yno, Kepha. Yno, torf.

Edrych arnyn nhw, Kepha.

Ac mae Kepha'n edrych arnyn nhw. Ac maen nhw'n welw. Ac maen nhw'n hanner pethau. Yno i offrymu. Yno i erfyn. A swyddogion y Beit HaMikdash yn dosbarthu bara. Bara i'r tlawd. Cysur i'r tlawd. Moddion i'w cynnal. Ond cyn y bara, yr offrymu. Offrymu arogldarth. Ac aberthu. Aberthu oen y Tamid, yr oen cyntaf. Y defodau ddaw gyntaf. Y cyfamod sy'n cyfri.

Ac mae Kepha'n datgan hynny. Y cyfamod sy'n cyfri. Y cyfamod. Yr enwaedu. Y Mashiach.

Llygru'r gwirionedd, meddai Yakov eto. Llygru'r neges. Ei llygru ar allor cynnydd. Aberthu'r gwir er mwyn ennill poblogrwydd. Mathru etifeddiaeth fy mrawd. Mi ydan ni'n llwgu'n ysbrydol ac yn gorfforol. A dyna lle mae o yn Antioch yn ffynnu.

Kepha'n dweud, Be fedran ni neud? Be fedra i neud a finna 'mond yn sgotwr o Kfar Nahum?

Yakov yn brathu ei dafod. Yakov yn edrych o'i gwmpas. Yakov

yn cysidro. Yakov yn gweld y diodde, yn clywed yr erfyn. Ac yna'n dweud, Lle mae'r Deyrnas addawodd fy mrawd?

Be?

Yakov yn troi at Kepha. Lle mae'r Deyrnas, Kepha? Chdi, fo, Avram, y gweddill ohonach chi. Teithio'r wlad, addo'r Deyrnas. Lle mae hi? Byddai'r Deyrnas yn arbed y drasiedi yma, y newyn, y diodda.

Kepha'n corddi. Kepha'n cochi. Kepha heb ateb. Methu deall. Amheuaeth yn crawni. Maen nhw heb fwyd, heb sicrwydd, tra bod Paulos neu Shaul neu beth bynnag oedd enw'r tarfwr yn tynnu neges Yeshua'n griau.

Yeshua, mae Kepha'n feddwl. *Yeshua, lle'r rwyt ti, frawd?*

Mae'n ceisio datgladdu wyneb ei gyfaill o storfa'i gof. Ond ni ddaw dim ond niwl. Ac yn y niwl, ffurf ddynol. Ond dyn pell yw. Dyn dieithr. Nid ei ddyn o. Nid dyn Kepha. Nid ei Yeshua o. Nid Yeshua Kepha.

Dyna ydi'r broblem, meddai wrtho'i hun. *Mae gan bawb eu Yeshua eu hunain. Pob dyn yn creu Yeshua i siwtio'i fyd-olwg ei hun.*

Mae gan Kepha ei Yeshua, y *gwir* Yeshua. Mae gan Yakov ei Yeshua, ei frawd Yeshua. Mae gan Barnabya ei Yeshua, y Rabboni Yeshua. A nawr mae gan Paulos ei Yeshua, y *duw* Yeshua.

Yeshua i bawb. A 'run Yeshua'r un peth. Dyn mewn niwl. Adlewyrchiad yn y dŵr du.

Mae Kepha'n rhwbio'i wegil. Mae'n cofio Yeshua'n rhwbio'i wegil. Fel hyn. Fel yr oedd o wrthi nawr. Mae Kepha'n crafu ei groen. Mae'n cofio Yeshua'n crafu ei groen. Fel hyn. Fel yr oedd o wrthi nawr. Mae Kepha'n pigo crach. Mae'n cofio Yeshua'n pigo crach. Fel hyn. Fel yr oedd o wrthi nawr.

Mae'r ystumiau yma'n llinyn rhyngddynt. Llinyn bogail…

A Kepha yno –

o'r Nehar haYarden i Gulgalta,

o ddŵr yr afon at waed y pren,

o'r diffeithwch i'r dinasoedd –

Yno… yno ond yn amau ei hun, amau bodolaeth Yeshua, amau ai ffaith oedd y Rabboni… ai dyn o gig a gwaed…

… nid oedd y Mashiach i fod i farw,
ond bu farw Yeshua,
bu farw'r Mashiach,
neu efallai…
na fu'r Mashiach farw –
Efallai… efallai efallai efallai
na fu Yeshua fyw –
A nawr –
Kepha'n diodde. Ei ben yn brifo. Ei reswm yn darnio. Ei stumog yn griddfan. Kepha'n crychu ei dalcen. Kepha'n llawn ansicrwydd a'r cwestiynau'r gorlifo –

A ddigwyddodd y pethau ddigwyddodd?

A ddigwyddodd Yeshua ar ei gefn yn yr anialwch, ei freichiau ar led?

A ddigwyddodd y trochi yn y Nehar haYarden, Yeshua o dan y dŵr, Yeshua'n codi o'r dŵr?

A ddigwyddodd dienyddiad Yohannan Mamdana?

A ddigwyddod dyrchafiad Yeshua, Yeshua'n cymryd yr awenau?

A ddigwyddodd Dilynwch fi?

A ddigwyddodd Jerwsalem ar y Pesach?

A ddigwyddodd y trawst ar Gulgalta?

A ddigwyddodd y gwaed ar Gulgalta?

A ddigwyddodd y darfod ar Gulgalta?

Kepha'n amau'i hun. Kepha'n amau'i gof. Kepha'n amau'i wirionedd ac yn amau'i Yeshua.

Pwy oedd *fy Yeshua i? A* oedd *fy Yeshua i?*

Ac mae'n troi at Yakov ac mae'n gofyn, Be ydi'r gwir, d'wad?

Ac mae Yakov yn edrych arno ac mae llygaid Yakov yn gul ac mae penderfyniad yn llygaid Yakov ac mae Yakov yn dweud, Rhaid i ni ollwng y ffrwyn ar ein dicter, Kepha. Mae'r byd yn y fantol. Mae'r mudiad yn y fantol. Mae enw fy mrawd yn y fantol, ei natur fel clai yn nwylo cerflunydd cyfrwys. Si ydi Yeshua ar strydoedd cefn Jerwsalem. Cysgod ar waliau Jerwsalem. Rhaid i'w enw bara yn arterïau'r ddinas – a thu hwnt.

Edrycha Kepha o'i gwmpas –
ar y tlawd,
y truan,
yr Iddewon –
yn disgwyl yr ARGLWYDD,
yn ei ddisgwyl wrth y Deml,
yn ei ddisgwyl ers y cyfamod rhwng yr ARGLWYDD ac
Abraham,
yn ei ddisgwyl ers y gwaed ar gapan a dau bost y drws,
yn ei ddisgwyl ers we'lle shamot, yr exodus o Mitsrayim,
yn ei ddisgwyl ers Gulgalta,
yn ei ddisgwyl ond dim hanes ohono –

4

Llwgu?

Ie, dyna mae Kepha'n ddweud, meddai Barnabya. Ac ma'n nhw
moyn cynhaliaeth.

Paulos a Barnabya'n bwyta'n nhŷ Loukios. Loukios y meddyg.
Loukios am ysgrifennu. Ysgrifennu'r gwirionedd. Gwirionedd
Iesous. Gwirionedd Paulos. A Paulos wedi ei ysgogi –

A'i geg yn llawn, yn cnoi a chnoi, Paulos yn dweud, Mae
ganddynt gynhaliaeth – neges y Christos Iesous. Beth sy'n bod ar
y bobl yma? Maent yn fy erlid i a nawr maent yn gofyn i mi am
gymorth. Weli di, Barnabya, bod hyn yn arwydd mai *ni, fi*, sydd yn
pregethu'r neges wir. Trwydda *i* mae'r Christos Iesous yn
datguddio'i fwriad. Dyma lle rwyf fi, yn Antioch. Rwy'n byw'n
dda. Mae'r ARGLWYDD yn fy nghynnal i. A dyna lle maent hwy.
Wedi colli'u ffordd. Yn llwgu, yn llwgr.

Mae newyn yn Jerwsalem, meddai Barnabya.

Newyn am y neges. Newyn am ysbryd yr Adonai. Am y
Pneuma. Beth ddywedodd y Christos? Dweud mai nid ar fara'n

146

unig y mae dyn yn byw, ac mae'r rhain yn galw am fara heb feddwl am y pethau pwysig. Ydyn nhw'n ddall? Onid ydynt yn gweld bod y Dydd yn dod. Dydd dychwelyd y Christos? Rydw i wedi cael llond bol arnyn nhw, Barnabya. Maent yn meddwl eu bod nhw'n well na fi. Honni eu bod nhw wedi cerdded gyda'r Christos, wedi ei gofleidio, wedi clywed ei lais, wedi trin ei friwiau. Ond nid gyda'n clustiau yr ydyn ni'n clywed ei neges – gyda'n calonnau. Nid trwy'n rheswm ond trwy'n ffydd.

Paulos yn cnoi.

Barnabya'n dweud, Fe ddylen ni helpu. Mae Kepha wedi gofyn i ni ddod gartre –

Gartre? Tarsos yw fy nghartre i.

Wel, mae wedi gofyn am gyflenwad. Mae'n brin arnynt, Paulos. Bydde'r Christos wedi –

Beth wyt ti'n wybod be fyddai'r Christos wedi ei ddweud neu ei wneud ar adeg fel hon, Barnabya? Trwydda *i* mae'n siarad.

A thawelwch ond am y cnoi.

Ac yna Barnabya'n dweud, Mae yna Iddewon alltud yn eu plith. A'r Cenedl-ddynion. Cenedl-ddynion sydd wedi clywed yr efengylau, sy'n dilyn y Christos, sy'n frodyr i ni, Paulos. Cenedl-ddynion sy'n galw'u hunain yn Christianos.

Pam maent yno?

Mynd i'r Deml. Mynd i offrymu –

Does dim rhaid. Sawl gwaith sydd rhaid i mi esbonio?

Ond, Paulos, mae rhai am ufuddhau i'r Gyfraith o hyd.

Trwy gredu yn y Christos mae gwneud hynny – ei waed, ei aberth, ei atgyfodiad. Gwelais o, Barnabya. Gwelais, clywais, deallais. Fe yw'r Gwaredwr Trydyllog. Tywysog y Llu. Fe'i dedfrydwyd ef i farwolaeth gan yr offeiriad. Ei ddedfrydu i farwolaeth gydag archollion. Lladd y Christos gydag archollion – sawl gwaith sydd rhaid dweud wrthot ti?

Ac mae'n rhoi ei ben yn ei ddwylo ac mae'n ysgwyd ei ben ac mae'n dweud, Be wna i gyda'r dynion yma sy'n fy amau i?

Eu bwydo, meddai Barnabya.

5

Paulos yn cerdded trwy Antioch. Paulos yn gwthio trwy'r dorf. Paulos yn chwys, wedi ymlâdd. Y sgwrs gyda Barnabya'n tarfu arno. Y sgwrs am fwydo'r mudiad yn Jerwsalem. Y sgwrs am gynhaliaeth. Paulos wedi ei rwygo –

  Jerwsalem yn galw arno,

  Y Deml yn galw arno,

  Y Gyfraith yn galw arno,

  Iddew yw yn ei waed, yn ei esgyrn. Iddew oedd ei dad. Iddew oedd ei daid, ei gyndeidiau. Ni all wadu hynny er iddo geisio trwy gydol ei oes. Shaul wyt ti, oedd geiriau ei dad. Shaul fel fi, fel y brenin mawr. Na, arferai ddweud, Paulos wyf fi. Paulos Saoul Tarsos. Paulos Saoul Tarsos ar lwybr newydd nawr. Mae goleuni newydd yn ei arwain trwy dywyllwch bywyd. Golau'r Christos.

  Wrth fynd, mae Paulos yn mwmian y Mishnah a ddysgodd yn ddeg oed, dysgu fel Iddew bach da –

  dysgu a mwmian,

  mwmian trefn y Mishnah

  mwmian Zeraim,

  mwmian Moed,

  mwmian Nashim,

  mwmian Nezikin,

  mwmian Kodashim,

  mwmian Tohorot –

  Hei, ti!

  Llais yn torri ar draws ei feddyliau –

  Ti! Corrach!

  Mae Paulos yn stopio'n stond. Y dorf yn llifo o'i gwmpas. Antioch yn llifo. Y byd i gyd yn llifo. Ac ef yn graig, yn sylfaen. Mae'n troi'n ara deg. Troi at y llais sydd wedi ei sarhau.

  Corrach!

  Gair y bechgyn yn Tarsos. Gair pawb oedd yn ofni gwirionedd

Paulos. Ofni'r efengylau. Gair i'w sarhau pan nad oedd ganddynt ddadl i'w lorio.

Nawr mae'n wynebu ei heriwr.

Brigyn o ddyn. Gwallt du. Croen tywyll. Llygaid cul yn llifio i enaid Paulos. Ac mae fflach o adnabyddiaeth yn dallu Paulos am foment. Fflach sy'n ei hyrddio'n ôl flynyddoedd, i fyd arall, i'w fywyd o'r blaen, ei hyrddio i'r –

prosesiwn yn dod o'r ddinas,
Stephanos wedi ei stripio'n noeth,
Tri thyst ar ddeg,
wrth fan y bwrw cerrig,
daw un o'r tri ar ddeg ymlaen,
ti yw Paulos Saoul Tarsos sy'n siarad ar ran y tystion?
fi yw Paulos Saoul Tarsos –

Ac mae'r gŵr sydd wedi herio Paulos nawr yn dweud, Tystia, Paulos Saoul Tarsos... Wyt ti'n cofio'r gorchymyn hwnnw, gorrach?

Y ddau ŵr nawr yw'r unig ddau sy'n llonydd yn y môr sy'n tyrru trwy Antioch. Y ddau ŵr nawr, deg llath rhyngddynt. Y ddau ŵr – Paulos a'i heriwr.

Fi'n dy nabod di, meddai Paulos.

Wyt, mi wyt ti.

Fi'n frawd i ti.

Rwyt ti'n elyn i mi.

Fi wedi fy ngwaredu ac wedi fy medyddio yng ngwaed y Christos. Mae e wedi maddau fy mhechodau.

Dyna yw'r sôn, ond dwyf fi heb faddau i ti.

Nid dynion sy'n maddau. Yr ARGLWYDD sy'n maddau. Trwy aberth ei Fab. Pa bynnag bechod a gyflawnais yr adeg honno, fi'n ddyn newydd nawr. Dyn waredwyd trwy waed y Christos Iesous.

Fe erlidiaist ef. Fe'n herlidiaist *ni*.

Mae Paulos yn nodio'i ben i gyfeiriad ali fechan. Man tywyll, man tawel. Mae'r gŵr yn oedi. Mae Paulos yn codi ei ddwylo i ddangos nad yw'n arfog. Ac yna mae'n codi ei simlah. Dangos ei goesau byr. Dangos ei bidlan a'i geilliau. Dangos ei stumog. Ac mae'r dorf yn troi eu trwynau ac eraill yn chwerthin ac eraill yn poeri. Ac nid oes gan Paulos ddagr nac arfwisg ac mae'r gŵr yn gweld hynny. Ond nid yw noethni Paulos yn ei berswadio ac mae'n pwyntio at Paulos ac yn dweud, Mae gen ti agenda ond nid oes neb yn sicr ohoni.

Fy agenda i yw achub eneidiau, meddai Paulos.

Nid yw pawb yn dy gredu.

Mae miloedd wedi 'nghredu i.

Cefaist dy erlid o Jerwsalem gan Fudiad Yeshua, dyna'r hanes, meddai'r gŵr.

Clecen hen wragedd! Fy mrodyr yn y Christos yw Kepha a Yakov a'r gweddill. Y mathetes.

Nid dyna maen nhw'n ddweud, gyfaill.

Ti oedd un o'r saith oedd gyda Stephanos, ondyfe?

Ie. Nikanor.

Pwy fradychodd dy fudiad, Nikanor? Wyt ti'n gwybod?

Nid yw Nikanor yn dweud gair.

Mae Paulos yn dweud, Tyst wedi ei hurio oeddwn i ac yna anfonwyd fi ar eich trywydd gan yr ARGLWYDD fel rhan o'i gynllun mawr i fy ngwaredu a fy eneinio'n Apostolos. Ac, frawd, fe gefais faddeuant.

Nid gen i!

Paulos yn gwenu, yn ysgwyd ei ben, yn dweud, Roedd Diafol yndda i, Nikanor. Mae ym mhob dyn sydd heb ei waredu trwy waed y Christos Iesous. Mae ynddot ti. Wyt ti wedi dy waredu?

Rwyf yn Iddew, wedi f'enwaedu.

Yn yr ysbryd?

Mae Nikanor yn ystyried ac yna'n dweud, Mae dynion am dy waed di, Paulos Saoul Tarsos. I mi, ti yw'r tyst gondemniodd Stephanos i farwolaeth. Nid newydd wyt ti i mi, ond hen – hen elyn o hyd. Heb newid. Heb dy waredu.

Ond, Nikanor –

Rhaid i ti adael Antioch neu fan hyn fydd dy fedd di, meddai Nikanor.

Ac mae'n suddo i'r dorf.

Nawr rwyt ti am fynd i Jerwsalem. *Nawr* dwyt ti ddim. *Nawr* rwyt ti am fynd eto, meddai Barnabya. Rwyt ti'n newid fel y tymhorau, Paulos.

Bues mewn ymgom gyda'r Christos Iesous ac mae am i ni fynd â chynhaliaeth i'w ddilynwyr yn Jerwsalem. Fe sydd wrth y llyw.

Mae golwg salw arnat ti. Fel taset ti wedi gweld ysbryd –

Na, fi rêl boi, Barnabya. Wedi bod mewn ymgom. Wedi gwrando. Wedi deall.

A nawr y'n ni'n mynd?

Paulos yn nodio. Paulos yn pacio. Paulos yn paratoi. Ei groen yn crawni. Ei waed yn oeri. Bygythiadau'n cynyddu. Y byd yn ei erbyn. Gelynion yn Antioch. Gelynion yn Jerwsalem. Mynd o'r mwg i'r tân. Ond dyna yw bywyd gŵr sy'n dweud y gwir. Dyna yw bywyd Apostolos y Christos Iesous. Diafol yn ei hela. Diafol ym mhob twll a chornel. Diafol yn arfogi dynion y ddaear. A dim ond gwaed y Christos Iesous ddaw â iachawdwriaeth iddynt. Gwaed a gwaed a gwaed...

BAPTISMOS

1

Diolch i chi'ch dau am ddŵad mor bell.

Kepha'n swrth. Kepha'n bwdlyd. Kepha'n gyndyn ond yn gorfod gwerthfawrogi.

Mae'ch cyflenwad wedi bod yn fuddiol iawn i'r mudiad. Mae Yeshua'n diolch –

Rwyf fi'n gwybod yn iawn beth mae Yeshua'n ddweud, meddai Paulos wrtho.

Ac mae'r ddau'n syllu ar ei gilydd. Llygaid emrallt Paulos. Llygaid llwyd Kepha. Eu llygaid yn tryferu. Eu llygaid yn drilio. Atgasedd yn yr edrychiadau. Llid yn yr edrychiadau. Eiddigedd yn yr edrychiadau. Er bod eu geiriau'n sidan.

Mae rhes o aelodau'r mudiad yn aros tu allan i'r tŷ. Y tŷ yn Jerwsalem. Rhes o'r ifanc a'r hen. Rhes o ddynion a'u gwragedd. Rhes yn dod am y bwyd mae Paulos Saoul Tarsos a Barnabya Zacharias wedi ei drosglwyddo o Antioch. Oddi wrth yr addolwyr yn Antioch. Christianos cefnog Antioch.

Melltith ar Antioch, mae Kepha'n feddwl.

Ac mae Yakov yno ac mae yntau'n meddwl, *Melltith ar Antioch – a melltith ar Paulos, ac ar Barnabya am fod mor wan â chael ei ddylanwadu ganddo.*

Gair efo chdi, meddai Yakov nawr wrth Barnabya tra bod yr hen a'r ifanc, y dynion a'u gwragedd yn cyffwrdd me'il Paulos. Cyffwrdd me'il eu gwaredwr. Me'il, mantell offeiriad. Me'il, gwisg dyn o'r radd flaenaf. Me'il, clogyn drud.

Mae'r cythraul yn dangos ei hun, mae Yakov yn feddwl. *Pwy mae o'n feddwl ydi o?*

A nawr, tu allan i'r tŷ. Y tŷ yn Jerwsalem. Tu allan gyda

Barnabya. A Barnabya ar i fyny. Ond Yakov yn tynnu'r tir o dan ei draed.

Dy job di oedd sicrhau bod y brodyr yn Antioch yn clywed y neges *wir*. Roedd Kepha a finna'n meddwl dy fod ti wedi dallt geiriau fy mrawd. Ond dyma chdi yn gadael i'r cnaf Paulos yma garthu lol am Yeshua i'r rhai sydd wedi dod i gredu ynddo fo.

Barnabya'n gegagored. Y gwynt wedi mynd o'i hwyliau.

Fi wedi fy synnu, Yakov. Beth wyt ti'n ddweud? Mae Paulos – y *ddau* ohonon ni – wedi ennill nifer o bobl i'r achos ac wedi dysgu'r rhai oedd yn credu'n barod beth oedd neges y Mashiach.

A beth *oedd* ei neges?

2

Mai trwy ei waed y daw gwaredigaeth, meddai Paulos wrth Kepha.

A Kepha'n dweud, Roeddwn i efo fo am flwyddyn gyfan. Pob diwrnod. Nid unwaith – nid *unwaith* – glywish i o'n deud dim am ei waed o'n gwaredu.

Ni wrandewaist yn ddigon astud, meddai Paulos.

Gwaed Kepha'n berwi. Sgin ti'm cwilydd, d'wad?

Llais Kepha'n dawel. Môr llonydd. Ond o dan yr wyneb, terfysg. Ac yna –

Rwyt ti'n pregethu er dy fwyn di dy hun, Shaul. Er mwyn cael enw da. Dyna pam wyt ti'n galw dy hun yn Paulos. Enw crand. Enw'r crach. Be sydd o'i le efo Shaul? Be sydd o'i le efo enw brenin? Ia, perthyn i'r *byd* ydi dy awydd di, boi. Dyna sy'n dy yrru di. Dyna dy awch. Eisiau bod yn ben ar bethau. Ond tra bod Yakov yn fyw, fo ydi'r pen, yli. Fo ydi arweinydd y mudiad. Ac wedyn fi. Ac wedyn un o'r brodyr eraill oedd efo ni, oedd efo Yeshua. Y brodyr sy'n cadw Torat Moshe. Y brodyr sy'n ufudd i'r kashrut. Y brodyr sydd wedi eu henwaedu. *Nhw*, Shaul. *Ni*, Shaul. Ond byth, *byth* chdi.

Eiliad o dawelwch. Paulos yn ddisymud. Syllu i fyw llygaid Kepha. Syllu gyda thân yn ei edrychiad. Kepha'n syllu'n ôl. Kepha'n ceisio diffodd y tân.

Mae'n dweud, Dim ond trwy fyw'r Torat y daw dyn yn Iddew da. Ac mae'n rhaid i'r Cenedl-ddynion ddilyn yr un Gyfraith. Dyma'r cyfamod efo'r ARGLWYDD. Dyna ddywedodd Yeshua. Ro'n i yno pan ddywedodd o na fyddai'r un llythyren na'r manylyn lleia o Torat Moshe'n cael ei ddileu nes i'r *cwbl* ddigwydd. Nes i'r Deyrnas ddychwelyd. Nes bod Israel eto'n un llwyth.

Paulos yn gwenu. Paulos yn dweud, Na, nid dyna roedd Yeshua Mashiach yn ei olygu.

Rhu o grombil Kepha. Be?

Ond Paulos yn parhau. Na, na, Kepha, camddeall wnest ti.

Kepha wedi ei daro'n fud.

Yeshua Mashiach yw'r cyfamod newydd, meddai Paulos. Trwy ei ddilyn y daw dyn at yr ARGLWYDD. Trwy ei waed y daw'r byd i'r Deyrnas. A dweud roedd e na fyddai Torat Moshe'n cael ei ddileu nes bod ein hen fywyd wedi ei roi o'r neilltu a'n bod ni wedi'n geni o'r newydd trwy ei waed. Dyma yw'r baptismos – yr ymolchi defodol – dyma yw'r aileni. A dim ond ni, sydd wedi'n haileni fel hyn, ni sydd wedi cefnu ar y cnawd, gaiff fod gyda fe pan ddaw i'r byd. Kepha, gwranda. Fe atgyfododd. Cyffesa i ti ei weld. Paid ag ofni.

Kepha'n fud eto. Wedi ei synnu. Hyder hwn yn ei lorio. Geiriau hwn yn ei gloffi. Gwyddai fod eraill wedi honni iddynt weld Yeshua. Honni iddynt weld y Mashiach ar ôl Gulgalta. Ar ôl y gwaed, ar ôl y bedd a'r cŵn a'r brain. A Kepha'n sigo. Ei ffydd yn fflagio. A'r amau'n ffrwd eto –

a welish i be welish i?

profi be brofish i?

clywed be glywish i? –

A phryder Kepha'n dwysáu. Ei feddyliau'n chwyrlïo. *Neu ai hwn yw'r dyn go iawn? Y negesydd sydd wedi cael ei anfon? Y Shaul yma? Y Paulos yma? Mae ganddo fo fwy o addysg na fi. Dim ond llafur a chwys*

sydd gin i. Mae ganddo fo ieithoedd a sgrifen. Pwy dwi i gymharu? Mae'r
corrach yn fwy o ddyn na fi. A thra bydd hwn, fydda i'n ddim.

3

Dychwelyd i Antioch. Dychwelyd i'r byd sy'n gyfarwydd iddo. Dychwelyd at yr iaith mae'n gyfarwydd â hi ac at y bobl mae'n gyfarwydd â nhw. Dychwelyd er bygythiad Nikanor.

Ond rhaid wynebu ofnau. Rhaid herio Diafol. *Mae'r Christos gyda fi.* Ac wrth adael Jerwsalem, mae'r ias yn diferu ohono.

Ddof fi byth yma eto, mae'n addo iddo'i hun wrth eistedd yng nghefn y drol a'r drol yn rowlio trwy'r porth. Miloedd yn mynd a dod. Miloedd yn cyrraedd yma ac yn gadael. Pererinion o'r Ymerodraeth. Iddewon yn dod o bedwar ban. Dod i weld y Deml. Dod i fod o fewn cyrraedd i'r Cysegr Sancteiddiolaf lle triga'r YODH-HE-WAW-HE, yr Enw Cudd – yr ARGLWYDD. Dod i aros dyfodiad y Deyrnas.

Ond nid yno mae'r Deyrnas, mae Paulos yn feddwl.

Nid yn y Deml. Nid yn y Cysegr Sancteiddiolaf. Na, ond yng ngwaed y Christos Iesous mae'r Deyrnas. Gwaed a dywalltwyd fan acw. Ar y bryn acw. Ar Gulgalta. Gwaed yn boddi'r tir. Gwaed yn trochi'r nefoedd. Gwaed yn golchi Gehinnom. Gwaed y condemniedig. Gwaed y terfysgwr. Gwaed yr Iddew.

Y gwaed ar gapan a dau bost y drws. Y gwaed yn diferu o'r pren. Y gwaed fydd yn crasu'r ddaear –

Pam nad ydych yn deall hynny?

Ac maent yn dod yn ddwsinau, yn gannoedd, yn filoedd. Maent yn dod i Jerwsalem. Ac mae yntau'n mynd. Mynd yn un. Mynd o Jerwsalem.

Dychwelyd i'w gartre a dweud, *Byth eto, byth eto* wrth y ddinas hon. Mae'n troi ac edrych arni. Troi i ffarwelio. Troi a gweld Barnabya'n dilyn ar droed, llanc ifanc yn gwmni iddo.

4

Fy nai Ioannes Markos yw hwn, meddai Barnabya. Ma'n frwd dros
y neges. Wedi ei drwytho yn y gair gan y mudiad yn Jerwsalem.
Mae wedi ymolchi yng ngwaed Iesous. Ond nawr mae ei dad am
iddo ddychwelyd i Cipros.

Paulos yn gwawdio. A ni sydd i'w fwytho, felly?

Bydd yn gyfle i minnau fynd gartre, meddai Barnabya. Gweld
fy nheulu ac efallai bregethu'r newyddion.

Efallai? Yw'r newyddion yn dod yn ail i ti a dy deulu?

Nag yw, Paulos.

Mae'n swnio felly.

Fi'n pregethu'r newyddion bob cyfle. Rwyt ti'n gwybod hynny.

Paulos yn ei anwybyddu. Paulos yn edrych ar y llanc. Paulos yn
dweud, Beth amdanat ti, Ioannes Markos? Wyt ti'n pregethu'r
neges?

Ydw, syr.

Nid syr mohona i, meddai Paulos. Os wyt ti'n dilyn Iesous, dy
frawd ydw i. Wyt ti'n ei ddilyn?

Ydw, feistr, meddai'r llanc.

Paulos yn ochneidio. Paulos yn gofyn, Wyt ti wedi dy fedyddio?

Ydw, feistr.

Wyt ti wedi dy enwaedu?

Wrth gwrs, feistr.

Yn dy ysbryd? Yn dy galon?

Mae Ioannes Markos yn gegagored. Mae'n edrych ar Paulos.
Mae'n edrych ar Barnabya.

Ta waeth nawr, meddai Paulos ac yna mae'n meddwl, *Fel hyn
maent i gyd, yr ifanc sy'n heidio o'r Diaspora – yr Alltudiaeth – i
Jerwsalem. Heidio i wlad yr addewid. Wedi eu dallu gan Yakov, gan Kepha.
Wedi eu dallu gan yr Iddewon sy'n honni eu bod nhw'n adnabod Iesous y
dyn. Gan y ddau ŵr hwnnw a gan Avram a Yah'kob a Yokam a Judah a
Bar-Talmai a Tau'ma a Mattiyah a Taddai a Ya'kov bar Hilfai a Levi a
Shimon Kanai.*

Ond nid Iesous y dyn sydd yn bwysig i Paulos. Iesous y Christos. Iesous ar ôl y gwaed. Iesous ar ôl y pren. Iesous ar ôl y marw. Iesous ar ôl yr atgyfodiad. Y Gwaredwr Trydyllog –

(o gyff Yishay blaguryn a dyf o'i wraidd o Dav'id a hwn fydd Tywysog y Llu ac fe ddedfrydant ef i farwolaeth gydag archollion yr hakohen hagadol yn gorchymyn ei ladd lladd y –)

Ac mae'n cofio'r hyn ddywedodd wrth Hanina a Shiphrah – Maent i gyd wedi camddeall. Pawb a ddaeth o fy mlaen. Wedi drysu. Roedd yn *rhaid* i'r Mashiach farw. Ei drywanu. Ei ladd ganddynt er mwyn iddo fyw eto. Er mwyn i ni gael byw trwyddo fe.

Ond mae Mudiad Yeshua yn erbyn hyn ac yn ei erbyn ef. Ac mae'r ffaith i'r aelodau ddweud, Rydym wedi cerdded gyda Yeshua Mashiach, rydym wedi bwyta ac yfed a byw gyda Yeshua Mashiach, yn rhoi mantais iddynt. Mantais dros Paulos yng ngolwg llanciau fel Ioannes Markos –

llanciau fel hwn heidiodd o bell i gusanu'r foch gusanodd foch,

llanciau fel hwn heidiodd o bell i edrych i fyw'r llygaid edrychodd i fyw'r llygaid,

llanciau fel hwn heidiodd o bell i glywed y lleisiau glywodd y llais,

llanciau fel hwn yn cael eu denu, eu dallu, eu twyllo, eu dedfrydu –

i'r Infferno tragwyddol –

Iawn, meddai Paulos. Fe gaiff ddod gyda ni ac fe awn ag ef gartre.

5

Barnabya rhwng dwy stôl. Wedi ei rwygo. Maen tramgwydd yn ei wynebu –

Mudiad Yeshua'n atseinio o hyd. Neges y mudiad o lygad y ffynnon. Geiriau Iesous Christos yn fyw trwy Yakov a Kepha a'r gweddill. Y rhain a gerddodd gyda'r Christos. Y rhain a'i gwelodd fel dyn. A'r neges oedd Dilynwch fi. Y neges oedd – Y Deyrnas. Y neges oedd – Israel yn un llwyth o dan un duw, un deml, un gyfraith – Yehovah, Beit HaMikdash, Torat Moshe. Iesous Christos yn ben ar y byd newydd. Gwaredwr wedi ei addo. Gwaredwr wedi ei broffwydo. Ond nid oedd y Gwaredwr i fod i farw. Ond marw fu hanes Iesous. Fe welodd Kepha fe'n marw. Fe welodd Yakov e'n marw. Fe welsant ei waed. Fe welsant ei boen. Fe welsant yr hoelion. Fe welsant ei gorff yn cael ei daflu i fedd a –

gwelsant ei gorff yn dod o'r bedd,

gwelsant yn eu trawma,

gwelsant yn eu harswyd,

gwelsant yn eu cyflwr,

a Kepha'n dweud, Mae o'n dal gyda ni, mae o'n fyw,

a Yakov yn dweud, Yn fyw trwyddan ni,

Ond – ond – ond –

Ni welodd Barnabya'r Mashiach,

ni chlywodd ei lais,

ni chyffyrddodd yn ei archollion fel roedd sôn bod Tau'ma wedi ei wneud er nad oedd Tau'ma erioed wedi dweud gair o'i ben am hynny,

ac yr *ond – ond – ond* yn para –

Ac yna –

Paulos Saoul Tarsos o blith yr Hebreaid.

Paulos Saoul Tarsos o blith y Cenedl-ddynion.

A'i neges yntau'n atseinio. Neges i Iddewon alltud. Neges i ddynion y Diaspora. Neges am y gwaed, nid am y Deml. Neges am ddod o farw'n fyw, nid am fyw ac yna marw. Neges am y Gwaredwr Trydyllog. Fe'i hatgyfodwyd gan yr Adonai er mwyn i ni gael byw. Ein pechodau wedi eu glanhau. Yr ymolchi defodol. Baptismos. Ein bedyddio yn ei waed. A thrwy'r gwaed daw gras. Neges i'r byd. Neges a ddaeth i Paulos wedi iddo dreulio blynyddoedd mewn ymgom gyda'r Christos Iesous. Blynyddoedd mewn ogof yn Kumr'an. Achubodd fi yn Dammasq er nad oeddwn i am gael fy achub, meddai Paulos. Daeth goleuni i'm llygaid dall. Cefais y gair trwyddo Ef, nid trwy ddynion.

Y neges o lygad y ffynnon unwaith eto.

Ond oddi wrth y Christos ei hun y tro hwn. Nid trwy'r dynion oedd yn ei ddilyn. Y Christos mewn ymgom gyda Paulos. Y Christos wedi dewis Paulos. Y Christos wedi galw Paulos. Y Christos wedi dod â goleuni i lygaid Paulos.

Barnabya'n ysgwyd ei ben –

Does dim dwywaith bod cael y gair trwy'r Christos ei hunan, wedi blynyddoedd mewn ymgom gydag ef, yn fwy o beth na gwrando ar ddynion yn dweud –

dyma ddywedodd Iesous yn Kfar Nahum,

dyma ddywedodd Iesous ar lannau'r Nehar haYarden,

dyma ddywedodd Iesous yn Gat-Smanim wrth droed Har HaZeitim –

Os daeth y Christos atgyfodedig at Paulos, cyfrai hynny'n llawer mwy na'r Iesous dynol yn pregethu yn Kfar Nahum a'r Nehar haYarden a Gat-Smanim.

Roedd y gwynt yn chwythu o blaid Paulos.

Ond gwyddai Barnabya fod stormydd yn dod. Ac wrth iddynt ymbellhau o Jerwsalem nawr, trodd i edrych dros ei ysgwydd ar y ddinas yn y pellter.

Oddi yno byddai'r stormydd yn dod. O furiau'r brifddinas. O galon danllyd yr Iddewon.

6

Fasa'n rheitiach i ni fod wedi rhoi taw arno fo, meddai Yakov.

Mae o wedi mynd a ddaw o ddim yn ôl, meddai Kepha.

Mae o'n dweud anwiredd am fy mrawd, yn ei hawlio fo iddo fo'i hun.

Ta waeth –

Ta waeth?

Tydi beth mae o'n ddeud yn Antioch a Cipros ddim o bwys,

Yakov. Mae o allan o'n clyw ni'n fan'no. Fa'ma sy'n cyfri. Jerwsalem. Israel. Rhaid i ni sticio i'r neges mai i'r Iddewon oedd y bregeth, nid i'r byd. Glywish i Yeshua'n deud hynny ac mi wna i lw ar fywyd fy mhlant mai dyna ddywedodd o. Sticio i'r neges. Anghofio'r pregethwyr ffals yma. Bydd y gwir yn bownd o ennill y dydd.

Kepha'n tawelu. Kepha'n meddwl. Kepha'n amau.

Weithiau roedd hi'n anodd dweud pwy oedd yn bregethwr ffals. Weithiau roedd o'n amau'i bregeth ei hun. Weithiau roedd hi'n anodd gwybod be oedd yn wir.

Kepha'n aros i fynd i'r Beit HaMikdash. Aros i fynd i offrymu. Aros gyda'r Iddewon eraill. Aros am y Deyrnas. Ond y Deyrnas ddim yn dod. Proffwydoliaeth y Rabboni heb ei gwireddu – hyd yn hyn.

Ond ddaw hi'n wir ryw ddiwrnod, cyn hir, mae'n ddweud wrtho'i hun.

Bydd arwydd. Arwydd fel newyn. Dyna oedd gobaith rhai yn y mudiad, mai'r llwgu mawr oedd y sbardun. Y diodde'n agor drws y Qodes HaQodasim, y Cysegr Sancteiddiolaf lle triga'r YODH-HE-WAW-HE, yr Enw Cudd, yr ARGLWYDD. Agor y drws a'r ARGLWYDD yn ymddangos i Israel ac Israel yn un llwyth eto,

yn un llwyth eto o dan Un Deml, y Beit HaMikdash,

yn un llwyth eto o dan Un Duw, yr ARGLWYDD,

yn un llwyth eto o dan Un Brenin, Yeshua Mashiach –

Ond na. Nid heddiw. Nid nawr. Nid y newyn. Arwydd arall? Gwaed efallai? Rhyfel efallai? Neu farwolaeth. Marwolaeth un dyn. Gwaed un dyn. Aberth, offrwm, dagr, allor.

A'r bywyd yn hidlo ohono. Yn hidlo o'r un dyn. Yn hidlo i'r pridd. Yn hidlo i'r ddaear. Ei fywyd fydd yn crasu'r ddaear –

Ac yna mi ga i weld Yeshua eto, mae Kepha'n feddwl. *Mi ddaliwn i'r ddagr fy hun er mwyn i hynny ddigwydd.*

EUANGELION

1

Rwyf fi fel chi yn Iddew ufudd, yn cadw'r Gyfraith ac yn offrymu. Iddew sy'n ddinesydd Tarsos. Iddew alltud fel chi –

Paulos yn y synagog yn Salamis ar Cipros. Cipros, ynys Barnabya. Cipros, ynys Ioannes Markos. A Paulos ar Cipros yn pregethu –

Dyn dŵad yn Jerwsalem ydw i. Dieithryn. Dyn sy'n cael llygaid cul a sgyrnygiad gan fy mrodyr yn y ddinas honno er fy mod i – er ein bod *ni* – yn mynd yno i offrymu. Rydym gystal Iddewon â nhw –

Curo beinciau. Cyd-fynd. Cymeradwyo.

Paulos eto. Ac rydych chi wedi clywed sôn am y Christos, a bod rhai o fysg Iddewon Jerwsalem yn dweud ei fod wedi dod. Rydych chi wedi clywed am y Meshiykiyyim, ei ddilynwyr o fysg yr Iddewon –

Murmur. Cwyno. Dwrdio.

A Paulos eto. Treuliais flynyddoedd yn erlid y Meshiykiyyim. Bûm yn dyst yn erbyn sawl un. Roeddwn i'n falch pan ddedfrydwyd nhw i'r sekila. Credais fy mod yn elyn iddynt. Ac mae un ohonynt y credais ei fod yn elyn i mi nawr yn frawd.

Paulos yn nodio at Barnabya. Barnabya'n teimlo gwres yn ei fochau a chwys ar ei wegil. Llygaid Iddewon Salamis yn ei hoelio, yn ei ystyried.

A Paulos yn dweud, Un o'ch plith yw hwn. Dyn o Cipros. Iddew sy'n cadw'r Gyfraith. Iddew sydd wedi offrymu ar yr allor yn y Deml. Iddew sydd wedi bod o fewn cyrraedd i'r Cysegr Sancteiddiolaf –

Aelodau'r synagog yn ochneidio. Iddewon Salamis yn ochneidio –

Ac o fod mor agos at yr ARGLWYDD, fe welodd y brawd Barnabya'r gwir. Gwir ystyr y Gyfraith. Gwir ystyr yr offrwm. Gwir ystyr y gwaed ar gapan a dau bost y drws.

A beth yw'r gwir ystyr? meddai llais o'r gynulleidfa.

Ei farwolaeth ar y pren a'i atgyfodiad o'r bedd, meddai Paulos.

Llais yn holi, Marwolaeth pwy?

Llais arall yn gofyn, Atgyfodiad pwy?

Paulos yn dweud, Iesous ein Christos.

Beth? meddai sawl llais.

A Paulos eto. Mae nifer wedi gweld y Christos Iesous ers ei atgyfodiad. Cannoedd ar hyd a lled Israel. Llygad-dystion i'r cyfodi o farw'n fyw.

Rydyn ni wedi clywed am yr Iesous hwn, meddai pennaeth y synagog. Mae aelodau o'i fudiad wedi bod yma'n pregethu. Maent yn honni mai fe yw Brenin yr Iddewon a bod rhaid dilyn ei neges er mwyn cael mynd i'r Deyrnas. Ond cabledd yw hynny, a'r hanes yw bod y Rhufeiniaid wedi ei groeshoelio.

Nid y Rhufeiniaid a'i croeshoeliodd, meddai Paulos. Efallai mai eu milwyr oedd yn taro'r hoelion i'w ddwylo ac i'w draed. Ond nid nhw a ddedfrydodd y Christos i farwolaeth. Nage wir! Iddewon Jerwsalem a wnaeth hynny. Awdurdodau'r Deml.

Rhywun yn gweiddi, Gwarth!

Rhywun yn gweiddi, Rwyt ti'n dwyn camdystiolaeth!

Rhywun yn gweiddi, Cabledd!

Rwy'n pregethu'r gwir! meddai Paulos yn wyneb y gweiddi. Dyna'r broffwydoliaeth. O gyff Yishay. Blaguryn a dyf o'i wraidd, o Dav'id. A hwn fydd Tywysog y Llu. Ac fe ddedfrydant ef i farwolaeth gydag archollion. Clywais hyn gan y Christos Iesous ei hun ar lannau'r môr halen. Dysgais hyn gan yr Isiyim – yr Essenoi yn ein hiaith ni – sydd ar wahân i'r byd. Sydd mewn ymgom gyda'r ARGLWYDD a gyda'r proffwydi mawrion. Rwyf yn dweud y gwir. Fe ddysgodd y Christos Iesous ystyr ei neges i mi'n uniongyrchol.

Ond mae yna weiddi a sarhau. Mae yna dwrw a helynt. Mae yna wawdio ac amau.

Paulos yn tawelu'r dyfroedd. Dim ond trwy ei waed y daw gras. Rhaid i chi gredu yn y Christos Iesous fel iachawdwr neu fydd dim achubiaeth –

Ffor shêm, ffor shêm, yw'r gri.

Ac yna mae rhywun yn sefyll ac yn dweud, Cer at y Cenhedloedd ac adrodd dy chwedl am atgyfodiad iddynt. Maent yn credu pethau felly. Mae straeon ganddynt am dduwiau'n dod o'r bedd. Duwiau ymysg dynion. Ond dilynwyr y wir ffydd y'n ni yma. Un Duw, Un Deml.

Ac mae'r gweiddi a'r sarhau'n tanio eto. Ac mae'r twrw a'r helynt yn cynyddu. Ac mae'r gwawdio a'r amau'n cyrraedd cresiendo.

Tyrd o 'ma nawr, meddai Barnabya yng nghlust ei nai ifanc, Ioannes Markos.

A gadel Paulos?

Ie, nawr.

2

Mae'r gŵr yn gwylio wrth i Barnabya a Ioannes Markos sleifio o synagog Salamis. Mae'r gŵr yn gwylio wrth i Paulos eu dilyn funudau'n ddiweddarach. Mae'r dyn yn yfed gwin tu allan i'r taberna sydd ar draws y ffordd. Taberna – dim ond cwt ar y stryd, cynefin cnafon. Taberna – o ble daw arogl pysgod yn coginio. Mae'r gŵr tu allan i'r taberna'n gwylio ac yn gwylio. A daw perchennog y taberna at y gŵr a gofyn, Mwy o win, Bar-Shuma?

Dyma oedd ein Christos yn ei wneud, meddai Ioannes Markos yn frwdfrydig.

Maent hanner ffordd ar draws Cipros. Hanner ffordd rhwng Salamis a Paphos. Bron i gan milltir o daith. Cerdded pob milltir. Cerdded trwy'r gwres, bron i ugain milltir bob diwrnod. Cerdded tua'r gorllewin. Cerdded lonydd Rhufain. Cerdded. Paulos, Barnabya a Ioannes Markos. Cerdded. Cerdded a chroesi Gwastadedd Mesaoria ac

aros ar y ffordd,

aros yn y trefi,

aros yn Amathus,

aros yn Tremithous,

aros yn Kition,

aros gyda brodyr sydd wedi derbyn y Christos,

brodyr o fysg Iddewon alltud,

brodyr o fysg y Cenedl-ddynion,

brodyr i'w gilydd –

A Ioannes Markos yn parablu o hyd. Cerdded fel hyn. Cerdded oedd ein Christos. Ef a Kepha ac Avram a –

Cau dy ben, meddai Paulos.

Beth?

Chwaldodi fel hyn.

Dim ond dweud beth oedd ein Christos –

Beth wyt ti'n wybod?

Fi ddim ond yn gwybod beth mae Kepha a Yakov a'r –

Paulos yn gandryll. Beth maent hwy'n wybod?

Ond, feistr –

Wyt ti heb ddysgu dim, grwt?

Fi wedi dysgu llawer, feistr.

Nid y daith sy'n bwysig ond *pen* y daith, meddai Paulos. Nid yw'r llafur yma'n ddim. Nid oes ots am y chwys, am y blinder. Nid felly y daw iachawdwriaeth. Trwy ei *waed* y daw iachawdwriaeth. Sawl gwaith wyf fi i wedi *dweud* hyn wrthot ti?

Fi'n deall hynny, feistr, ond dim ond dweud oeddwn i am ein Christos yn cerdded trwy Galilea, a Kepha'n cerdded –

Paulos yn troi ac yn rhuo yn wyneb y llanc. Dwi ddim eisiau clywed enw'r cableddwr hwnnw eto, wyt ti'n deall?

Ac mae Ioannes Markos fel delw. Cab-cableddwr?

Ac mae Barnabya'n cydio yn ei fraich ac yn dweud, Tyrd, Ioannes Markos. Tyrd i gerdded gyda fi am ychydig a gadael i'r brawd fod.

Ac mae Barnabya'n tywys y llanc i lawr y ffordd, ei lusgo. A gadael Paulos. Ei adael ar ei ben ei hun. Ei adael gyda'i dduw a'i adael gyda'r Christos. Ei adael er mwyn iddo gael ymgom eto gyda'r Christos. Ac mae Paulos yn gofyn i'r Christos, Pam mai dim ond fi sydd yn deall, Waredwr? Pam mai dim ond fi sydd yn clywed? Ai fy mai i yw hyn? Ai fy methiant i yw'r ffaith na fedraf wneud i frodyr ddeall yr ystyr? Rho'r gallu yn fy nwylo, rho'r geiriau yn fy ngenau, rho'r nerth yn fy nghalon i mi ddangos iddynt mai fi yw'r un rwyt ti wedi ei ddewis.

Ac mae'n edrych ar ei ddwylo,
ac mae'n benysgafn,
a daw cur i'w ben,
a'i wynt yn fyr,
a'i gnawd yn pigo,
a chwys ar ei dalcen,
a goglais ar ei wegil,
a'i sgyfaint yn dynn,
ffit –
paid â fy erlid dilyn fi paid â fy erlid dilyn fi paid â fy erlid dilyn fi paid â fy erlid dilyn fi paid â fy erlid dilyn fi paid â fy erlid dilyn fi –
pendro nawr,
gwefusau'n grin,
pinnau mân yn ei ddwylo,
y felltith –

Na!
Nid melltith –
nid melltith nawr bod y Christos wedi ei iacháu,
nid melltith ond bendith,
bendith yw hyn,
arwydd yw hyn,
grym yw hyn,
grym yw'r ysgwyd hwn,
grym yw'r hercian,
tân y Christos,
tân –
tân –
tân –
Ac yna mae'n sadio ac yn dod ato'i hun a'i lygaid yn dyfrio a'r
haul mor boeth a llais yn galw –
Paulos, Paulos, Paulos –
A Paulos yn dal ei wynt –
y Christos yn ei alw –
Paulos, Paulos, Paulos –
A Paulos yn gweld i lawr y lôn bod Barnabya a Ioannes Markos
wedi stopio ac wedi troi i'w gyfeiriad a bod Barnabya'n chwifio'i
law ac yn galw, Paulos, Paulos, Paulos –
Ac o amgylch Barnabya a Ioannes Markos, criw o ddynion.

4

Kourion nawr. Kourion, diwrnod a hanner o daith o Paphos.
Kourion, a thŷ Timon.
Timon, un o'r saith.
Y saith –
Stephanos, Philippos, Prochoros, Nikanor, Timon, Parmenas,
Nicolaus.

Y saith oedd yn chwech ar ôl y sekila, y gosb ddedfrydwyd ar Stephanos –

Ar ôl i ti dystio yn ei erbyn, meddai Timon.

Paulos yn rhwbio'i ddwylo. Paulos yn chwysu. Paulos yn crensian ei ddannedd. Paulos yn siglo'n ôl a blaen. Ac yn cofio'r stryd yn Antioch. Ac yn cofio bygythiad Nikanor.

Rhaid i ti adael Antioch neu fan hyn fydd dy fedd di.

Fe adawodd. Ond efallai mai Cipros fydd ei fedd. Efallai mai Jerwsalem. Efallai mai Hispania, Britannia. Efallai fod y byd yn ei hela, ei fod yn brae i holl ddynion y ddaear –

Ofnodd hynny pan amgylchynwyd ef a'i gyfeillion ar y ffordd rai oriau ynghynt. Ond gweision Timon oeddynt. Gweision y Christianos. Gweision wedi dod i groesawu Paulos ar ran eu meistr. Ond ni fu croeso eu meistr yn gynnes hyd yn hyn.

Mae Barnabya'n dweud, Roeddwn i yno hefyd, Timon. Yno i gefnogi Stephanos. Yno'n elyn i Paulos Saoul Tarsos. Ond mae Paulos Saoul Tarsos yn gyfaill i mi nawr. Mae'n frawd. Mae wedi ei aileni trwy'r Christos. Wedi ei eneinio fel Esaias a Ieremia ac Elias, Danil, Ioánnes ho baptistés –

Barnabya'n defnyddio enwau'r proffwydi mawr mewn Koine –

Ac mae Paulos yn meddwl, *Cefais fy eneinio yn yr ogofâu. Fe ddaeth ata i ac fe gefais y neges ganddo ef. Nid gan ddynion. Nid o gnawd. Nid gan y rhai sydd yn dweud eu bod wedi dilyn.*

A Barnabya'n dweud wrth Timon, Mae'i neges i'r byd, frawd. Mae'r byd i gyd yn perthyn i'r Christos Iesous. A ry'n ni yma i bregethu'r neges i'r Cenhedloedd ac yn ddiolchgar dy fod ti'n fodlon ein cyflwyno iddynt.

Ie, wel, fi'n dal yn ansicr iawn, meddai Timon. Mae hanes gwaedlyd yn dweud arna i. Hanes y brawd hwn. Carlamodd o Jerwsalem i Dammasq ar drywydd y brodyr. Carlamodd gydag arfau a gyda'r arfog.

Ond beth ddigwyddodd iddo yn Dammasq, Timon? Fe wyddost ti'r hanes. Fe glywaist gan Chananiah, gan Kyros. Fi'n addo i ti, frawd, fel un oedd yno'n cynrychioli Stephanos pan gyhuddwyd ef, nid Paulos Saoul Tarsos y dydd hwnnw yw'r

Paulos Saoul Tarsos hwn. Mae'n enaid newydd trwy'r Christos Iesous.

Mae hyn yn anodd i mi, meddai Timon. Rwyf wedi gweddïo'n daer i'r ARGLWYDD ac wedi gofyn iddo am arweiniad.

Gefaist ti arweiniad? gofynna Barnabya.

Timon yn syllu ar Paulos –

Paulos yn rhwbio'i ddwylo. Paulos yn chwysu. Paulos yn crensian ei ddannedd. Paulos yn siglo'n ôl a blaen. Ac yn cofio'r stryd yn Antioch. Ac yn cofio bygythiad Nikanor.

... dy fedd di...

Nid yw Timon yn ateb ond yn hytrach mae'n gofyn, Yw e'n cael ffit? O'dd e'n cael ffitie, medden nhw.

Na, meddai Barnabya. Ysbryd y Christos Iesous sydd ynddo, Timon. Roedd y Christos Iesous ynddo erioed. Roedd wedi ei ddewis cyn ei eni.

Hyd yn oed pan oedd e'n dedfrydu sekila yn erbyn ein brodyr?

Ac meddai Paulos, Bûm i mewn ymgom gyda fy Ngwaredwr. Gwelais y Christos Iesous wedi ei atgyfodi. Gwelais ef yn yr araba yn Jwdea, yng ngarwdiroedd y dalaith. Gwelais ef yn yr ogofâu yn Kumr'an. Dysgodd i mi'r Ffordd. Dangosodd i mi'r Llwybr. Datgelodd i mi'r Ystyr. Ac ni elli di, Timon, ddadlau nad yw'r hyn yr ydw i wedi ei ddysgu i ti ac i'r brodyr eraill yn llai na'r gwir.

Rwyt ti'n gywir, Paulos, meddai Timon. Ond mae hi'n anodd i mi o hyd.

Mae blynyddoedd ers y sekila. Gŵr arall oeddwn ni. Gŵr oedd yn llawn pechod. Nid gŵr oedd wedi ei waredu trwy'r Christos Iesous. Gŵr o'r cnawd, nid gŵr o'r ysbryd. Wyt ti'n deall hynny?

Ydw, rydw i'n deall, meddai Timon.

A phe na bai'r Christos am i mi dystio'r diwrnod hwnnw, byddai wedi fy stopio i.

Timon yn dweud, Beth? Bu farw Stephanos am ddim rheswm? Dyna wyt ti'n ddweud?

Na, bu farw er mwyn i mi ddod i'r byd yn newydd, meddai Paulos. Merthyr oedd e i'r efengyl. Mae gyda'r Christos nawr ac fe ddaw i'r ddaear gyda'r Gwaredwr pan ddaw'r Deyrnas.

Timon yn crychu ei dalcen. Ond Paulos yn dal ati –

Rydym yn frodyr yn y Christos Iesous. Fi, ti, Barnabya, Stephanos. Rydym i gyd yn newydd yn ei waed. Nid cnawd ydyn ni nawr, ond ysbryd. A chyn hir bydd y byd i gyd yn derbyn y newyddion. Beth am i ni fynd ati yma ar Cipros?

Mae Timon yn oedi. Mae Timon yn nodio. Ond mae Timon yn rhybuddio –

Efallai dy fod wedi ein perswadio ni fan hyn, Paulos, ond mae gen ti elynion. Mae'r byd am dy waed di. Nid yw'r Meshiykiyyim yn meddwl llawer ohonot ti. Bydd nifer yn dweud nad wyt ti wedi edifarhau a nifer am ddial arnat am fradychu Stephanos ac am erlid ein brodyr. Paid ti ag anghofio hynny.

Wna i ddim anghofio, Timon. Ond paid ti ag anghofio, os yw dyn yn elyn i mi mae e'n elyn i'r Christos Iesous, ac i'r ARGLWYDD. Nawr, wyt ti am fy nghyflwyno i'r Cenedl-ddynion ar yr ynys sydd am gael eu gwaredu gan waed Iesous Christos?

5

Bar-Shuma'n gwylio o'r cysgodion. Bar-Shuma'n gwylio Paulos Saoul Tarsos yn bwyta o'r un bwrdd â'r Cenedl-ddynion. Bar-Shuma'n gwylio Paulos yn tanseilio Torat Moshe. Bar-Shuma'n gwylio Paulos yn rhacsio'r cyfamod. Bar-Shuma'n gwylio'r kashrut yn cael eu mathru, gwylio'r drosedd o fwyta ar wahoddiad eilunaddolwr. Bar-Shuma'n gwylio Paulos yn arwyddo'i warant marwolaeth ei hun.

Ac fe suddwn i'r ddagr i dy galon fy hunan, raca.

Dagr Jerwsalem. Dagr Yeshua Mashiach. Dagr Kepha.

Ond nid yma i ladd mae Bar-Shuma. Yma i darfu. Yma i gasglu gwybodaeth. Yma i rannu cyfrinachau.

Bar-Shuma'n crensian ei ddannedd. Bar-Shuma'n gwasgu ei

ewinedd i gledrau ei ddwylo. Bar-Shuma'n chwysu – gormod o win yn y taberna dros y dyddiau diwethaf.

Yna llais –

Marana Tha.

Bar-Shuma'n amneidio. Bar-Shuma'n troi at y llais. Llanc ifanc yn y cysgod. Llanc ifanc a'i groen yn lân a'i lygaid yn ddisglair. Llanc ifanc a ddaeth gyda'r cableddwr Paulos Saoul Tarsos. Llanc ifanc oedd yn asiant cudd.

Bar-Shuma'n edrych i fyw llygaid y llanc heb ddweud gair.

Ofn yn llygaid y llanc.

Mae'n dweud eto, M-M-Marana Tha.

Tyrd, ARGLWYDD. Gweddi yn iaith Yeshua. Gweddi mewn Aramaeg.

Ac mae Bar-Shuma'n gwenu.

Diolch i'r drefn, meddai'r llanc gan ochneidio.

Beth yw dy enw?

Ioannes Markos.

Yohannen yn yr Hebraeg, meddai Bar-Shuma.

Ie. Ond Ioannes yn haws i'r byd.

Beth yw'r byd i ni, Yohannen?

Ie, beth yw'r byd?

Ble mae dy ewyrth?

Mae wedi mynd i weld ei deulu.

Dwyt ti ddim am weld dy dad a dy fam?

Rwyf wedi eu gweld. Ond y mudiad yw fy nheulu nawr. Nhw yw fy mrodyr. Dyna ddywedodd y Mashiach, ondyfe? Mai'r rhai oedd gyda fe oedd ei deulu?

Ie, dyna ddywedodd e. Fe glywodd Kepha fe'n dweud hynny. Kepha a'r dilynwyr eraill. Ond nid hwn –

Ac mae Bar-Shuma'n gwylio o'r cysgodion. Mae'n gwylio Paulos Saoul Tarsos o'r cysgodion. Mae'n gwylio cableddwr o'r cysgodion.

Mae Bar-Shuma'n dweud, Edrych arno'n mynd yn groes i'r Gyfraith, Yohannen Markos. Nawr, yw e'n dy amau di?

Mae Ioannes Markos yn cochi.

Beth wyt ti wedi'i wneud? meddai Bar-Shuma.

Fi'n methu cau fy ngheg weithiau.

Bar-Shuma'n cythru yn sgrepan y llanc a sgyrnygu i'w wyneb. Beth wyt ti wedi ei wneud?

D-d-dywedodd Kepha wrtha i am beidio â dangos gormod o fy nghefnogaeth i neges y mudiad, ac yn hytrach seboni Paulos. Ond-ond weithiau fi ar dân gymaint dros Fudiad Yeshua, dros y Mashiach – fi'n rhoi fy nhroed ynddi.

Dwyt ti heb ddweud mai cynrychioli Kepha wyt ti, nac wyt?

Na, ond fi wedi datgan fy edmygedd –

Bar-Shuma'n rhoi clustan i Ioannes Markos. Ioannes Markos yn gwingo. Bar-Shuma'n edrych o'r cysgodion i gyfeiriad Paulos Saoul Tarsos sydd yn tanseilio Torat Moshe, sy'n rhacsio'r cyfamod, sy'n mathru'r kashrut.

Yw e'n amau?

Ioannes Markos yn rhwbio'i foch ac yn ysgwyd ei ben.

Rwyt ti'n siŵr, nawr?

Fi'n siŵr. Dyw e'n hidio dim amdana i. Mae e'n meddwl mai rhyw grwt di-nod ydw i gyda fy mhen yn y cymylau.

Bar-Shuma'n codi ei sgwyddau fel pe bai'n cytuno â Paulos Saoul Tarsos. Yna mae'n dweud wrth Ioannes Markos, Mae'n bryd i ti ddychwelyd i Jerwsalem.

Nawr?

Ie, nawr!

Pwy sy'n dweud?

Fi sy'n dweud!

Yw-yw Kepha'n dweud?

Clustan arall. Gwingo eto.

Ti moyn slap arall?

Ioannes Markos yn rhwbio'i foch. Ioannes Markos yn ysgwyd ei ben.

Cer gartre, meddai Bar-Shuma. Mae Kepha a Yakov moyn dy adroddiad. Beth fydd dy adroddiad?

'Yf fi fod i ddweud wrthoch chi?

Clustan eto. Gwingo eto.

Peidiwch â 'nghuro fi, meddai Ioannes Markos.

Peidiwch â 'nghuro fi, gwawdia Bar-Shuma. Jest cer nawr. Cer i adrodd i Fudiad Yeshua bod Paulos Saoul Tarsos wedi bwyta gyda chŵn o wledydd y Cenhedloedd. Nad yw'n cadw'r Gyfraith. Ei fod yn denu'r Cenedl-ddynion i'w eglwys. Cer i ddweud ei fod yn enllibio Kepha a Yakov a'r mudiad. Cer i ddweud ei fod yn cableddu.

Ioannes Markos yn oedi. Ioannes Markos yn syllu o'r cysgodion. Ioannes Markos yn gwylio Paulos Saoul Tarsos. Ioannes Markos yn dweud, Mae ganddo dân.

Beth?

Paulos. Mae ganddo dân. Tasech chi'n gwrando arno fe, weithiau ry'ch chi cael eich hunan yn credu –

Clustan eto. Gwingo eto.

Cer, raca. Cyn i mi dy flingo di.

6

Nid fy nghyfrifoldeb i oedd y llanc, meddai Paulos.

Ie, dy gyfrifoldeb di, meddai Barnabya. Yn enwedig tra oeddwn i'n ymweld â fy mam.

Beth wyt ti'n gyboli? Rwyf fi yma i bregethu neges y Christos Iesous, nid i warchod rhyw laslanc.

Bydd ei rieni o'u co.

Beth yw hynny i mi?

Ac mae Barnabya'n syllu i fyw llygaid Paulos ac mae Paulos yn syllu i fyw llygaid Barnabya ac mae gelyniaeth yn eu llygaid a gwaed drwg rhyngddynt.

Nawr, y ddau ar risiau synagog yn Paphos.

Beth bynnag, meddai Paulos, roedd y llanc yn rhy agos at Kepha, yn addoli'r sgotwr bron iawn. Nid yw hynny'n iach, Barnabya. Eilunaddoliaeth yw hynny. Gwell o lawer ei fod wedi dychwelyd i Jerwsalem ac i'r nyth gwiberod hwnnw.

Barnabya'n mudferwi. Barnabya'n corddi. Barnabya'n ystyried.

Mae'n dweud, Fe ddywedodd rhywun wrtha i dy fod ti wedi bwyta gyda Chenedl-ddynion neithiwr.

Beth am hynny?

Wyt ti ddim yn credu bod hynny'n trefah, wedi ei wahardd?

Wyt ti heb ddysgu dim, Barnabya?

Fi wedi dysgu llawer iawn.

Dyna ni felly, meddai Paulos ac mae'n mynd am ddrws y synagog. Mynd i gael ymgom. Mynd i gadw wyneb. Mynd i fod yn Iddew. Mynd i wrando ar eiriau'r Torat.

Ac mae Barnabya'n edrych arno ac yn meddwl am hyn ac yn dweud, Rwyt ti'n ymddwyn fel Iddew, yn cadw'r Torat ar y naill law ond yn mynd yn groes iddi ar y llaw arall. Rwyt ti'n bwyta gyda'r Cenedl-ddynion. Rwyt ti'n dweud wrthynt nad oes angen iddynt enwaedu –

Be sydd yn bod arnat ti, Barnabya? Dyma'r neges wyt tithau wedi bod yn bregethu, hefyd. Os wyt ti'n amau, mae yna rywbeth o'i le.

Beth sydd o'i le?

Mae dy ffydd di'n gwegian.

Na, mae fy ffydd yn gadarn –

Ydi? Nid felly mae'n ymddangos i mi. Wyt ti wedi troi dy gefn ar neges Iesous? Wyt ti wedi gadael i gau bregethwyr sibrwd drygioni yn dy glust di? Rwyt ti'n wan, Barnabya. Rwyt ti wedi dy fendithio, wedi dy fedyddio, wedi dy aileni yn yr ysbryd. Ond am ryw reswm rwyt ti'n amau. Dim ond rhywun oedd wedi cymryd arno'i fod o wedi ei achub sy'n amau, Barnabya. Dim ond pechadur sy'n dal i bechu. Dim ond tramgwyddwr sy'n dal eisiau tramgwyddo. Cer o fy ngolwg i!

Ac mae Paulos yn rhoi hwyth iddo. Hwyth iddo nes bod

Barnabya'n baglu i lawr y grisiau. Baglu cyn sadio'i hun a syllu ar Paulos yn stompio'n flin i'r synagog. Stompio'n flin i'r synagog i gadw wyneb. Ac mae hynny'n mynd at graidd Barnabya. Ac mae gwaed drwg. Ac mae gelyniaeth –

HERMAHAS

1

Fe wn mai Iddewon yw nifer fawr ohonoch chi. Rwyf finnau'n un hefyd, meddai Paulos. Ond ein tras yw hynny. Nawr rydym yn greadigaethau newydd yn y Christos Iesous. Wedi'n haileni. Wedi marw ac wedi atgyfodi trwy'i waed –

Ekklesia Paulos yn Antioch. Ekklesia a sefydlodd yma. Ekklesia'n byrlymu gyda ffydd. Mae aelodau'r ekklesia'n gwrando arno. Talcenni wedi eu crychu. Ewinedd wedi eu cnoi. Eneidiau wedi eu gwaredu.

Dychwelodd i Antioch ar ôl y teithio. Dychwelodd ar ôl y milltiroedd mawr. Dychwelodd gyda'i ddwylo wedi eu rheibio'n fwy byth gan y gweu, a'i draed druan wedi eu darnio. Dychwelodd gyda dilynwyr newydd. Dychwelodd gyda'r Cenedl-ddynion. Dychwelodd gyda gelynion newydd. Dychwelodd gyda Barnabya. Dychwelodd a'i nerfau'n frau. Bygythiad Nikanor. Rhybudd Timon.

Nid oes Iddew na Chenedl-ddyn, dim ond Christianos, meddai. Dyna ydyn ni. Had Abraham. Nid o'r cnawd ond o'r ysbryd. Bydd y Christos Iesous yn dychwelyd cyn hir. Fe fydd yn dychwelyd ac yn sefydlu ei Deyrnas ar y ddaear. A ni, y cyfiawn sydd wedi credu ac wedi'n gwaredu, fydd gyda Fe. *Neb* arall.

Mae'r ekklesia'n murmur.

Fi'n deall eich bod chi'r Iddewon o hyd yn teimlo agosatrwydd at Jerwsalem. At y mudiad yno. At y *pileri* – mae Paulos yn poeri'r gair cyn parhau –

Ond y gwir yw, frodyr, nad yw Jerwsalem yn teimlo agosatrwydd atoch *chi*.

Mae'r ekklesia'n ochneidio.

Nid yw Kepha na Yokam na Yakov na'r brodyr eraill yn meddwl amdanoch chi o un dydd i'r llall. Jerwsalem yw pob dim. Eu neges nhw yw pob dim. Y neges i'r Iddewon yn Israel. Eu neges yw Dilynwch ni, dilynwch fywyd dyn, dilynwch y Gyfraith, enwaedwch, offrymwch, a dewch i'r Deyrnas. Dyna yw eu neges. Ond nid neges wedi ei chyfeirio aton ni yw honno, nage? Cofiwch hyn, frodyr. Antioch yw man geni'r wir ffydd. Y grediniaeth gywir. Man geni Christianos, y rhai cyfiawn. Nid Jerwsalem ond Antioch yw dinas yr ARGLWYDD.

Mae'r ekklesia'n ystyried.

A Paulos yn datgan, Rydw i'n dweud bod yn rhaid i ni dorri cwys unig a dilyn ein ffordd ein hunain.

Mae'r ekklesia'n cwyno.

Un yn holi, Beth wyt ti'n ddweud, frawd?

Dweud mai nid Jerwsalem na Mudiad Iesous yw'n dyfodol ni. Beth yw'n dyfodol ni?

Ein dyfodol yw Teyrnas yr ARGLWYDD. Dyfodol i bawb, i'r byd, i'r Cenhedloedd. Mae Jerwsalem yn taeru bod yn rhaid i ddyn ddod yn Iddew cyn iddo ddod i'r Deyrnas. Ond nid oes gan Kepha na Yokam na Yakov yr awdurdod i ddweud hyn. Nid ydynt yn deall y Gyfraith. Ni allant ddadansoddi. Gyda phob parch, llafurwyr a sgotwyr ydynt yno. Nid oes ganddynt yr addysg. Ni all Kepha ddarllen yn iawn. Shwt mae disgwyl iddo ddeall cymhlethdodau neges yr ARGLWYDD?

Ond roeddynt yn adnabod y Christos, meddai aelod o'r ekklesia.

Paulos yn crensian ei ddannedd ond yn dal ei dymer.

Gwrandewch arnaf fi! Trwy ddatguddiad y mae deall ystyr y Christos. Deall pam y'i hanfonwyd gan ei Dad, yr ARGLWYDD. Trwy ddatguddiad y mae deall ei aberth. Trwy ddatguddiad y mae deall y gwaed. Fe'i ganed yn Fab Duw pan atgyfododd, a thrwyddo Ef y cawn ddod at Dduw. Trwy ras, nid trwy lafur. Nid trwy chwys gweithiwr ond trwy waed Gwaredwr.

Ond mae brodyr o Jerwsalem yn dod yma i'n gweld, meddai aelod arall. Maent yn dod i drafod ac i bregethu –

Dod i ysbïo maen nhw, meddai Paulos. Peidiwch ag ymwneud â nhw. Neges gau yw eu neges nhw. Rydych wedi'ch cyfiawnhau trwy waed y Christos. Nid oes troi'n ôl. Mae'r Deyrnas yn dod. Mae dychweliad y Christos Iesous yn agos ac mae'n *rhaid* i chi fod yn iawn gyda fe neu i'r Infferno yr ewch chi. Beth mae Kepha a'r mudiad wedi bod yn ei ddweud ers blynyddoedd? Dweud bod y Deyrnas yn dod – fe ddaw hi heddi, o, fe ddaw hi fory, o, efallai'r wythnos nesa, y Pesach nesa. Ond frodyr, nid oes hanes ohoni. Nid yw Kepha'n gwybod dim. *Fi* gafodd ddatguddiad.

2

Paulos yn cerdded. Cerdded gyda Barnabya.

(gwaed drwg a gelyniaeth –)

Antioch tu cefn iddynt. Antioch yn y pellter.

Gysidraist ti erioed y gallet ti fod yn anghywir?

Beth?

Dy fod ti efallai wedi gwneud camgymeriad?

Be sy'n bod arnat ti, Barnabya?

Dim o gwbl. Dim ond sgwrsio rwyf fi. Holi.

Sgwrsio ffôl. Holi dwl.

Ond wyt ti'n cysidro hynny weithiau? Wyt ti'n amau dy hunan?

Cwestiwn ffôl i'w ofyn i greadigaeth newydd y Christos, i'r Apostolos.

Nag yw ddim. Dynion ydyn ni ar ddiwedd y dydd, ac fe all dynion wneud camgymeriadau.

Nid os ydynt yn iawn gyda'r Christos. Nid os ydynt yn credu ac wedi eu gwaredu. Y gwir yw'r gwir, Barnabya. Ac os wyt ti wedi derbyn Iesous Christos fel iachawdwr, mae'r gwir yn llifeirio trwy dy wythiennau.

Ie, ond wyt ti weithiau'n ofni dy fod ti'n anghywir?

Fy unig wendid yw nad wyf fi'n perswadio'r Cenhedloedd i gyd sy'n clywed y neges i gredu. Rhaid i ni deithio'r byd, Barnabya. Mae Cenhedloedd y ddaear yn ysu i glywed y neges. Maent yn erfyn am yr efengyl.

Paulos yn cerdded. Barnabya'n cerdded. Tawelwch rhyngddynt. Gwaed drwg rhyngddynt. Paulos yn meddwl, *Mae gelynion ym mhobman.*

Weli di, Barnabya? Weli di be sy'n digwydd? Rwyf fi, fel y Christos Iesous, yn cael fy erlid gan elynion. Gan rai sy'n cymryd arnynt eu bod yn frodyr i mi. Maent am fy ngwaed. Yr Iddewon yn fy herio. Maent yn cynllwynio yn fy erbyn. O Jerwsalem i Antioch i Cipros. Kepha a Yakov yn eu cyfarwyddo. Y Deml yn darparu adnoddau. Pawb yn gweithio gyda'i gilydd i fy nifa i. Ond edrych arna i, Barnabya. Edrych arna i. Rwyf fi'n llawn bywyd o hyd. Dyn yn fy oed a f'amser yn ddygn o hyd. Cerdded fel hyn. Cerdded o un pen i'r Ymerodraeth i'r llall. Cyn hir, mi awn i Rufain, Barnabya. Cyn hir bydd yr ymerawdwr ei hun yn cael ei fedyddio'n enw'r Christos. Bydd hynny'n brawf mai *fi* yw'r Apostolos. Tyrd nawr.

A Barnabya'n meddwl, *Mae hwn yn ddyn sy'n llawn egni. Nid yw diffyg bwyd na diffyg diod yn ei arafu. Nid yw'n conan. Nid yw'n sylwi dim ar gricymalau, ar chwysigennau, ar y gwres, yr oerni, y glaw, y gwynt. Nid yw'n poeni am ladron na bod asasiniaid ar ei sawdl. Mae'n ddigyfaddawd. Mae'i waed yn berwi gyda'r ffydd, y gwaed fydd yn crasu'r ddaear. Ond a yw Paulos yn colli ei ffordd? A yw'n rhoi ei hun ar bedestl? Ai fe yw'r neges nawr ac nid y Christos? Yw e wedi crwydro'n rhy bell oddi ar y llwybr cul, y neges wir? Y mae tân wedi cynnau, a byddwn i gyd yn cael ein llyncu yn y fflamau os na fyddwn ni'n ofalus.*

Lystra'n dilyn pythefnos o daith. Lystra'n dilyn pythefnos o chwys a chriciau a blinder. Lystra'n dilyn pythefnos o amau a dwrdio. Pythefnos o Paulos yn taeru bod y byd yn ei erbyn. Ond pa ots am y byd os mai ef yw Apostolos y Christos Iesous? Pa ots am y byd pan mae'r byd ar fin darfod? Pan mae byd newydd yn dod. Ac yn dod cyn hir. Byd newydd o fewn cyrraedd. Byd newydd i'w weld yn y pellter. A'r pellter hwnnw'n llai pell bob dydd.

Mae Barnabya eisiau gorffwys ond nid oes gorffwys i'w gael gyda Paulos. Dim ond mynd sydd gyda Paulos. Mynd tuag at y byd newydd hwnnw. Mynd nes eu bod yn chwys domen. Mynd nes eu bod wedi ymlâdd. Mynd nes bod cymalau'n gwegian. Dim ond mynd. Mynd o dre i dre, o ddinas i ddinas. Cenhadu i'r Cenhedloedd.

A mynd ati fel hyn –

Sefydlu eu hunain yn y farchnad. Sefydlu eu hunain fel gwehyddion. Gwneuthurwyr pebyll. A'r mynd a'r dod yn Lystra. Y mynd a'r dod ym mhob dinas, ym mhob tref. Y mynd a'r dod wrth i Paulos weu. Y gwehydd yn gweu. Ei ddwylo'n gwaedu. A gwaed a gwaed a gwaed a gwaed. A Paulos yn gweld y gwaed, yn ogleuo'r gwaed. Y gwaed yn diferu. Yn diferu o ddwylo'r gwehydd. A Paulos yn dysgu o'r gwaed. Yn dysgu'r gweu. Yn dysgu'r grefft. Ei ddwylo mawr. Ei ddwylo'n gwaedu. Gwaedu wrth weu. Chwysu wrth weu. Ond nid adrodd wrth weu –

nid adrodd o'r Torah,
nid adrodd y Mishnah a ddysgodd Paulos yn y synagog,
(*gorfod ei ddysgu*)
nid adrodd chwe threfn y Mishnah nawr –
Nawr, sgwrsio, ac yn dilyn sgwrsio, addysgu –
dysgu mai'r Christos Iesous oedd yr offrwm,
dysgu mai'r Christos Iesous oedd yr aberth,

dysgu mai'r Christos Iesous oedd yr achubiaeth,
dysgu mai'r Christos Iesous oedd y datguddiad –
A Paulos sydd yn gweu,
a Paulos sydd yn adrodd,
a Paulos sydd yn aros,
yn aros iddynt ddod –
Y Cenedl-ddynion yn dod,
yn dod i glywed,
i glywed yr efengylau.

Ac maen nhw'n dod ac maen nhw'n gofyn, Wnewch chi babell i mi?

A Barnabya'n cymryd y manylion a setlo ar bris.

A Paulos yn gofyn i'r cwsmer, Glywsoch chi am y Christos? Glywsoch chi am eich Gwaredwr? Glywsoch chi mai Ef yw Mab y gwir Dduw? Glywsoch chi ei fod wedi marw er mwyn i chi gael byw? Glywsoch chi ei fod wedi atgyfodi o'r bedd er mwyn i chi atgyfodi o'ch pechodau? Glywsoch chi mai Efe oedd yr offrwm dros eich camweddau?

Ac yna sgwrsio. Ac yna pregethu. Ac yna'r neges.

Ydych chi eisiau byw am byth?

Mae pawb eisiau byw am byth. Mae pawb eisiau paradwys. Mae'r Cenhedloedd wedi arfer gyda dynion yn feibion i dduwiau. Hanner duwiau. Maent wedi arfer gyda duwiau'n cyplu gyda morwynion. Maent wedi arfer gydag atgyfodi. Maent wedi clywed straeon am yr Iddew oedd yn cyflawni gwyrthiau, oedd yn allfwrw, oedd yn iacháu. Maent wedi clywed amdano ac er iddo farw, para mae'i enw. Para mae'i si ar strydoedd cefn y byd. Para mae'i gysgod ar waliau'r byd. Para mae'i neges yn arterïau'r byd. A phara fydd o tra bydd Paulos fyw. Tra bydd ei neges yn llifo o ddinas i ddinas, o dre i dre, o galon i galon.

A nawr –
  ar ôl sefydlu yn Lystra,
  ar ôl denu trwy weu,
  trwy chwysu,
  trwy waedu,
  trwy adrodd –
Nawr mae'n pregethu ar sgwâr y dre a nawr mae'n dweud,
Mae'r dynion sy'n cael eu bedyddio yn enw'r Christos wedi cael
eu hachub, a phan fydd y byd newydd yn dod – ac mae'n dod yn
fuan, frodyr – bydd y rhai hynny'n byw'n dragwyddol. Nid cnawd
ydyn ni sydd wedi derbyn y Christos. Nid cnawd, nid gwaed.
Mae'i waed, ei farwolaeth a'i atgyfodiad wedi'n trawsnewid ni.

Ond onid proffwyd i'r Iddewon oedd y gŵr hwn? meddai
rhywun.

Paulos yn llygadu'r dyrfa. Paulos yn teimlo'r her. Paulos yn
llyncu, ei gorn gwddw'n sych. Ond mae'n tagu ac yn dweud, Mae'i
neges i'r byd, i'r Cenhedloedd.

Llais arall o'r dyrfa. Ond mae Iddewon yma'n Lystra'n dweud
mai nid ef oedd y Christos, mai cableddwr oedd e.

Beth ydych chi'n ddisgwyl gan y rhai a'i lladdodd, meddai
Paulos –

(a'i ben yn curo a'i wynt yn fyr a'i gnawd yn pigo a'r curo'n ei ben yn
cynyddu.)

Ond, meddai rhywun arall, mae yma Iddewon yn ogystal sy'n
dadlau mai ef *yw'r* Christos ac er mwyn cael bod gydag ef yn
Nheyrnas ei Dduw, rhaid i'r Cenedl-ddynion ddod yn Iddewon.
Rhaid i ni dderbyn deddfau'ch proffwydi ac yn waeth na hynny,
gael ein henwaedu.

Y dyrfa'n cwyno. Y dynion ddim am waedu i gael
gwaredigaeth. Y dynion ddim am deimlo min y gyllell ar eu
pidlenni.

A Paulos yn dweud, Mae'r Christos Iesous wedi gwaedu ar eich rhan. Mae pwy bynnag sydd yn ei dderbyn wedi ei enwaedu yn yr ysbryd. Ni fydd angen i chi golli cnawd.

Pwy sy'n dweud hyn, nawr?

Fi, frawd, meddai Paulos wrth yr holwr. Cefais ymgom gyda'r Christos ar ôl iddo atgyfodi o'r bedd. Gwelais Ef ar ôl ei aberth. Dywedodd wrtha i, Cer at y byd, yn Apostolos i mi, a rho'r neges iddynt.

Mae dyn yn gofyn, A beth yw'r neges?

Atgyfodiad, meddai Paulos, i bawb.

Beth amdanaf fi?

Llais o'r dyrfa. Stŵr yn y dyrfa. Dwrdio yn y dyrfa.

Ac o'r dyrfa'n hercian, cloffyn. Hen beth mewn 'ezor. Hen beth ar faglau. Hen beth a'i groen fel lledr, ei wallt yn hir.

Meddwyn, meddai rhywun.

Bachgen-garwr, meddai rhywun arall.

A'r cloffyn eto. Beth amdanaf fi? A oes atgyfodiad i mi?

Llygaid Paulos yn dyfrio, drewdod y cloffyn yn taro'i ffroenau. Oes, frawd.

Mae'r cloffyn yn baglu ymlaen. Ei draed wedi chwyddo. Ei draed wedi plygu am i mewn.

Tyrd ataf fi, meddai Paulos.

Ac mae'r dyrfa'n gwylio. Ac mae'r cloffyn yn syllu. Ac mae Paulos yn aros. A daw'r cloffyn ato. Baglu, hercian, llusgo. Ac mae Paulos yn ei ogleuo'n gliriach ac mae'n cael pendro ac mae'i ben yn curo a'i wynt yn fyr a'i gnawd yn pigo a'r curo'n ei ben yn cynyddu…

Saf ar dy draed yn syth, meddai Paulos.

Mae'r dyrfa'n murmur. Mae'r cloffyn yn syllu.

Saf yn enw'r Christos Iesous, meddai Paulos.

Ac mae'r cloffyn yn dweud, Ond rydw i'n gloff ers i mi gael fy ngeni, ac –

Paulos yn taflu ffon y cloffyn. Paulos yn cythru'n ei freichiau. Paulos yn syllu i fyw ei lygaid. Paulos yn hisian, Yn enw'r Christos Iesous –

Ac mae'r fflamau yn llygaid emrallt Paulos yn brawychu'r cloffyn ac mae'r cloffyn yn hercian.

Ac mae Paulos yn sefyll ar flaenau traed y cloffyn ac yn sgyrnygu, ei lygaid yn fflachio, fflachio'n arallfydol, fflachio fel pe bai yna dduw ynddynt. Ond ni ŵyr y cloffyn pa dduw. A nawr mae'n glafoerio, poen yn ei fferau, poen yn ei fodiau.

A Paulos eto. Yn enw'r Christos Iesous –

Ac mae'r cloffyn yn rhoi gwaedd ac yn sythu ei draed. Ac mae fel pe bai ei esgyrn yn cracio ac yn ail-weu i'w gilydd. Y gwehydd yn eu gweu. Y gwehydd yn y nefoedd. Y gwehydd Christos Iesous yn gweithredu trwy'i Apostolos. Trwy'r un sydd wedi ei anfon. Trwy Paulos Saoul Tarsos.

A'r esgyrn yn asio. A'r cloffyn yn sgrechian. A'r cloffyn yn unionsyth. A'r dyrfa'n ochneidio. A Barnabya wedi ei synnu. Barnabya oedd wedi amau. Barnabya oedd wedi dwrdio.

Ond na –

Mae'r ARGLWYDD gyda Paulos heddiw. Mae'r Christos Iesous yn gefn iddo.

Ond nid yr ARGLWYDD a'i Fab Iesous sydd ar feddyliau'r dyrfa.

Maen nhw'n pwyntio at Barnabya ac yn datgan, Dyna Zeus, hwn yw Zeus –

Ac yna maent yn pwyntio at Paulos ac yn dweud, A hwn yw Hermahas, nod terfyn, y garreg filltir –

Ac mae sawl un yn dweud, Mae'r duwiau wedi dod i lawr atom ar lun dynion.

Mae'r cloffyn yn chwerthin fel dyn o'i go. Mae'n sgrialu i fysg y dyrfa. Mae'r dorf yn ei gofleidio. Mae'n diflannu i'w plith.

A dal i alw Zeus ar Barnabya a Hermahas ar Paulos y maent. Dal i ddatgan bod y duwiau wedi dod i'w mysg ar lun dynion.

Ac mae ofn ar Barnabya. Ofn cael ei alw'n dduw. Ofn wynebu diwedd gwaedlyd duw.

Ond mae Paulos yn danllyd. Mae Paulos yn gynddeiriog. Mae'n colli ei ben. Mae'n rhwygo ei ddillad. Eu rhwygo fel pe bai'n gwireddu defod y keriyah. Eu rhwygo fel mae disgwyl i riant sy'n colli plentyn eu rhwygo. Ond nid defod y keriyah yw hon. Ac nid galar tad a ddaw o'i enau –

Bodau dynol ydyn ni, o'r un anian â chi!

Mae'r dorf yn bagio. Mae'r dorf yn oedi. Mae'r dorf yn lleddfu.

A Paulos yn rhuo o hyd –

Cyhoeddi newyddion da i chi yr ydyn ni. Newyddion da i'ch troi chi oddi wrth y pethau hyn, oddi wrth y duwiau ffug yma fel Zeus a Hermahas. I'ch troi chi at y duw byw, yr unig dduw, yr ARGLWYDD. Yr ARGLWYDD a wnaeth y nef a'r ddaear. Yr ARGLWYDD anfonodd ei Fab Christos Iesous i wireddu'r cyfamod ac i farw er mwyn i chi, bob un ohonoch chi, gael byw! Roedd yn offrwm er mwyn eich pechodau.

Mae allan o wynt, ei ddillad yn rhacsiog. Syllu ar y dorf a'r dorf yn syllu'n ôl.

Ac ar ôl tawelwch, daw llais o'r dorf –

Dewch â theirw a garlantau. Offrymwch aberth i'r duwiau yma!

Ac mae'r dorf yn rhuo. Ac mae Paulos yn rhuo. Ac mae'n eu melltithio –

A'i ben yn curo. A'i wynt yn fyr. A'i gnawd yn pigo. A'r chwys yn powlio. A lleisiau'n atsain. A'i enw'n daran –

5

Mi ydan ni o Jerwsalem ac yn nabod y dyn yma, meddai'r cyfaill.

Ac rwyf fi o Antioch a fi'n addo i chi, wŷr Lystra, tarfwr yw e, meddai'r brawd arall.

Mae dwsin ohonynt. Dwsin o Iddewon. Dwsin wedi dod o Antioch ac o Ikonion ac o Jerwsalem.

A nawr yr ymwelydd o Ikonion sy'n siarad. Roedd ef a'i gyfaill yn pregethu yn fy nhref ac yn codi twrw rhwng yr Iddewon a'r Cenedl-ddynion. Rydym wedi byw mewn heddwch am flynyddoedd mawr. Ond fe ddaeth hwn a chodi nyth cacwn.

A'r un peth fydd yr hanes yn Lystra, meddai'r cyfaill o Jerwsalem.

Nid oes llawer o Iddewon yn byw yma, meddai'r swyddog o Lystra. Prin y bydd terfysg yma.

Nid oherwydd bod Iddewon a Chenedl-ddynion yn byw gyda'i gilydd mae peryg o derfysg, meddai'r brawd o Antioch. Paulos ei hunan yw achos y terfysg. Mae'n rhwygo cymunedau ar wahân, gyfaill. Mae'n tanseilio traddodiadau ac yn sathru ar dreftadaeth.

Ac mae'n dweud celwydd, meddai'r ymwelydd o Ikonion. Mae'n honni ei fod yn iacháu. Ond holwch y rhai mae'n dweud iddo roi golwg iddynt, neu'r rhai sy'n mynnu eu bod yn cerdded ar ôl bod yn gloff. Holwch a rhowch yr iachâd ar brawf.

Mae ganddoch chi un yma, meddai'r Iddew o Antioch. Cafodd Paulos ei alw'n dduw rai dyddiau'n ôl am iacháu cloffyn. Ond ble mae'r cloffyn nawr?

Ac mae'r swyddog o Lystra'n edrych ar y dynion. Yn edrych ar y dwsin. Y dwsin a ddaeth. Y dwsin o Iddewon. Y dwsin o'r byd i gyd wedi dod yma i Lystra i'w rhybuddio am ddyn oedd yn dduw, dyn oedd wedi ei alw'n Hermahas, nod terfyn, y garreg filltir.

Mae'r swyddog o Lystra'n meddwl, *Mae'n rhaid bod hwn yn ddyn peryglus i'r dwsin yma ddod mor bell.*

6

Rhaid i ni fynd, Paulos.

Beth? –

Paulos newydd ddeffro. Paulos yn ddryslyd. Barnabya'n ei sgytio. Barnabya'n dweud, Rhaid i ni fynd, ar frys.

Ac mae Paulos yn dod ato'i hun. Mae'n sigledig. Mae'n flinedig. Mae'n sychedig. Eisiau piso peth cynta. Eisiau rhechu.

Gad i mi –

Dim amser, Paulos, rhaid i ni fynd nawr.

Pam? Be sy'n bod?

Paulos ar ei draed. Paulos yn benysgafn.

Daw llanc trwy'r drws a dweud, Brysiwch!

Paulos yn gofyn, Pam mae golwg ofnus arnat ti, Timotheos?

Mae golwg ofnus arno, meddai Barnabya, oherwydd bod Lystra am dy waed.

Ond roeddwn i'n dduw rai dyddiau'n ôl.

Mae rhai'n dweud nad yw'r cloffyn wedi ei iacháu, meddai Timotheos.

Mae Barnabya'n hel ei bac. Mae Paulos yn sefyll yn ddryslyd yng nghanol y stafell. Heb ei iacháu? Fe ddywedais wrtho am sefyll yn unionsyth. Wnaeth e ddim sefyll? Dyna'r wyt ti'n ddweud, Timotheos?

Nid Timotheos sy'n dweud hynny, Paulos, meddai Barnabya. Lystra sy'n dweud hynny. Ac maen nhw'n dod.

Maen nhw'n dod, meddai Timotheos.

Ble mae'r cloffyn? gofynna Paulos. Dewch o hyd iddo ac fe welwch ei fod yn cerdded a'i fod wedi ei iacháu – nid gen i ond gan y Christos Iesous. Mae pwy bynnag sy'n dweud nad ydi o wedi ei iacháu yn gelwyddgwn. Rwyf fi am biso.

A thra bo Paulos yn piso daw cynnwrf o'r tu allan. Cynnwrf torf. Cynnwrf torf sydd am waed. Cynnwrf torf sydd am ddial.

O, mae hi ar ben arnom ni, meddai Timotheos.

Paid â siarad dwli, fachgen, meddai Paulos. Ac mae'n cofio'r bygythiadau. Eu cofio i gyd. Cofio Hirsh. Cofio Kepha. Cofio Nikanor. Mae'n dweud, Gwelais waeth na hyn. Mae'r Christos Iesous gyda fi.

Paulos, tyrd ar frys! meddai Barnabya.

Mae Timotheos yn edrych trwy'r ffenest a'i lygaid yn llenwi gyda braw. Mae haid ohonynt! O, Paulos, mae hi ar ben!

Fel hyn y mae hi, meddai Paulos. Yr Hebreaid yn uno yn fy erbyn. Iddewon y Deml ac Iddewon alltud. A'r Iddewon sy'n honni eu bod yn dilyn y Christos Iesous. Y rhai sy'n galw'u hunain yn frodyr i mi. Y rhai a rannodd fara gyda fi. Y rhai sy'n cynllwynio yn fy erbyn ac yn llefaru pethau llygredig.

Ac mae'n meddwl –
Shevat Binyamin,
Un ar ddeg yn erbyn un ym Mrwydr Giv'a,
Brwydr Giv'a, chwedl y llwyth,
Brwydr Giv'a, chwalfa'r llwyth,
400,000 yn erbyn 26,000,
cynghrair y llwythau'n difodi Shevat Binyamin,
dinistrio'i ddinasoedd,
difa'i ddinasyddion,
tywallt eu gwaed,
gwaed y llwyth,
gwaed a gwaed a gwaed a gwaed –
yr Hebreaid oll yn erbyn Paulos –
ac mae'n cau ei ddyrnau ac mae'n crensian ei ddannedd ac
mae'n gynddeiriog ac am ddial arnynt –

7

Y gosb yw dinistrio'r dyn. Y gosb yw bwrw cerrig.
    y gosb,
    y dyn,
    yr Iddew,
    y Christianos –
Paulos y Christianos. Paulos o Tarsos. Paulos yr alltud.
Paulos –
Brigyn o ddyn. Drewi fel ffoes. Lliain a elwir 'ezor am ei ganol.
'Ezor a dim dilledyn arall.
    Noeth ond am yr 'ezor a'i groen yn fudr a'i geg heb ddant ynddi
a'i farf yn glawdd drain a llyfiad y chwip yn lliwio'i groen –
    cleisiau'r pastwn,
    tolciau'r dyrnau,

a geriau yn ei gof,

geriau o'r gorffennol pell –

Y'ch chi'n wargaled, heb eich enwaedu yn eich calonnau na'ch clustiau. Y'ch chi wastad yn gwrthod y ruach hakodesh, ysbryd sancteiddrwydd, yn union fel yr oedd eich tadau yn ei wrthod. A fu proffwyd erioed na fuont yn ei erlid? Fe laddon nhw hyd yn oed y rheini oedd yn darogan dyfodiad y Tzadik, yr Un Cyfiawn. A nawr, nawr y'ch chi wedi bradychu'r Tzadik ac wedi ei fwrdro –

Ac mae'n meddwl, *Fy mwrdro i.*

Ac o'i amgylch, rhuo a rhegi. Ac o'i amgylch, gweiddi am gosb. Ac o'i amgylch, sgrechian am waed.

Y dorf,

yr anifail,

wedi ei reibio,

wedi ei lusgo,

ei lusgo trwy Lystra,

Lystra wedi gwylio,

Lystra wedi tystio,

tystio i'r terfysg,

a nawr –

Paulos ar ei draed. Paulos yn diferu gwaed. A'i waed yn y llwch. Ei waed yn crasu'r ddaear. Mae'r haul yn ei ddallu. Mae'r boen yn ei siglo. Mae'r synau'n ei ddrysu. Mae lleisiau'n plethu. Ond un llais yn codi. Yn codi o'r cacoffoni. A'r llais yn datgan –

Ti oedd yr Iddewon. Ti wthiodd law Rhufain. Ti osododd y patibulum, trawst fy artaith, ar fy ysgwydd. Ti a'm rhaffodd i'r pren fel anifail. Ti a drawodd yr hoelion trwy fy ngarddyrnau, trwy fy fferau. Ti a'm pliciodd oddi ar y pren. Ti a'm taflodd ar drol a'm rowlio at ymyl pydew, a ti a'm taflodd i'r pydew a fy nghladdu yno gyda'r deuddeg yma. Claddu Israel a'i Brenin. Ein claddu er mwyn i'r cŵn a'r brain a'r llygod ddod i fwydo. A ti oedd y cŵn, Paulos Saoul Tarsos. Y cŵn a'r pryfed. Ti oedd natur yn mynd ati i fy mhydru, i fadru fy neges, ei throi'n bwdr –

Ond Paulos yn dweud, Na, na, rwyt ti'n para... para ar ôl

marw... para ar ôl dy ddinistrio... para er dy drechu... para er dy sathru... para er dy gabledd... para yn hytrach na phydru... para, a fi sy'n dy gynnal –

Mae rhywun yn rhoi hwyth i Paulos ac mae'n cwympo ac mae'n griddfan ac yn troi ar ei gefn i wynebu ei erlidwyr. Ac mae Cyfraith Moshe Rabbenu'n mynd trwy'i feddwl. Mae Torat Moshe'n llifeirio –

Llaw y tystion a fydd arno yn gyntaf i'w farwolaethu ef, a llaw yr holl bobl wedi hynny. A thi a dynni ymaith y drwg o'th blith.

Ond nid tystion yw'r rhain. Nid tystion y sekila. Erlidwyr yw'r rhain. Gelynion y gair. Tri gelyn –

Yokam,

Yakov,

Kepha –

Mae Yokam, y gelyn cyntaf, yn codi carreg fawr uwch ei ben. Mae Paulos yn codi ei law. Mae Paulos yn dweud, Christos Iesous, derbyn fy ysbryd.

Mae Yokam, y gelyn cyntaf, yn taflu'r garreg at frest Paulos. Mae'i esgyrn yn malu. Mae'i sgyfaint yn rhwygo. Mae'i lygaid yn chwyddo. Daw gwaed o'i geg. Mae'n sgrechian.

Mae Yakov, yr ail elyn, yn codi carreg fawr uwch ei ben. Mae Paulos yn codi ei law. Mae Paulos yn dweud, ARGLWYDD, paid â dal y pechod yma'n eu herbyn.

Mae Yakov, yr ail elyn, yn taflu'r garreg at dalcen Paulos. Mae talcen Paulos yn ffrwydro fel ffrwyth. Mae'i benglog yn hollti. Mae'i ymennydd yn llifo. Mae'n griddfan.

Mae Kepha, y trydydd gelyn, yn codi carreg fawr uwch ei ben. Nid yw Paulos yn codi ei law. Nid yw Paulos yn dweud gair.

Mae Kepha, y trydydd gelyn, yn taflu'r garreg at wyneb Paulos –

Ac mae'r fwlturiaid yn crawcio a'r pryfed yn grwnan a'r cŵn yn prowla.

Ac mae'r cerrig yn bwrw'r corff –
Ac wrth i'r cerrig fwrw'r corff –
Hyn sydd –
Gwaed a gwaed a gwaed a gwaed –
Hyn –
Gwaed yn boddi'r tir. Gwaed yn trochi'r nefoedd. Gwaed yn
golchi Gehinnom. Gwaed y condemniedig. Gwaed y terfysgwr.
Gwaed yr Iddew.
Y gwaed ar gapan a dau bost y drws. Y gwaed yn diferu o'r
pren. Y gwaed fyddai'n crasu'r ddaear.
Y gwaed –
Y cerrig –
Y corff –
Y dyn –

9

A'r dyn yn llipa. A'i friwiau'n amrwd. A'i groen yn plicio. A'i esgyrn
yn dangos. A'i waed yn diferu. A'r cerrig yn bwrw. A'r boen yn
pylu. A'i synhwyrau'n merwino. A'r goleuni'n galw. A'r bywyd yn
hidlo ohono. Yn hidlo i'r pridd. Yn hidlo i'r ddaear. Ei fywyd
fyddai'n crasu'r ddaear.
A dyma'r darfod –
Yn y cerrig ac yn y gwaed –
A nawr –
Dynion yn ei lusgo a dynion yn ei daflu a dynion yn ei adael a
dynion yn chwerthin a'r chwerthin yn pylu a fyntau'n drallodus a
fyntau'n gig byw a'r haul yn ei rostio a'r fwlturiaid yn crawcio a'r
pryfed yn grwnan a'r cŵn yn prowla a brodyr yn dod a'r brodyr
o'i gwmpas a'r brodyr yn dweud –

Mae wedi marw –

Nac ydi ddim, edrychwch, mae'n anadlu –

Galla i weld ei sgyfaint –

Ac edrychwch, mae'i sgyfaint yn dal i sugno aer –

Ond edrychwch, frodyr, llanast sydd arno, prin ei fod yn ddyn –

Mae'n fwy na dyn, mae wedi ei atgyfodi –

Yn enw'r Mashiach –

Yn enw'r Christos Iesous –

Yn enw'r Christos –

Edrychwch! Edrychwch, mae'n –

Codi –

Yn codi o farw'n –

Fyw –

Mae'n fyw –

Mae Paulos yn fyw, meddai Timotheos.

Sut galle fe fod? meddai Barnabya.

Ond ma' fe, meddai brawd arall.

Nid yw'n bosib, meddai Barnabya eto.

Ac mae Barnabya'n edrych ar Paulos. Ond nid yw'n edrych fel Paulos. Nid yw'n edrych fel dyn. Cig yw. Cig ac esgyrn. Anifail wedi ei flingo. Creadur wedi ei dynnu tu chwith allan. Ni welodd Barnabya gymaint o waed. Gwaed a gwaed a gwaed a gwaed.

Rhaid i ni fynd â fe, meddai Timotheos. Mae'r cŵn yn hela a'r fwlturiaid yn aros. Ac edrychwch ar y pryfed. Rhaid i ni fynd â fe.

Brawd yn dweud, Ond sut gallwn ni? Mae gen i ofn ei gyffwrdd rhag ofn iddo ddatgymalu yn fy nwylo.

Ac yna –

Ma' fe'n codi, meddai Timotheos.

Ac mae'r brodyr yn ochneidio wrth i Paulos sefyll. Mae'i archollion yn farwol. Ei fyw yn wyrthiol. Y Christos Iesous yn anadlu ar ei ran. Y Christos Iesous wedi ei atgyfodi. Paulos yn ddarnau. Paulos a falwyd. Paulos a fu farw. Paulos sy'n para i fyw. Paulos a drechodd y cerrig. Trechu'r cerrig i sefyll. Paulos clwyfus yn sefyll. Paulos noeth ar ei draed.

A Timotheos yn dweud, Gorffwys, feistr, wir.

A Paulos yn dweud, Nid oes amser i orffwys.

A Barnabya'n dweud, Frawd, mae gennyt anafiadau dychryn-llyd, rhaid i ti wella.

Roedd anafiadau'r Christos Iesous yn ddychrynllyd hefyd, meddai Paulos. Ac nid fi ond y byd sydd angen gwellhad.

Ac mae'n baglu mynd am y ddinas. Baglu mynd ar esgyrn ei goesau.

Baglu mynd heb groen ar ei gefn. Baglu mynd a'r gwaed yn diferu. Baglu mynd a'r fwlturiaid yn crawcio. Baglu mynd a'r pryfed yn grwnan. Baglu mynd a'r cŵn yn prowla. Baglu mynd a'r byd yn aros.

Aros am y dyfodiad.

Dyfodiad y Christos Iesous.

10

Na, na, na, meddai Barnabya gan gerdded yn ôl ac ymlaen, yn ôl ac ymlaen. Na, rhaid i ni gadw draw, Paulos. Dywedaist na fyddet yn dychwelyd yno. A dwyt ti ddim ffit i deithio beth bynnag. Fyddi di ddim mewn cyflwr i fynd ar siwrne am wythnosau.

Fi'n iach fel cneuen, meddai Paulos.

Ond mewn gwirionedd, mae'n ddarnau o hyd. Ei esgyrn heb fendio. Ei friwiau'n amrwd. Ei gleisiau'n gas. Ei wyneb wedi ei lurgunio. Bu'n gorwedd ar ei wely yng nghartre Timotheos ers pythefnos. Bu bron iddo farw sawl gwaith. Ond diolch i'r Christos Iesous, cafodd fyw. A hynny, nawr, sy'n ei yrru eto i Jerwsalem.

Rhaid setlo hyn unwaith ac am byth, meddai.

Nid yw hi'n ddiogel, meddai Barnabya.

Beth wyt ti'n feddwl?

Nid yw pawb yn Jerwsalem yn gyfaill.

Pwy sy'n elyn, Barnabya?

Wyddost ti.

Na. Pwy?

Y Deml.

Y Deml?

Ie'r Deml.

Beth am y mudiad? Beth am Kepha, a Yakov, beth am Yokam?

Nid yw Barnabya'n ateb. Mae'n dweud yn hytrach, Rwyt ti angen mwy o ddŵr, fe a' i i mofyn dŵr.

Nhw fwrodd y cerrig, meddai Paulos.

Mae Barnabya'n troi i'w wynebu. Beth?

Nhw. Kepha, Yakov, Yokam.

Beth wyt ti'n feddwl?

Gwelais nhw yno. Gwelais nhw'n bwrw'r cerrig.

Gweld pethe oeddet ti, Paulos. Nid yw'r tri hynny erioed wedi gadael Israel. Trigolion Lystra oedd yn bwrw'r cerrig, fe welais –

Na, dwyt ti ddim yn deall. *Nhw* oedd wedi ysbrydoli'r ymosodiad. Gwelais, Barnabya. Cefais ddatguddiad gan y Christos Iesous. Ni elli ddadlau gyda hynny. Datgelodd i mi fy ngelynion. Y bleiddiaid mileinig sydd yn fy hela. Yr apostolion ffug a fydd yn denu'r disgyblion yn ôl at ddysgeidiaeth Jerwsalem. Yn ôl at y Gyfraith a'r Deml. Yn ôl at enwaedu. Ac mae honno'n bregeth lygredig, Barnabya. Nid yw'r dynion yma wedi deall y Gyfraith. Nid ydynt wedi darllen y proffwydi. Ni chawsant ddatguddiad gan y Christos Iesous. Rhaid i mi fynd i'w herio. Rhaid i mi roi stop ar hyn. Galw cyfarfod yn Jerwsalem. Galw pawb ynghyd. Pawb sydd yn credu yn y Christos – ac aelodau'r mudiad hefyd. Galw pob Christianos blaenllaw. Galw sýnodos er mwyn i ni benderfynu unwaith ac am byth pwy yw'r Apostolos.

Na, na, na, Paulos. Na!

SÝNODOS

1

Yn wythfed flwyddyn teyrnasiad yr ymerawdwr Tiberius Claudius
Caesar Augustus Germanicus, un mlynedd ar bymtheg ers
mwrdwr y Mashiach...

Y mis yw Nisan, y mis cyntaf. Y ddinas yw Jerwsalem, dinas yr
ARGLWYDD. Y lle yw'r Deml, y Beit HaMikdash. Yr awr yw'r
drydedd, yr awr weddi. Yr awr i offrymu arogldarth yn y
gysegrfan. Yr awr i aberthu oen y Tamid, yr oen cyntaf. Yr awr i
agor pyrth y Beit HaMikdash. Ond mae'r pyrth wedi eu hagor yn
barod i un. Un sydd wedi bod yn tarfu. Un sydd wedi bod yn taeru.
Un sydd wedi bod yn tystio. Un fu'n disgwyl ers yr awr gyntaf yng
Nghloestr Shlomo.

A'r dyn fu'n disgwyl nawr yn y Beth din shel Kohanim, llys yr
offeiriad. Ac o flaen y dyn, yr allor. Ac i'r chwith o'r allor y
Môr Tawdd, y golchlestr copr, i'r kohanim bureiddio. A'r tu
ôl i'r allor, y Qodes HaQodasim, y Cysegr Sancteiddiolaf lle
triga'r YODH-HE-WAW-HE, yr Enw Cudd, yr Yehovah – yr
ARGLWYDD.

A daw kohen i mewn. Ond nid kohen dwy a dimai. Y prif un.
Yr hakohen hagadol yn yr Hebraeg, iaith Israel, iaith Jwdea. Y
kahana rabba yn yr Aramaeg, iaith y dyn sydd wedi bod yn
disgwyl. Y kahana rabba wedi ei wisgo yn y Bigdei Kodesh, yr
wyth dilledyn sanctaidd. Y kahana rabba, Ananias ben Nedebeus.
Ac nid yw Ananias ben Nedebeus yn cymryd arno'i fod yn gweld
y dyn sydd yn y Beth din shel Kohanim. Ac mae Ananias ben
Nedebeus yn shifflo at y Môr Tawdd ac yn pureiddio ac yn
gwrthod cydnabod y dyn. Y dyn sydd wedi bod yn disgwyl. Ac
mae'r dyn sydd wedi bod yn disgwyl yn tagu ac mae'r kahana

rabba yn edrych arno ac mae'r kahana rabba'n dweud, Ti sydd wedi dod i glecen?

Ac mae Yakov yn dweud, Mae o'n dŵad yn ôl.

Yw e nawr? meddai Ananias ben Nedebeus.

Mae sôn iddo gael ei labyddio yn Lystra ac roedd o wedi marw, ond mi ddaru o atgyfodi.

Mae'r kohen gadol yn tuchan. Dwed wrthyf pa broffwyd sydd *heb* atgyfodi'r dyddie yma?

Bydd hwn yn gyfle i sicrhau na fydd atgyfodiad eto.

Mae'r kohen gadol Ananias ben Nedebeus yn edrych i fyw llygaid Yakov. Yakov y labrwr o Galilea. Yakov y dyn brwnt. Yakov gyda'i lais llwch brics. Ond nid yw ei nerth fel yr oedd. Hen esgyrn yw hwn bellach. Hen groen. Ei wallt yn wyn. Gwelodd ddyddiau gwell. Mae'n ddyn yn ei oed a'i amser. Bywyd wedi bod yn faich. Bywyd wedi bod yn siom. Bywyd wedi ei ddadrithio.

Clywais sôn eich bod wedi rhoi gwarant arno ddeng mlynedd yn ôl, meddai'r kohen gadol. Rhoi'r felltith *Yr ARGLWYDD a'th gosba!* arno. Ond mae e yma o hyd. Mae e'n fyw ac yn iach. Mae e yma'n pregethu yn erbyn Torat Moshe, yn erbyn y Beit HaMikdash, yn erbyn kashrut.

Gwyra Yakov ei ben. Mae mor flinedig.

Ysgydwa'r kohen gadol ei ben. Rydych chi Fudiad Yeshua wedi'ch derbyn gan Israel. Iddewon ydych chi. Rydych yn offrymu, yn cadw'r deddfau, yn cadw'r Deg Gair. Rydych braidd yn eithafol, rhaid cyfadde. Ond dyna fe –

Ysgydwa'r kohen gadol ei ben eto –

Ond mae Paulos Saoul Tarsos – Shaul – yn fwy eithafol. Be 'nei di gyda fe, Yakov? Mae e'n dipyn mwy o foi na ti.

2

Golwg ar y diân arno fo, meddai Yakov. Ei wep o'n gam. Ac mae o'n gloff, yli.

Ac mae Kepha'n dweud, Roedd o'n andros o lwcus i gael byw ar ôl beth ddigwyddodd yn Lystra, meddan nhw.

Hen dro, meddai Yakov.

Maen nhw'n gwylio wrth i Paulos ddod i'r ddinas. Ei wylio'n dod trwy'r Porth Aur. Y porth dwyreiniol yn y gaer ddwyreiniol. Llu yn heidio trwy'r porth. A Kepha'n cofio –

Cofio cerdded trwy'r porth hwnnw gyda Yeshua. Cofio cyrraedd trwy'r porth hwnnw'n llawn gobaith. Roedd y Deyrnas yn dod. Roedd Yeshua wedi addo. Byddai'r ARGLWYDD yn adnewyddu Israel ac yn ailsefydlu'r Deml. Byddai'r Mashiach, Yeshua, yn frenin. Dyna roedd y proffwydi wedi'i broffwydo. Dyna roedd Yeshua wedi ei addo. Ond ni ddaeth Teyrnas. Ni ddaeth coron na gorsedd. Be ddaeth oedd –

gwaed,

pren,

hoelion,

bryn,

bedd,

cŵn,

pryfed...

Wyddost ti be? meddai Kepha. Roedd dy frawd fel tasa fo'n chwil pan ddaeth o trwy'r Porth Aur yr adeg honno. Taerodd iddo fo glywed y dorf yn rhuo Clod i ti! Clod i ti, Yeshua!, ond glywish i ddim byd.

Na finna, meddai Yokam.

Kepha eto. Hosanna! Hosanna! glywodd o, medda fo. Clod i'r Adonai! Clod i Deyrnas Da'vid! Taerodd iddo fo weld breichiau'r dorf yn chwifio. Mi welodd nhw'n chwifio'u dilladau yn yr awyr. Gwelodd ddail coed palmwydd yn cael eu gosod ar y llawr iddo fo gerdded arnyn nhw fel tasa fo'n frenin. Dyna daerodd o. Yn te, Yokam?

Yokam yn nodio.

Kepha'n dweud, Welodd yr un ohonan ni ddim o'r ffasiwn beth.

Mae Yakov yn dweud, Doedd ganddoch chi ddim digon o ffydd. Pwy ddaw efo fi i fwydo'r tlawd heddiw?

3

Nawr, o'r diwedd –

Ar y naill law, Mudiad Yeshua.

Ar y llall, y Christianos.

Dwsinau –

Iddewon Jerwsalem –

Iddewon alltud –

Cenedl-ddynion o bedwar ban –

Cenhedloedd y byd –

Kepha, Yakov, Yokam a'r brodyr –

Paulos, Barnabya, Titos a'r brodyr –

dwy garfan, un tŷ,

un Duw, dwy ffydd,

Titos yn teimlo'r tyndra. Titos yn ddeunaw oed. Titos yn Jerwsalem am y tro cyntaf. Titos o Antioch. Cenedl-ddyn o Antioch. Bu'n credu ers dwy flynedd. Roedd yno pan ddaeth Paulos o farw'n fyw yn Lystra. Gwelodd y gwaed a chredodd yn fwy byth. Credodd yn y Christos Iesous ac yn yr efengylau. Credodd mai Paulos oedd yr Apostolos, yr un oedd wedi ei anfon. Credodd yn y gwaed ac yn yr atgyfodiad. Credodd nes bod tân yn ei wythiennau ac ysai i ruddo'r bradwyr gyferbyn ag o gyda'i ffydd ymfflamychol. Oherwydd roedd ei dân yn sanctaidd. Oherwydd roedd ei dân o'r ysbryd. O'r ysbryd, nid o'r cnawd. Cnawd oedd y rhain. Cnawd oedd Kepha a Yakov. Cnawd oedd Yokam.

Cnawd oedd dynion. Cnawd llawn pechod. Sgyrnygodd Titos. Sgyrnygodd ar Kepha. Sgyrnygodd Kepha'n ôl. Ond nid oedd ofn ar y bachgen o Antioch. Nid oedd ofn y sgotwr arno. Nid oedd y farf na'r bôn braich yn gwanio'r llanc oherwydd roedd wedi ei aileni yn y Christos Iesous. Roedd ei nerth yn fwy na nerth mân ddynion. Tywalltwyd gwaed y Christos Iesous er mwyn i'w gamweddau gael eu maddau ac roedd yn newydd-beth yn enw'r Christos Iesous tra bod Kepha a Yakov a Yokam a'r lleill yn hen bethau –

Hen bethau oedd yn pydru, yn marw, yn cael eu colli...

Ac mae Yakov yn dweud, Rydan ni wedi caniatáu i ti bregethu ar ein rhan –

Ar eich *rhan*?

Ia, ar ran y mudiad, meddai Yakov yn ateb Paulos. Ar ran fy mrawd.

Yr ARGLWYDD a'i rhoddodd yn frawd i ti, meddai Paulos. Hap oedd hynny, mai ti oedd y cyntaf-anedig. Ond roedd dy fam yn forwyn ac yn sanctaidd pan aeth yr ARGLWYDD i mewn iddi er mwyn hadu ei Fab.

Mae Yakov o'i go. Be ddywedist ti am fy mam?

Dweud ei bod hi'n sanctaidd, yn forwyn, wedi ei dewis gan yr ARGLWYDD i esgor ar y Brenin, ar Yeshua Mashiach. Rwyt ti'n ymddwyn fel pe bawn i wedi ei sarhau.

Rwyt ti *wedi* ei sarhau, rwyt ti'n sarhau fy nheulu.

Wnes i ddim o'r fath beth. Shwt mae sancteiddio rhywun yn sarhaus?

Dyna ddigon, meddai Yokam. Rhaid i ni ddychwelyd at y materion pwysig –

Mae hyn *yn* bwysig, meddai Paulos.

At faterion sy'n ymwneud â Torat Moshe, meddai Yokam. At y neges. Rhaid setlo hyn unwaith ac am byth, neu bydd rhwyg.

Mae rhwyg, meddai Titos mewn Koine, cyn i rywun gyfieithu.

Pwy ydi'r tincar yma? meddai Kepha.

Ac ar ôl y cyfieithiad mae Titos yn dweud, Titos Kristodemos Antiochus wyf fi. Pwy wyt ti, hen ŵr?

Apocalyps o leisiau –

Ffor shêm!

Kepha yw hwn!

Cyfaill gorau ein Mashiach!

Rhag cwilydd i ti'r raca! –

Yakov yn lleddfu'r twrw trwy ddweud wrth Titos, Dwn i ddim pwy wyt ti'n feddwl wyt ti, Titos Kristodemos Antiochus, ond mi ŵyr pawb pwy yw Kepha. Ac mi fasa'n rheitiach i chdi ddangos mymryn o barch –

Nid oes rhaid i mi barchu llygredd, meddai Titos.

Kepha ar ei draed. Yokam ar ei draed. Avram ar ei draed. Bar-Talmai ar ei draed. Shimon Kanai ar ei draed.

Yakov yn dweud wrth Paulos, Cadw drefn ar y sinach bach digwilydd yma.

Paulos yn rhoi llaw ar ysgwydd Titos. Paulos yn dweud wrth Yakov, Mae wedi ei atgyfodi yn yr ysbryd, Yakov. Yeshua Mashiach sydd yn ei reoli nawr. Nid dyn yw ei feistr. Nid cnawd. Ond fe ddylen ni i *gyd* ddangos parch yma. Felly, er mwyn cadw'r heddwch, ac i ddangos mai brodyr ydyn ni i gyd, Titos, dwed wrth Kepha ei bod hi'n ddrwg gennyt ti.

Dim gair. Yna Paulos yn gwasgu gwegil Titos. Gwasgu'n dynn. Gwasgu nes i Titos ddweud dan ei wynt, Mae'n ddrwg gen i. Hen ŵr.

Mae'r tyndra'n para. Mae'r nerfau'n frau. Brodyr unwaith. Nawr gwrthwynebwyr. Dwy garfan yn ymrafael dros ddyn ar bren. Dwy garfan yn garfanau. Nid yw Iddewon Israel yn cyd-weld ag Iddewon alltud, nid yw'r Cenedl-ddynion aeth drwy ddefodau'r Iddewon yn cyd-weld â'r Cenedl-ddynion sy'n gwrthod mynd trwy ddefodau'r Iddewon. Nid yw Kepha bob tro'n cyd-weld â Yakov. Nid yw Barnabya bob tro'n cyd-weld â Paulos.

Rhwygiadau o fewn rhwygiadau o fewn rhwygiadau. Sgismau'n cael eu saernïo yma.

Hen ŵr, wir, meddai Kepha. Ydi hwn wedi cael ei enwaedu?

Rwyf wedi cael fy enwaedu yn fy nghalon, meddai Titos.

Rwyt ti'n pregethu hyn yn gyhoeddus, meddai Yakov wrth Paulos. Nad oes rhaid i'r Cenedl-ddynion sydd am ddod yn rhan o'r mudiad gael eu henwaedu. Ac mae hynny'n mynd yn rhy bell, Paulos. Mae'r Deml ar ein gwartha ni oherwydd hyn – oherwydd bod dy garfan di yn *rhan* o'r mudiad, a'r mudiad sy'n cael y bai am y cabledd yma.

Nid wyf fi'n rhan o unrhyw fudiad, meddai Paulos. Gwas ffyddlon y Christos Iesous wyf fi. Caethwas iddo. A beth y'ch chi? Caethweision i Torat Moshe, i'r Beit HaMikdash ac i'r hakohen hagadol, yr uwch offeiriad a laddodd ein Mashiach.

Dim yr hakohen hagadol laddodd fy mrawd, meddai Yakov. Rhufain wnaeth hynny. Pontius Pilatus, praefectus Jwdea, arwyddodd y warant.

Fe'i gorfodwyd i'w wneud, meddai Paulos. Roedd am ryddhau'r Mashiach ond y dorf a alwodd am ei waed. Torf a gafodd ei hysbrydoli gan yr hakohen hagadol a'r Iddewon. Yr Iddewon a laddodd y Mashiach. Crist-laddwyr!

Harmagedon o gwynion –

Be ddudist ti? meddai Kepha.

Sut ufflon wyt ti'n honni hynny? meddai Yokam.

Paid â chableddu, ddyn! meddai Avram.

Paulos yn dweud, Cefais ymgom gyda'r Christos Iesous ar ôl ei atgyfodiad o'r bedd. Dywedodd wrtha i mai'r hakohen hagadol oedd wedi gorchymyn ei ladd. Yr Iddewon wedi ei ddedfrydu, fel mae'r proffwydi wedi'i ddatgelu.

Mae hyn yn gabledd, meddai Yokam.

Mae hyn yn rwtsh, meddai Kepha.

Mi gymerwn ni saib, meddai Yakov. Pwy ddaw efo fi i fwydo'r tlawd?

Maent yn mynnu bod pawb sydd heb eu henwaedu'n cyflawni'r cyfamod, meddai Barnabya.

Paulos yn cnoi ar fara. Paulos yn dweud, Nid tra bydda i fyw.

Barnabya'n syllu arno trwy lygaid cul. Paulos yn syllu'n ôl –

Ac mae gelyniaeth yn eu llygaid a gwaed drwg rhyngddynt.

Barnabya'n dweud, Beth am gynnig un iddynt? Un i'w enwaedu. Arwydd o ewyllys da.

Paulos yn dweud, Ewyllys da?

Ie.

Un?

Ie.

Oes un mewn golwg?

Titos.

A Titos yn chwerthin. A Paulos yn chwerthin. A Timotheos yn chwerthin. A Silouanos, brawd ifanc arall o Antioch, yn chwerthin. A'r brodyr o gwmpas y bwrdd yn chwerthin. Cenedl-ddynion ac Iddewon. Cenedl-ddynion ac Iddewon yn chwerthin. Cenedl-ddynion ac Iddewon yn chwerthin a bwyta. Cenedl-ddynion ac Iddewon yn bwyta gyda'i gilydd. Cenedl-ddynion ac Iddewon yn groes i kashrut, yn groes i ddeddfau'r bwyta. Cenedl-ddynion ac Iddewon yn rhannu bwrdd a rhannu bwyd. Cenedl-ddynion y byd ac Iddewon alltud.

Ac mae Barnabya'n gwylio hyn ac yn corddi.

Mae'n dweud, Efallai dylen ni gytuno. Er mwyn cadw'r heddwch.

Fi ddim eisiau cael fy llurgunio, meddai Titos.

Nid llurgunio mo defod yr enwaedu, meddai Barnabya. Mae hi'n sanctaidd.

Ond yn ddianghenraid, meddai Paulos. Mae'n dychwelyd at ei fara. Ei fara gyda'r Cenhedloedd, gyda'r byd. A gan gnoi ei fara gyda'r Cenedl-ddynion, mae'n dweud, Bydd Titos yn gadael Jerwsalem gyda'i flaengroen yn ddifreg.

Ni ddangosaist ewyllys da, Paulos. Mater bach fyddai i ti fod wedi caniatáu iddynt enwaedu Titos.

Barnabya, pam wyt ti'n ochri gyda nhw?

Fi ddim. A beth bynnag, nid oes ochrau. Rydym i gyd ar yr un ochr.

Wyt ti'n credu hynny?

Ydw.

Mae gen ti gonsýrn mawr am y mudiad, am y gymuned yma, Barnabya. Rwyt ti'n mynnu bod pawb yn dilyn yr un deddfau, bod pawb yr un fath. Ond dwyt ti heb ddysgu dim dros y blynydde maith rwyt ti a fi wedi bod gyda'n gilydd? Dwyt ti ddim wedi dysgu mai unigolion ydyn ni yn y Christos Iesous? Rwyf wedi dweud o'r blaen, nid oes gwas na meistr, nid oes gwraig na gŵr, nid oes Cenedl-ddyn nac Iddew. Ond rwyt ti am godi'r muriau rheini rhwng y defaid coll a'r bugail. Pam, Barnabya?

Barnabya'n cymryd anadl. Mae gen i ofn dy fod ti'n crwydro oddi ar y llwybyr, Paulos. Ac rwyt ti wedi bod yn gwneud hynny ers blynyddoedd. Rwyt ti wedi creu crefydd newydd, ac nid dyna oedd y bwriad. Y bwriad oedd cyflwyno Iesous i'r byd.

Paulos yn gegagored. Ond rwyt ti'n dal i deithio gyda fi, yn dal i bregethu gyda fi.

Rydw i'n dy gefnogi di, frawd. Rhoddaist wynt yn hwyliau'r mudiad. Rhoddaist hwb iddo. Ei lusgo o strydoedd cefn Jerwsalem a dysgu'r Ymerodraeth am aberth y Christos Iesous ac am y Deyrnas sydd yn dod. Dangosaist fod lle i'r Cenedl-ddynion yn y Deyrnas yn ogystal. Profaist hynny trwy'r ysgrythurau. Ond dywedodd Iesous mai'r Iddewon oedd ei gonsýrn. Nhw – *ni* – yw defaid coll Tŷ Israel. Os yw'r Cenedl-ddynion am gael lle, mae'n rhaid iddynt ddod i'r Deml, offrymu, en–

Na! Be sy'n bod arnat ti? Ai dyma wyt ti'n gredu? Ai'r hyn wyf fi wedi bod yn ei wrthwynebu yw dy gred?

Fi'n credu mai ti yw'r Apostolos, Paulos. Fi'n credu mai ti sydd wedi cael dy alw a bod gwaed y Christos Iesous yn offrwm dros gamwedd. Fi'n credu hynny. Ond fi hefyd yn credu yn y Gyfraith. Finnau hefyd!

Ond rwyt yn mynd yn groes iddi weithiau.

Yn groes?

Ie, gyda'r enwaedu yma.

Fi ddim yn mynd yn groes i'r Gyfraith. *Deall* y Gyfraith trwy ddatguddiad y Christos Iesous wyf fi. Pam nad oes neb arall fan hyn yn deall? Yw Jerwsalem yn gwenwyno meddyliau dynion, Barnabya? Pan ydych chi'n dod yma, ry'ch chi'n colli'ch pennau. Nid yw'r Christos yn eich calonnau yma. Mae pechod yn hidlo iddynt yma. Fi'n cael llond bol weithiau –

A Paulos ar ei draed yn gandryll.

Barnabya'n dweud, Gofynnais i ti unwaith oedd hi'n bosib dy fod ti wedi bod yn anghywir. Oeddet ti'n credu i ti wneud camgymeriad? Wyt ti'n cofio?

Paulos yn syllu arno. Fi'n credu weithiau mai'r unig gamgymeriad a wnes i oedd dy alw di'n gyfaill.

6

Mae'n rhaid i'r neges fod yn glir, meddai Kepha wrth y sýnodos. Mae'n rhaid i ni bregethu efo un llais, a'r llais hwnnw yw llais Yeshua Mashiach. Ei neges o.

A phwy sy'n penderfynu beth yw ei neges? gofynna Titos.

Cyfieithodd y cyfieithydd, ac yna –

O, yr hogyn bach efo'r geg fawr eto, meddai Kepha. Dduda i wrtha chdi, washi. *Ni* sy'n penderfynu. Ni oedd efo fo. Ni oedd yn frodyr iddo fo ers y cychwyn cynta. Ni oedd efo fo ar lannau'r Nehar haYarden, yn Kfar Nahum. Ni oedd yno yn ninas Yericho lle llewygodd o. Ni oedd ym mhentre Beth-anya, prin ddwy filltir o fan hyn, pan oedd yna olwg ar y diân arno fo, golwg fatha sgerbwd byw. Ond mynd ddaru o. Ennill nerth gan ei Abba. Y nerth i arwain. Y nerth i ddŵad i Jerwsalem ar gyfer y Pesach oherwydd yr adeg honno roedd y Deyrnas yn dod –

Ond wnaeth hi ddim dod, Kepha, meddai Paulos. Rwyt ti wedi drysu, frawd. Nid dyna'r neges. Ar ôl yr offrwm y daeth y datguddiad. Ar ôl y gwaed a'r hoelion, ar ôl Gulgalta. Ar ôl yr atgyfodiad o'r bedd y cafodd ei fabwysiadu fel Mab Duw er ei fod ar ffurf Duw cyn ei eni.

Be? meddai Yakov.

Fe'i ganed ar ffurf caethwas, meddai Paulos. Fel dyn. Ond dyn heb bechod. Dyn oedd yn offrwm er ein mwyn ni, yn ein lle ni. Offrwm dros gamwedd. Fel y dywed y Vayikra, y trydydd llyfr, os bydd unrhyw un yn pechu ac yn gwneud un o'r pethau na ddylid eu gwneud yn ôl Mitzvot yr ARGLWYDD, er nad yw'n ymwybodol o hynny, mae'n euog ac yn gyfrifol. Dylai ddod â hwrdd o'r praidd at y kohen yn offrwm dros ei gamwedd, a hwnnw'n un di-nam – *di-nam*, gyfeillion.

Wyt ti'n cymharu'r Mashiach efo hwrdd? meddai Avram.

Na, meddai Paulos. Fi'n dweud wrthych bod gair yr ARGLWYDD yn glir dim ond i chi ei ddarllen a'i ddeall. Ef, Yeshua Mashiach, yw'r offrwm. Nid cnawd oedd e. Ac nid cnawd ydyn ni ar ôl ei dderbyn fel Gwaredwr. Nid cnawd ond ysbryd wedi cael ein hatgyfodi.

Mae twrw yn y tŷ. Mae hefru a dwrdio'n llenwi'r stafell. Mae Yakov ar ei draed. Mae'n ceisio tawelu'r cynnwrf sydd wedi codi.

Kepha'n dweud, Defaid coll Tŷ Israel oedd ei gonsýrn. Mi ddwedodd hyn wrthan ni. Roedd o'n glir ar gownt y mater. Bydd y Deyrnas yn cael ei sefydlu yn y Beit HaMikdash yn y ddinas yma, dinas yr Iddewon. Bydd y Deyrnas yn dod i Israel. Bydd y Deyrnas yn uno'r Iddewon. Bydd y Deyrnas yn dod â'r deuddeg llwyth at ei gilydd eto – gan gynnwys Shevat Binyamin, Shaul, dy lwyth di –

Paid â fy ngalw fi'n Shaul –

Lleisiau'n rhuo, Taw –

Lleisiau'n mynnu, Gad i Kepha siarad –

Lleisiau'n gorchymyn, Bydd ddistaw –

A Kepha'n parhau. Ac er mwyn i hynny ddigwydd, mi wyddai Yeshua fod yn rhaid i Israel i gyd glywed ei neges o. Nid un neu ddau wrth ymyl y dŵr. Ond pawb. Pob Iddew. Mae'r Deyrnas yn dod. Mae'n rhaid uno Israel o dan Gyfraith yr Adonai. Ac mae Israel yn golygu Iddewon alltud yn ogystal, ac maen nhw'n gwybod hynny. Mae cannoedd o frodyr alltud wedi ymuno efo ni.

A llais o fysg y Christianos yn dweud, A beth amdanon ni'r Cenedl-ddynion?

Ac ar ôl i'r cyfieithydd gyfieithu –

Yokam yn dweud, Mae'r geiriau yn y Torah. Geiriau'r proffwyd Yeshayahu. Dywedodd y byddai Cenhedloedd y byd yn llifo i fynydd tŷ'r ARGLWYDD yn y dyddiau olaf, dyddiau sy'n agos. Ac mae pawb sydd yn dod ato, at yr ARGLWYDD, yn ddisgynyddion Abraham ac felly ynghlwm wrth y berith bayin hebatrim, y cyfamod rhyngtho fo a'r ARGLWYDD. Y cyfamod sy'n sylfaen i'r brit milah, yr enwaedu.

Mae saib. Mae oedi. Mae pwyso ac mae mesur.

Ac yna Kepha'n taro'r bwrdd gyda'i ddwrn. Mae'n *rhaid* enwaedu, meddai.

7

Barnabya'n taflu shicl i ddysgl y tlodyn. Y tlodyn yn baldorddi. Y tlodyn yn drewi. Paulos yn falch o gerdded heibio.

Nid arian ma' fe moyn, meddai.

Bath? meddai Barnabya.

Gwaredwr.

Rwyt ti mewn tymer, Paulos.

Fi o fy ngho.

Paulos a Barnabya trwy strydoedd yr isddinas –

strydoedd y tlawd,

strydoedd y resha'im a'r evionim,

strydoedd y lladron a'r llwm,

strydoedd y bobl ddŵad,

strydoedd y mewnfudwyr –

Paulos yn ochneidio. Paulos yn gwylio. Gwylio'r resha'im. Gwylio'r evionim. Gwylio'r Iddewon. Eu gwylio ar awr y shkiah, y machlud. Ef a Barnabya. Ef a Barnabya newydd adael mincha, cyfarfod gweddi'r prynhawn. Newydd weddïo Ashrei yoshvei veitecha, od y'hallelucha, selah! Newydd weddïo Tefilat HaAmidah. Newydd weddïo Aleinu leshabei'ach. Barnabya'n ddiffuant. Paulos yn annidwyll.

Paulos yn dweud, Maent yn ddisymud. Ac rwyt ti'n gweld eu hochr nhw.

Ydw, rydw i'n gweld eu hochr nhw, meddai Barnabya. Wrth gwrs fy mod i. Dysgais ganddyn nhw, Paulos. Nhw yw'r cerrig sylfaen. Y dechrau.

Nhw? Dynion ydyn nhw. Nid dynion yw'r dechrau. Ef, yr ARGLWYDD, yw'r dechrau. Ef a'i Fab, ein Christos Iesous, oedd yno gyda'i Dad. *Ar* y dechrau. *Cyn* y dechrau. Rwyt ti'n colli dy ben, Barnabya. Seboni'r pileri. Mynd o chwith pan ddoi di i'r ddinas hon

I'r ddinas hon lle daw'r ARGLWYDD pan fydd yn ailsefydlu Israel, meddai Barnabya.

Does yna neb yn gwybod i ble, na phryd, y daw'r Christos. Ond fe *ddaw* yn ôl. A chofia di hyn, Barnabya, dim ond y rhai sydd wedi eu geni o'r newydd gaiff le yn ei Deyrnas. Tân yw ffawd y gweddill. Wyt ti am losgi? Mae'r dydd gerllaw, frawd.

Wyt ti'n fy mygwth i?

Fi'n dy rybuddio di. Fi'n beio fy hunan. Fi heb fod yn ddi-ildio gyda'r brodyr. Os wyt ti o bawb yn cael dy blagio gan Diafol, shwt mae'r brodyr sydd yn bell oddi wrtha i'n dygymod? Fi wedi clywed bod yr ekklesia sefydlais i yn Thessaloniki'n pryderu bod nifer o'u mysg wedi marw a'r Christos heb ddychwelyd. Be ddaw ohonynt? Be ddaw o'r meirw? Dwed ti, Barnabya. *Be ddaw o'r meirw?*

Nid yw Barnabya'n dweud gair. Mae'n dal i gerdded. Cerdded trwy strydoedd yr isddinas. Strydoedd y tlawd –

Mae Paulos yn dweud, Fe sgrifenna i atynt. Dyna sy'n rhaid i mi wneud a phawb mor bell. Pawb yn gwanio pan nad ydw i gyda nhw. Eu ffydd yn llacio.

Barnabya'n syllu ar y tlodion. Twmpathau o ddynoliaeth. Cadachau'r ddynolryw. Seimllyd a thruenus. Ac yna mae'n dweud, Bydd y ddinas yma'n suddo o dan domen o'r tlodion os na fydd yr awdurdodau'n gweithredu.

Beth?

Edrych, Paulos. Edrych arnyn nhw.

Beth yw'r tlawd? Beth yw'r cefnog? Yr unig beth sy'n cyfri yw bod dyn wedi derbyn yr offrwm am ei gamweddau. Yna daw cyfoeth y Deyrnas iddo. Tyrd. Byddant yn disgwyl. Kepha, Yakov, Yokam, y *pileri*. Byddant yn cynllwynio. Byddant yn consurio fy nghwymp.

8

Y tŷ eto. Tŷ'r tyndra –
  Ar y naill law, Mudiad Yeshua.
  Ar y llall, y Christianos.
  Dwsinau –
  Iddewon Jerwsalem –
  Iddewon alltud –
  Cenedl-ddynion o bedwar ban –
  Cenhedloedd y byd –
  Kepha, Yakov, Yokam a'r brodyr –
  Paulos, Barnabya, Titos a'r brodyr –
  dwy garfan, un tŷ,
  un Duw, dwy ffydd –
  A dwrdio o hyd.

Pryd fydd hynny, Kepha? meddai Paulos. Rwyt ti wedi addo'r Deyrnas ers blynyddoedd ond nid oes hanes ohoni. Dwyt ti'n fawr o broffwyd. Llygredd yw dy neges. Cerddaist gyda fe, meddet ti. Clywaist ei eiriau. Dywedodd, meddet *ti*, y byddai'r Deyrnas yn dod cyn bo hir. Tra oedd e'n *fyw*. O, ble ma' hi, Kepha? Wyt ti wedi gwyrdroi ei neges? Wyt ti? Neu wnest ti ddim clywed o gwbl, efallai.

Kepha ar ei draed. Kepha'n danllyd. Bôn braich a barf. Dyrnau'n dynn.

Yokam yn dweud, Eistedd, frawd. Dim ond tynnu arna chdi mae hwn. Galw fo'n Shaul. Godith hynny'i wrychyn o. Cwilydd o'i dreftadaeth.

A dilynwyr Yeshua yn pwyntio at y tarfwr o Tarsos a dweud, Shaul! Shaul! Shaul!

A dilynwyr y Christos yn pwyntio'n ôl a dweud, Apostolos! Apostolos! Apostolos!

A Paulos nawr yn eu tawelu a dweud, Edrychwch arnaf fi! Edrychwch! Fi'n gris-groes o greithiau. Fi wedi fy nghuro, wedi fy llabyddio. Mae fy ngwep yn rhacs. Fi wedi marw a thrwy rym y Christos Iesous, atgyfodwyd fi. A Kepha, ti, wyt ti'n meddwl bod gen i ofn sgotwr o bentre dwy a dimai? Wyt ti'n credu y gall dynion fy herio i? Dyn bach wyt ti, Kepha. A bydd dy bregeth fach yn mynd i'r llwch.

A lleisiau'n rhuo, Ffor shêm! Ffor shêm! Ffor shêm!

Ac mae Bar-Talmai o fysg dilynwyr Yeshua'n dweud, Shaul, neu Paulos os mai dyna sydd well gen ti, rwyt ti'n siarad gyda ni oedd gyda'r Mashiach fel tasan ni o ben draw'r byd, heb ei nabod. Ond lle'r oeddat ti? Gannoedd o filltiroedd i ffwrdd yn Tarsos. Pen draw'r byd. Beth wyt ti'n wybod, mewn difri calon?

A rhuo a hefru a bygwth eto yn y stafell. A nawr Yokam yn siarad ar draws y twrw. Wyddost ti ddim o'r peth cynta am y dyn oedd efo ni.

Nid trwy *ddyn* y cefais i'r neges, meddai Paulos. Trwy Yeshua Mashiach a'i Dad yr ARGLWYDD y daeth y neges i mi. A dyna wyf fi'n bregethu. Nid pregeth dyn ond pregeth duw. Yr Un Duw. Yr

Un Duw a'i Fab Yeshua. Yeshua Mashiach a ddaeth o farw'n fyw yn yr ysbryd a rhoi gweledigaeth i un dall fel fi.

Un dall oedd yn erlid ei ddilynwyr, meddai rhywun.

Nage, nid ei ddilynwyr, meddai Paulos. Rhai oedd yn *honni* bod yn ddilynwyr iddo. Roeddwn i'n Iddew duwiol ac rwyf fi'n Iddew duwiol hyd heddiw. Ond rwyf yn Iddew sydd wedi ei aileni. Ac os na fydd dynion yn cael atgyfodiad trwyddo ef, trwy Yeshua Mashiach, cânt eu dinistrio. Dyna ddywedodd e wrtha i.

Llais o'r garfan oedd yn ei wrthwynebu yn holi, Pam y byddai'n dweud hynny wrtha chdi?

Am mai fi yw'r Apostolos.

9

Mae rhuo a hefru a chwyno a dwrdio ar ôl i Paulos ddatgan hyn. Tŷ'r tyndra ar fin ffrwydro –

Paulos oedd y powdr,

ei eiriau oedd y fflam –

A nawr mae'n ceisio lleddfu'r cacoffoni ac yn para i bregethu.

Fi yw'r un sydd wedi ei anfon. Y'ch *chi* heb eich anfon. Y'ch *chi'n* eistedd fan hyn yn Jerwsalem yn disgwyl i'r byd ddod atoch chi tra fy mod i wedi mynd at y byd.

Nid y byd ydi'r defaid coll, meddai Yokam. *Israel* ydi'r defaid coll.

Y'ch chi fan hyn yn cecru dros eiriau dyn tra fy mod i'n ennill eneidiau trwy bregethu neges Duw, meddai Paulos. Be sy'n bod arnoch chi? Mae'r bywyd newydd ar gael i bawb. Pob Iddew, pob Cenedl-ddyn. Fi oedd ei elyn pennaf a nawr fi yw'r un mae wedi ei anfon.

At bwy? meddai Kepha. At y byd?

Ac mae'r Cenedl-ddynion yn chwithig. Mae'r Cenedl-ddynion

yn chwysu. Mae'r Cenedl-ddynion yn crychu'u talcenni a shifflan eu traed.

Yakov yn dweud wrthynt, Dim byd yn eich erbyn, frodyr. Mae croeso i chi yma –

Ond os ydach chi am gael lle yn y Deyrnas, meddai Kepha ar ei draws, rhaid i chi ddod yn Iddewon. Rhaid i chi dderbyn ewyllys yr ARGLWYDD.

Ac mae ewyllys yr ARGLWYDD, meddai Yokam, yn cael ei fynegi trwy Torat Moshe –

Ac yn ddiweddarach, meddai Barnabya o ochr y Christianos, mae ei ewyllys wedi ei ddatgelu trwy Yeshua Mashiach.

Paulos yn rhythu ar Barnabya. Paulos yn codi ei aeliau. Beth wyt ti'n ddweud, frawd?

Dweud wyf fi bod iachawdwriaeth gyflawn yn cael ei chwblhau trwy ddod yn rhan o Israel.

Ond shwt mae gwneud hynny heb dderbyn eich cyfraith chi? hola Silouanos o garfan Paulos.

Trwy dderbyn etholedigaeth Israel uwch y cenhedloedd eraill, meddai Yokam.

A derbyn marwolaeth achubol Yeshua Mashiach, meddai Barnabya.

Paulos yn rhythu arno eto. Paulos yn codi ei aeliau eto.

Kepha'n taro'r bwrdd eto ac yn dweud, Mae derbyn etholedig-aeth Israel yn ddibynnol ar enwaediad. Dyma'r cyfamod rhwng yr ARGLWYDD ac Abraham. Dyma gredai Yeshua. Roeddwn i yno pan ddywedodd o hyn.

Rwyt ti wedi drysu, Kepha, meddai Paulos. Wedi dy dwyllo gan rymoedd dieflig. Rwyt ti wedi treulio gormod o amser fan hyn ymysg yr Iddewon a fwrdrodd ein Mashiach. Maent wedi gwenwyno dy feddyliau di ac wedi dy ddallu di.

Kepha'n darw. Kepha'n taflu bwrdd. Hogiau'n mynd i'r afael â fo. Hogiau'n dweud –

Ara deg!

Na, Kepha, na!

Paid, wir dduw!

Ac yna Yakov yn rhoi ei ddwylo ar ysgwyddau Kepha a dwylo Yakov yn ei leddfu a Yakov yn sibrwd yng nghlust Kepha, geiriau na all Paulos eu clywed.

A nawr mae Paulos yn edrych o'i gwmpas. Mae'n edrych ar ddilynwyr Yeshua. Mae'n edrych ar ddilynwyr y Christos. Mae'n gweld y gagendor rhyngddynt. Mae'n gweld bod gwaed drwg rhyngddynt. Mae'n gweld bod gelyniaeth rhyngddynt ac ni fydd diwedd ar yr elyniaeth heb fod y naill garfan neu'r llall yn plygu glin – neu'n cael ei dinistrio.

Mae'r sgism nawr fel glyn cysgod angau.

10

Dinistr, mae Paulos yn feddwl wrth gerdded gyda'r nos. Cerdded gyda'r nos trwy strydoedd yr isddinas –

strydoedd y tlawd,

strydoedd y resha'im a'r evionim,

strydoedd y lladron a'r llwm,

strydoedd y bobl ddŵad,

strydoedd y mewnfudwyr –

Dinistr, dyna sy'n wynebu Jerwsalem. Dinistr a diwedd y byd. Mae Paulos yn teimlo bod arswyd yn dod. Cwymp y ddinas. Arwyddion ym mhobman –

y resha'im a'r evionim,

y tlawd a'r truenus,

y lladron a'r llwm –

edrychwch arnynt yn begera, edrychwch arnynt yn sgerbydau, edrychwch arnynt yn llwgu, Jerwsalem yn begera, Jerwsalem yn sgerbwd, Jerwsalem yn llwgu –

Nid teyrnas ddaw i'r ddinas hon ond trychineb...

Ac mae'n meddwl wrth wylio'r resha'im a'r evionim –
Pwy ddaw efo fi i fwydo'r tlawd? –
Ac mae'n gweld goleuni...
Ac mae'n diolch i'w dduw am rodd –

11

Ry'n ni mewn cyfyngder, meddai Titos. Ry'n ni'n methu â chytuno.
    Chi sy'n gwrthod cytuno, meddai Kepha. Mae'r Gyfraith yn glir.
Rhaid cadw Torat Moshe. Mynychu'r Deml. Offrymu. Ac enwaedu.
    Fi ddim moyn cael fy enwaedu, meddai Titos.
    Ffwr' â chdi, felly, washi. Dos yn ôl i dy wlad bell efo dy
ddefodau paganaidd. Ar dy ben i Gehenna'r ei di. Fflamau sy'n dy
aros di.
    Rwyt ti'n fy mygwth i nawr, sgotwr?
    Dy rybuddio di.
    Nawr –
    Cynrychiolwyr o'r ddwy garfan wedi dod at ei gilydd.
    Nawr –
    Cynrychiolwyr o Fudiad Yeshua ac o'r Christianos wedi
ymgynnull.
    Nawr –
    Kepha, Yakov, Yokam, Avram.
    Nawr –
    Paulos, Titos, Silouanos, Timotheos.
    Nawr –
    wyth mewn stafell,
    wyth o gwmpas y bwrdd,
    wyth gyferbyn â'i gilydd,
    wyth wedi dod i setlo pethau,
    wyth i roi diwedd ar y dwrdio –

Lle mae Barnabya? meddai Kepha. Mae o efo chdi fel arfer, Paulos. Fatha ci heliwr.

Nid yw Paulos yn dweud gair.

Wyt ti wedi pechu hwnnw hefyd?

Nid yw Paulos yn dweud gair.

Pechu pawb wyt ti ar ddiwedd y dydd.

Nid yw Paulos –

Dyna ddigon, frodyr, meddai Yakov. Yma i ddod i delerau'r ydan ni. Ac mae Paulos yn dweud fod ganddo fo awgrym.

Yakov, meddai Kepha, mi wyddost ti'n iawn nad oes cyfaddawdu ar gownt Torat Moshe. Y Gyfraith ydi sail pob dim. Y gwir ydi'r gwir, a dyna fo.

Fydden ni'n cytuno gyda hynny, sgotwr, meddai Titos. Ond ni sydd gyda'r gwir, wyt ti'n gweld.

Ac ar ôl i'r cyfieithydd gyfieithu –

Rwyt ti'n dwrdio efo dynion gerddodd efo'r dyn, meddai Kepha.

Rwyt ti'n gwrthwynebu gŵr gafodd ymgom gyda Duw, meddai Titos.

Mae Paulos yn dweud, Wyddoch chi beth mae'r Bereishit yn ddweud, beth mae'r dechreuad yn ddweud?

Pawb yn aros. Paulos yn oedi. Paulos yn datgan.

Roedd gan Abraham ffydd. Credodd yn yr ARGLWYDD a chafodd gyfiawnder trwy'i ffydd. Bydd Abraham yn dod yn Genedl fawr a thrwy Abraham bendithir holl Genhedloedd y ddaear.

Beth wyt ti'n fwydro? meddai Kepha.

Profi fy mhwynt.

Sut?

Ffydd. Cyfiawnder. Bendith. Y Cenhedloedd. Cyfeirir atynt i *gyd* yn y Bereishit. Cyfeirir at y *Cenhedloedd* fel disgynyddion Abraham. Mae'r ARGLWYDD yn bendithio'r Cenhedloedd ac fe gânt gyfiawnder trwy *ffydd*. Mae'r ARGLWYDD yn *bendithio'i* had, a'i had oedd Yeshua Mashiach. Ac os y'ch chi wedi'ch bedyddio trwyddo, y'ch chi o had Abraham yn ogystal. Y'ch chi'n derbyn *cyfiawnder* trwy *ffydd*.

Tawelwch yn y stafell. Talcenni wedi crychu. Cegau wedi agor. Pennau'n cael eu crafu.

Paulos yn dweud, Nid oes angen enwaedu arnynt.

Kepha ar ei draed ar fin dweud rhywbeth –

Ond Paulos yn siarad cyn iddo ddweud gair. Ac rydym yn gefnog.

Yakov yn dweud, Be?

Cyfoeth, meddai Paulos. Cyfoeth Antioch. Cyfoeth Thessaloniki. Cyfoeth Rhufain.

Rhufain? meddai Yokam.

Beth wyt ti'n feddwl, cyfoeth? meddai Yakov.

Mae fy ekklesia i'n gyfoethog. Mae tlodi dirfawr yma. Jerwsalem ar ei gliniau, Yakov. Tlodion di-ri. Newyn a syched. Heintiau erchyll. Rydym wedi dy weld yn dosbarthu bwyd i'r evionim, y rhai tlawd.

Mae'n rhaid eu cynnal gan mai nhw yw'r defaid coll, meddai Yakov.

Defaid marw fyddan nhw cyn bo hir, meddai Paulos.

Yakov yn crychu ei dalcen. Be sgin ti mewn golwg?

12

Rwyt ti wedi eu llwgrwobrwyo, meddai Barnabya.

Na, meddai Paulos, rydw i wedi eu perswadio trwy ysbryd y Christos Iesous mai fi yw'r Apostolos a bod fy neges yn dod gan dduw, nid gan ddyn.

Dwyt ti heb wneud y fath beth! Rwyt ti wedi gwneud cynnig na all Yakov ei wrthod.

All neb wrthod cyfiawnder y Christos Iesous, Barnabya. Dwyt *ti* ddim am ei wrthod, nac wyt?

Ac mae Paulos yn syllu i fyw llygaid Barnabya ac mae Barnabya'n syllu i fyw llygaid Paulos...

Mae'r ddau'n eistedd tu allan i'r tŷ yn yr isddinas lle buont yn aros. Mae'r ddau'n eistedd ac yn gwylio'r dynion ifanc yn hel y paciau ar droliau. Titos, Silouanos, Timotheos wrthi'n ddygn. Titos, Silouanos, Timotheos a gweision maent wedi eu hurio. Titos, Silouanos, Timotheos wrthi tra bod aelodau o Fudiad Yeshua ac aelodau o Heddlu'r Deml yn loetran.

Rwyt ti'n denu gelynion fel mae mêl yn denu arth, meddai Barnabya.

A Paulos yn dweud, Os ydynt yn elynion i mi maent yn elynion i'r Christos Iesous.

Yr unig reswm pam wyt ti'n gadael heb gael cyllell yn dy gefn yw'r llaw fach gynigiaist ti.

Nid llaw fach. Cymorth i'n brodyr tlawd yma'n Jerwsalem. Nid llwgrwobr, Barnabya. Elusen.

Ac ar sail yr elusen hon mae Mudiad Yeshua am ganiatáu i ti bregethu i'r Cenhedloedd yn eu henw heb fynnu enwaediad nac offrwm na –

Nid caniatáu mae e! Wedi derbyn y gwir mae e. Mae'r elusen, y cymorth, yn rhywbeth cwbl ar wahân i hynny.

Barnabya'n chwerthin. Rwyt ti'n twyllo dy hunan, Paulos. A thwyllo pawb arall.

Be wyddost ti? Doeddet ti ddim yn y cyfarfod.

A pham hynny?

Paulos yn dweud dim. Paulos yn gwylio Titos, Silouanos a Timotheos. Paulos yn meddwl am fynd. Mynd gyda Titos, Silouanos a Timotheos. Mynd o Jerwsalem. Mynd o'r tyndra. Mynd o'r chwerwder. Mynd o'r tlodi. A mynd yn bell, bell iawn oddi wrth Yakov a Yokam a –

Dyw Kepha heb gytuno i hyn, nag yw, meddai Barnabya.

Beth yw'r ots am Kepha?

Mae ganddo ddylanwad. Fe yw un o'r –

Un o'r beth? meddai Paulos yn sbeitlyd. Un o'r pileri? Mae pileri'n cwympo.

Paulos yn gwylio Titos, Silouanos, Timotheos eto. Bechgyn da. Bechgyn ffyddlon. Apostolion yfory. Negeswyr y ffydd. Nid Barnabya. Barnabya wedi colli ei ffordd. Wedi colli ei ffydd. Wedi ei wenwyno gan lygredd neges Jerwsalem.

Ac yna daw Ioannes Markos i lawr y stryd, sgwario fel tipyn o lanc –

y cnaf,

y cleciwr,

y bradwr –

Ac mae pac ar ysgwydd y llanc a bwriad yn ei gamau.

Ble mae hwn yn mynd? meddai Paulos.

Gyda ni, meddai Barnabya gan groesawu ei berthynas.

Fi'n dychwelyd i Cipros, meddai'r bachgen.

Nid gyda ni, meddai Paulos.

A Barnabya'n ebychu, Beth?

A Paulos eto. Nid gyda ni. Fi ddim moyn hwn yn agos ataf fi. Bradwr yw e. Ysbïwr.

Fi'n ffyddlon i'r Christos Iesous.

Rwyt ti'n ffyddlon i Kepha, meddai Paulos wrth y llanc. Cer o fy ngolwg i. Wyt ti'n meddwl fy mod i'n ffŵl? Fi'n gwybod beth oedd dy gêm di yng Nghipros.

Mae'n fachgen da, meddai Barnabya.

Os wyt ti'n meddwl cymaint ohono, cer di â fe gartre, Barnabya, meddai Paulos. Nid yw'r jiawl yn cerdded gyda fi –

A Paulos ar ei draed. Paulos yn brasgamu at ei frodyr. Brasgamu at Titos, Silouanos a Timotheos. A Barnabya'n syllu arno. Ac mae gelyniaeth yn ei lygaid.

PETROS

1

Yn nawfed flwyddyn teyrnasiad yr ymerawdwr Tiberius Claudius Caesar Augustus Germanicus, ddwy flynedd ar bymtheg ers mwrdwr y Mashiach...

Philippoi, trefedigaeth Rufeinig. Philippoi, dinas yn nwyrain Makedonía. Philippoi, sy'n dwyfoli'r ymerawdwr. Philippoi, 1,500 milltir o Jerwsalem,

o'r Deml,

oddi wrth yr offeiriaid,

oddi wrth Fudiad Yeshua,

oddi wrth Kepha –

Digon pell, ond eto –

Mewn carchar.

Drewdod dynion sy'n marw'n araf yn trwytho'r aer. Synau dynion sy'n marw'n araf yn hollti'r awyrgylch. Llygod mawr a phryfed yn bwydo ar garcasau. Carcharwyr brwnt yn curo ac yn arteithio carcharorion truenus. Dwsin a mwy o'r carcharorion ym mhob cell. Cyrff nobl yn crino. Diffyg bwyd. Diffyg dŵr. Diffyg awyr iach. Oglau baw dynol a phiso'n chwerwi'r lle. Nos barhaol yma. Dim golau dydd yn trywanu'r muriau.

Fi'n ffili anadlu, meddai Silouanos. Fi moyn dŵr. Fi moyn awyr iach.

Paid â cholli ffydd, meddai Paulos. Mae'r Christos Iesous gyda ni. Rwyt ti'n credu ynddo, yn dwyt ti?

Ydw.

Dyna fe. Cred ynddo trwy hyn. Her yw'r gell.

Mae Paulos yn rhwbio'r clais ar ei dalcen, yn gwingo.

Mae Silouanos yn dweud, Pam mae wedi gadael i ni gael ein carcharu, Paulos?

I'n rhoi ar brawf.

'Sdim eisiau iddo fy rhoi i ar brawf, fi'n ei garu.

Cafodd y Christos Iesous ei arteithio, ondyfe?

Do, Paulos.

Pam na ddylen ninnau gael ein harteithio?

Be? Na, na! Bu farw fel offrwm. Rhag i ni orfod marw. Rhag i ni ddioddef artaith.

Paulos yn ystumio. Ei arddyrnau mewn gefynnau. Gefynnau ar gadwynau. Cadwynau wedi eu bachu i'r wal. Y wal yn damp. Y wal yn pydru. Pob dim yn pydru yma. Gan gynnwys ffydd Silouanos.

Rwyt ti'n amau, Silouanos. Rwyt ti'n gadael i lygredd y byd ddiferu i'th galon. Diolcha i'r ARGLWYDD am dy ddioddefaint, frawd. Diolcha ei fod yn ein rhoi ar brawf. Ni fyddai'n bendithio rhywun rhywun fel hyn. Arwydd o'i gariad yw'r artaith hon. Arwydd o'i gyfiawnder.

Silouanos yn griddfan. Llygoden fawr yn sioncio dros ei ffêr. Silouanos yn rhoi cic. Y llygoden yn hedfan. Y llygoden yn gwichian. Y llygoden yn slwtsh yn erbyn wal. Carcharorion yn rhuthro at y slwtsh. Carcharorion yn bwydo ar y slwtsh. Brwydro dros gnawd ac esgyrn y fermin.

Rydym yma ers wythnos, meddai Silouanos, a dim hanes o achos teg.

Bydd yr ARGLWYDD yn deg gyda ni, fe gei di weld.

A nawr, drysau'n clancio,
dynion yn udo,
amser bwydo,
carcharwr a'i fwced –
taflu bara sych ar lawr mwdlyd y gell,
taflu lwtsh i'r gasgen –
a'r creaduriaid yn mynd o'u co,
wedi eu starfio,
un pryd y dydd,

un pryd os na fydd llygoden yn slwtsh,
a dyma'r pryd,
a dyma nhw'n ymrafael dros y pryd,
ymrafael i fwyta,
bwyta yn y baw,
bwyta o'r gasgen,
bwyta gyda llowcwyr carthion eraill –

A Paulos heb symud ac yn rhwystro Silouanos rhag troi'n anifail. Paulos yn cydio ynddo. Silouanos yn strancio. Silouanos yn dweud, Fi moyn bara.

Y Christos Iesous yw'r bara, meddai Paulos.

Paulos yn syllu ar y carcharwr. Y carcharwr gyda'i fwced. Y carcharwr yn sefyll yn y drws. Y carcharwr yn syllu ar Paulos.

A'r carcharwr yn gofyn, Be ti'n edrych arno, y jiawl?

Rwyf fi'n edrych ar blentyn i'r gwir dduw, meddai Paulos.

Mae'r carcharwr yn dadweinio'i chwip –

2

Ond chwe mis cyn y chwip,
    chwe mis cyn y carchar,
    chwe mis cyn y bara sych yn y baw,
    hyn –
Tarsos, 650 milltir o Jerwsalem,
o'r Deml,
oddi wrth yr offeiriaid,
oddi wrth Fudiad Yeshua,
oddi wrth Kepha –
Digon pell, ond eto –
Fi wedi ffagio, Silouanos.

Ond Paulos, ry'n ni dy angen di. Ti yw'r Apostolos. Ti yw ein harweinydd. Ti yw'r lladmerydd. Mae'r Christianos yn holi amdanat ti ar draws y byd. Maent yn holi am Paulos. Am y gŵr fu mewn ymgom gyda'r Christos Iesous. Am y negesydd.

Rhaid i mi orffwys.

Ond mae Mudiad Yeshua'n cynllwynio yn dy erbyn di, Paulos. Paid â gorffwys.

Mae Paulos yn ysgwyd ei ben. Mae Paulos yn gwyro'i ben. Mae Paulos â chur yn ei ben.

Mae'n dweud, Trechais nhw yn y sýnodos. Enillais y dydd. Ma'n nhw'n farus am arian. Rhoddais fodd iddynt gynnal eu tlodion.

Ond maent yn anfon eu cynrychiolwyr o Jerwsalem i'n ekklesiae ni, meddai Silouanos. Maent yn eu hanfon i ddiolch am y gynhaliaeth ond tra'u bod yno, maent yn pregethu yn dy erbyn.

Gan ddweud beth?

Dweud nad yw'r Christianos yn haeddu cyfiawnder. Dweud nad oedd gen ti'r hawl i ddatgan eu bod yn blant i Abraham. Rhaid iddynt ennill y fraint honno trwy gadw'r Gyfraith a chael eu henwaedu –

Mae Paulos yn ysgwyd ei ben. Mae Paulos yn gwyro'i ben. Mae Paulos â chur yn ei ben.

Na, na, fe ddywedodd Yakov, cyn belled â'u bod yn cael cyflenwad misol i ofalu am y tlodion, fod gen i ryddid i bregethu'r gwir.

Maent yn dweud dy fod yn pregethu llygredd. Maent yn sibrwd, Paulos. Maent yn bla sy'n llorio'n brodyr. Fe ddônt dan gochl pererindod, dan gochl cyfeillgarwch, ond mae eu diolchiadau'n ddagerau.

Ysgwyd ei ben. Gwyro'i ben. Cur yn ei ben.

Rwyf yn llais yn yr anialwch, Silouanos.

Rydyn ni gyda ti, Paulos.

Ac yna mae llais o'r cysgodion yn dweud, Dangos dy sarhad.

Mae Paulos yn troi. O'r cysgodion, Timotheos. A Timotheos yn para i siarad.

Dangos iddynt nad wyt ti'n becso am eu llygredd. Dangos nad yw cadw at y Gyfraith nac enwaedu'n dod â dynion at yr ysbryd.

Dangos mai yn y Groes y mae'r gwir. Dangos trwy fy llurgunio i, Paulos. A dwed wrthyn nhw, Edrychwch ar waed y llanc hwn a dywedwch a yw'n agosach nawr at iachawdwriaeth nag yr oedd cyn ei enwaedu.

Mae Paulos yn gegagored. Mae Silouanos yn gegagored. Mae Paulos a Silouanos yn syllu ar Timotheos ac yna'n syllu ar ei gilydd. Ac yna mae Paulos yn dweud, Wyt ti o dy go, Timotheos? 'Sdim eisiau i ti wneud hyn. Nid Iddew wyt ti. Rwyt ti wedi derbyn maddeuant am dy bechodau.

Rwyf *fi* ond dy'n *nhw* ddim, Paulos. Enwaeda fi ac fe anfonwn fy mlaengroen i Jerwsalem a gofyn, A yw'r cnawd yma'n sicrhau iachawdwriaeth?

Na, Timotheos –

Paulos, meddai'r llanc, yn erfyn, maent yn anfon tarfwyr dan wisgoedd pererinion ar draws y byd i lygru dy neges. Maent yn anfon ysbiwyr a therfysgwyr yn erbyn y gwir. Ni feiddient ddod yn dy erbyn yn uniongyrchol. Rwyt ti wedi sicrhau cyfraniadau iddynt, i'w tlodion. Ond fe ddônt yn erbyn dy *bregeth*. Dy neges yw eu prae. Rhaid dysgu gwers iddynt. Rhaid anfon arwydd. A fy ngwaed i yw'r arwydd. Dyma i ti lafn.

Ac mae Timotheos yn dadweinio cyllell –

3

Gwaed a gwaed a gwaed a gwaed. Ei ddwylo'n waed. Ei simlah'n waed. Ei farf yn waed. Ei na'alayim lledr am ei draed yn waed. Gwaed yn diferu o'r pared. Gwaed yn tywallt o'r to. Gwaed ar y llawr yn bwll. Lefel y gwaed yn codi. Codi at ei ben-glin. Codi at ei ganol. Codi at ei fol, nawr, at ei frest. Ac oglau'r gwaed yn ei ffroenau. Oglau rhydlyd. Oglau trwm. A'r gwaed at ei ên. A'i anadl yn fyr. A'i simlah'n socian. A'i sgyfaint yn glytiau gwlyb. A'r gwaed yn ei geg. A'r gwaed yn ei drwyn. Ac ofn yn ei dryferu. Ofn wrth

fygu. Mygu ar y gwaed. Boddi yn y gwaed. Gwaed y byd. Y byd
dan waed. A mygu a llyncu a mygu a llyncu a –

Paulus yn effro –

ar ei eistedd –

ei wynt yn ei ddwrn –

ei galon yn taranu –

ei ben yn curo,

ffit –

paid â fy erlid dilyn fi paid â fy erlid dilyn fi paid â fy erlid dilyn fi paid
â fy erlid dilyn fi paid â fy erlid dilyn fi paid â fy erlid dilyn fi –

pendro nawr,

gwefusau'n grin,

pinnau mân yn ei ddwylo,

y felltith –

paid â fy erlid dilyn fi paid â fy erlid dilyn fi paid â fy erlid dilyn fi paid
â fy erlid dilyn fi paid â fy erlid dilyn fi paid â fy erlid dilyn fi –

y gosb –

paid â fy erlid dilyn fi paid â fy erlid dilyn fi paid â fy erlid dilyn fi paid
â fy erlid dilyn fi paid â fy erlid dilyn fi paid â fy erlid dilyn fi –

y cystudd –

paid â fy erlid dilyn fi paid â fy erlid dilyn fi paid â fy erlid dilyn fi paid
â fy erlid dilyn fi paid â fy erlid dilyn fi paid â fy erlid dilyn fi –

Ac mae'n gweiddi nerth ei ben, Dilynwch y Christos Iesous!

Ac i mewn, Silouanos –

Paulos, be sy'n bod? Wyt ti'n iawn, frawd?

Ac yna dod ato'i hun. Ac yna gofyn, Ble mae Timotheos? Sut
mae'r llanc?

Ma' fe'n gwella, meddai Silouanos. Mewn poen, ond dyna fe.

Dim-dim gwaed, felly?

Gwaed?

Gormod o waedu?

Na, Paulos. Dim mwy na'r arfer ar ôl i fachgen gael ei enwaedu.
Ac mae'i flaengroen wedi ei anfon i Jerwsalem.

Mae Paulos yn codi o'r gwely. Criciau yn ei gymalau. Ei
ewynnau ar dân. Henaint ni ddaw –

Ac mae'n dweud –

Nhw a laddodd y Christos Iesous, Silouanos. Nhw'r Iddewon. Nhw gyda hoelion. Nhw ar bren, gyda drain a rhaffau. Nhw'n cynllwynio. Nhw'n bradychu. Yr Iddewon yn bradychu. Yn bradychu eu brenin. Mudiad gwenwynig yn troi ar eu teyrn. Ond cefais warant i'w dinistrio. Dinistrio'r rhai oedd yn honni eu bod yn dilyn Iesous. Rhoddwyd fi ar y llwybr hwn gan y grym tu ôl i'r grymoedd, Silouanos. Rhoddwyd fi ar brawf. A chefais fy eneinio'n Apostolos. Cefais fy newis. Cefais efengylau – nid trwy'r cnawd ond trwy'r ysbryd. Dial, Silouanos. Dial am Giv'a. Dial am iddynt sathru arnaf. Dial am yr Hebreaid yn erbyn Binyamin. Dial am un ar ddeg yn erbyn un, Silouanos. Dial am fod Jwdea wedi bradychu ei brenin. Cusan Jwdea'n ei anfon i'r groes.

Ac mae golwg ofnus ar Silouanos. Ac mae golwg ddryslyd ar Silouanos. *Beth mae'n barablu?* Ond nid yw Silouanos yn dweud gair.

Ac mae Paulos yn dweud, A wyddost ti beth? Fi'n *dal* am eu dinistrio.

Ac mae golwg ofnus ar Silouanos. Ac mae golwg ddryslyd ar Silouanos. *Yw'r dyn o'i go?* Ond nid yw Silouanos yn dweud gair.

Dinistrio'r rhai sy'n honni eu bod yn dilyn Iesous. Dinistrio'r rhai sy'n llygru ei neges. Nawr fi'n deall. Dyna fy ffawd o'r dechrau. Nawr fi'n deall, Silouanos. Dewiswyd fi. Fy newis cyn fy ngeni. Fy rhoi ar lwybr. Dyma'r neges yn fy neges. Eu difa nhw –

Ac mae golwg ofnus ar Silouanos. Ac mae golwg ddryslyd ar Silouanos. *Ond mae ei ffydd yn fy ysbrydoli.* Ac nid yw Silouanos yn dweud gair.

Mae Paulos yn edrych ar ei ddwylo. Mae'i ddwylo'n lân. Mae'n dweud, Nid oes gwaed ar fy nwylo i fel mae gwaed ar eu dwylo nhw. Ac fel y bydd gwaed ar ddwylo'u plant.

Ffor shêm, rhua Kepha. Ffor shêm. Mi flinga i'r diawl. Y fforinar diawl. Y dyn blydi dŵad yn sathru'r Mashiach dan draed. Yn ein sathru ni dan draed, a'r gwaith rydan ni wedi ei gyflawni.

Pa waith? meddai Yakov yn corddi, yn edrych ar y neges, yn edrych ar y croen wedi crino ddaeth o Tarsos gyda'r negesydd. Be ydan ni wedi'i gyflawni, Kepha?

Be sy haru chdi? Bron i igian mlynadd o lafur a chwys. Igian mlynadd o bregethu neges dy frawd, *fy mrawd i*, Mab Abba. Y Mashiach. Igian mlynadd yn tywys defaid coll Israel yn ôl at eu bugail cyn i'r Deyrnas ddod –

A lle *mae'r* Deyrnas, fy hen gyfaill?

Llygaid Kepha'n gul. Dannedd Kepha'n crensian. Gwaed Kepha'n berwi.

Be ti'n ensynio, Yakov?

Ensynio dim. Deud reit glir dwi nad oes *hanes* o'r Deyrnas. Mae hon yn broblem ddyrys i ni.

Kepha'n troi o'r neilltu. Troi gyda'i ddyrnau. Troi gyda'i fôn braich. Troi jest rhag ofn iddo golli ei dymer gyda Yakov. Troi a dweud, Tydi amsar yn ddim byd i'r ARGLWYDD.

Mae amsar yn rhwbath i'n brodyr ni, Kepha. Ac maen nhw'n dechrau swnian a chwyno. Rydan ni'n andros o dlawd, 'sti. Byw fel oedd fy mrawd am i ni fyw. Hidiwch befo am fory oherwydd fory mi fydd y Deyrnas yn dod, medda fo. Rhowch eich eiddo i eraill. Trowch eich cefnau ar eich teuluoedd. Dilynwch a dowch i'r Deyrnas. Ond lle mae hi? Pryd y daw hi? Fedran ni'm byw fel hyn am byth, 'sti.

Paid â chodi fy ngwrychyn i, Yakov.

Neu be?

Kepha'n troi i'w wynebu. Neu mi eith hi'n flêr rhyngthan ni.

Am eiliad, her,

am eiliad, tân,

am eiliad, gwaed drwg,

ond yna –

Sgwyddau Yakov yn sigo. Mae'n dweud, Rydan ni wedi'n dal, Kepha. Mae Shaul Tarsos yn llygru'n pregeth ni ac wedi mynd ar ei liwt ei hun. Fasa waeth i ni ei alw fo'n elyn a rhoi pris ar ei ben. Rhoi *Yr ARGLWYDD a'th gosba!* arno fo. Gadael i'r Abba ddelio efo fo.

Mi wnes i hynny flynyddoedd yn ôl. O flaen pawb. *Yr ARGLWYDD a'th gosba!* Gwarant marwolaeth. Ond fuo yna ddim ymdrech i'w ladd o. Fel tasa'r ARGLWYDD yn ei amddiffyn o –

Na! Paid â deud y ffasiwn beth, Kepha. Nefi fawr.

Mi ro'n bris ar ei ben o eto. *Yr ARGLWYDD a'th gosba!* eto.

Da i ddim bellach. A beth bynnag, fo ydi'n bywoliaeth ni. Hebddo fo, mae hi wedi darfod arnan ni. Mae'r coffrau'n wag. Paulos a'i ffrindiau cefnog yn y dinasoedd crand yma sy'n ein cynnal.

Fforinars diawl, meddai Kepha.

Ia, ond heb Paulos maen nhw'n wan. Mae'n bechgyn ni'n mynd i'w mysg nhw i gogio diolch am y gynhaliaeth. Ond maen nhw'n pregethu'n neges ni ar y slei. Ac mae'r neges yn taro deuddeg. Mae'r tramorwyr crand 'ma'n licio clywad bod Yeshua'n ddyn go iawn o gig a gwaed a'n bod ni wedi bod efo fo, yn ei nabod o. Ond cofia, mae Paulos yn sgwennu. Mae o'n sgwennu at ei frodyr ar draws y byd erbyn hyn, ac yn eu paratoi nhw ar gyfer ein cenhadwyr ni. Mae'r sgwennu yma'n arf effeithiol. Rhaid i ninnau gael sgwenwyr neu neges Paulos fydd yn ennill y dydd. Bydd fy mrawd bach yn cael ei anghofio a rhyw rith-beth yn cael ei addoli yn ei le fo. Rhyw dduw gwneud fel duw Paulos.

Isio i ni sgwennu wyt ti? Fedra i ddim sgwennu na darllan. Sgotwr dwi. Neu dyna oeddwn i.

Mae rhai o'r Iddewon alltud yn medru sgwennu. Rhai ddaeth yma efo Stephanos ac ar ei ôl o.

Damia rheini hefyd.

Ella wir, ond rhaid i ni eu defnyddio nhw, Kepha. O leia maen nhw'n credu yn y neges. Maen nhw'n dilyn Torat Moshe, cadw'r kashrut, mynnu enwaediad corfforol. Rhaid gofyn iddyn nhw sgwennu. Sgwennu am Yeshua. Isio i ni ddeud straeon amdano fo a ballu. Deud be ddaru o. Mae Barnabya'n sgwennwr. A'i berthynas o, Ioannes Markos. Hwnnw'n dipyn o sgolar. Mi geith sgwennu hanes Yeshua. Mi gei di sgwrsio efo fo, deud dy hanes.

Kepha'n tuchan. Kepha'n crychu ei dalcen. Kepha'n teimlo'n boeth.

Ond cyn hynny, meddai Yakov, rhaid i chdi wneud un peth pwysig, Kepha.

Be?

Y peth anodda rwyt ti wedi'i wneud erioed, yr hen gyfaill.

Be?

5

Brodyr newydd yn Derbe. Brodyr newydd yn Lystra. Brodyr newydd yn Thessaloniki. Brodyr newydd yn Philippoi. Brodyr newydd yn derbyn gwaed y Christos Iesous. Brodyr newydd yn derbyn marwolaeth y Christos Iesous. Brodyr newydd yn derbyn atgyfodiad y Christos Iesous. Brodyr newydd yn clywed y neges. Brodyr newydd yn derbyn y neges. Brodyr newydd yn pregethu'r neges –

Neges Paulos,

nid neges Jerwsalem,

nid neges Kepha,

nid neges Yakov,

nid neges dynion,

a'r brodyr newydd yn ei groesawu,

a'r brodyr newydd yn ei seboni,

a'r brodyr newydd yn ei glodfori,

a Paulos ar i fyny,
Paulos ar ei orau,
Paulos yn anterth ei nerth,
Paulos –
Paulos –
Paulos –
Pau –

6

Beth? Be sydd? Pwy sy 'na? –
Paulos yn effro. Codi ar ei eistedd. Rhywun yn galw. Galw'i enw. Ond nid yn y freuddwyd. Nid y dorf. Nid y brodyr. Nid y Christianos. Rhywun yn y tŷ. Tu allan i'r drws. A'i rwygo o'i freuddwyd. Breuddwyd am y byd. Y byd yn ei ddilyn. Rhufain ar ei sawdl. Yr ymerawdwr yn ei anrhydeddu. Claudius yn clodfori. Claudius yn dilyn. Ei ddilyn at y Christos –
Pwy sy 'na?
Fi, Silouanos.
Be ti moyn? Fi'n trial cysgu.
Agor y drws, Paulos.

7

Nawr ar ei eistedd. Nawr yn rhwbio'i lygaid. Nawr wedi ymlâdd. Prin mae'n cysgu. Prin mae'n gorffwys. Pregethu'r neges ddydd a nos. Pregethu'r neges ledled y byd. Pregethu'r neges ac ennill eneidiau. Mae'n gweu, yn gweu ac yn gwaedu...

Mae'n yfed, syched arno. Mae'n dweud wrth Silouanos, Wyt ti'n sicr?

Ydw, daeth negesydd.

Paulos yn pendwmpian o hyd. Negesydd?

Silouanos braidd yn ddiamynedd. O Antioch, Paulos.

Ie?

Ie!

Ac mae'r hen gnaf yno?

Yn ei holl ogoniant, poera Silouanos.

Alla i ddim credu. Ai cellwair yw hyn?

Cellwair?

Ie, y negesydd yn jocan. Neu'n feddw. Neu wedi ei anfon gan Jerwsalem i'n camarwain.

Mae'r negesydd yn ddibynadwy, Paulos.

A beth mae'n ddweud?

Dweud bod Kepha'n Antioch.

Kepha o bawb.

A dweud bod y brodyr yn heidio ato ac yn gwrando arno, yn gwrando ar ei straeon am Iesous. Synnu ei fod wedi teithio gydag Iesous, ei fod wedi cyffwrdd simlah Iesous a chusanu pen Iesous. Syfrdanu ei fod wedi rhannu bwyd gydag Iesous a rhannu gwin. Paulos, mae'r brodyr yn credu. Maent yn credu neges Kepha ac yn anghofio'r groes a'r atgyfodiad. Maent yn anghofio'r geni newydd yn y gwaed. Maent yn credu'r cnawd.

Cur ym mhen Paulos, yn sydyn –

ei ben yn curo,

ei wynt yn fyr,

ei gnawd yn pigo,

chwys ar ei dalcen,

goglais ar ei wegil,

ei sgyfaint yn dynn,

ffit –

Silouanos yn ei ysgwyd. Paulos, tyrd atat ti dy hunan, frawd. Mae hi'n ddu arnom ni os yw Kepha'n Antioch, os yw'n hudo'r brodyr i'w rwyd.

Alla i ddim credu bod Kepha wedi gadael ei filltir sgwâr. Fydde fe *byth* yn gadael Jerwsalem. Byth.

Mae wedi ac mae yno – ac mae'n ennill y dydd, Paulos.

8

Kepha'n ei oed a'i amser yn Antioch. Kepha'n ei oed a'i amser wedi gadael Israel am y tro cyntaf. Kepha'n ei oed a'i amser yn gweld byd arall.

Diolch byth am Jerwsalem, mae'n feddwl. *Heb i mi nabod Jerwsalem, faswn i byth wedi medru delio efo hyn. Tawn ni wedi aros yn Kfar Nahum trwy gydol fy mywyd, wedi byw efo Anat a'r plant, ac wedi gorfod dŵad yma, mi fasa wedi fy ngyrru fi o 'ngho. Diolch byth am y Rabboni. Diolch byth am ei neges. Diolch byth am ei aberth, er mwyn i mi gael dŵad â'i hanes i'r byd fel hyn.*

Mae'r braw a deimlodd pan ddywedodd Yakov *Rhaid i ti fynd i Antioch* wedi pylu. Nawr mae ar i fyny. Nawr, mae'n fachgen eto. Nawr mae'n llusgo rhwydi ei dad at lan Llyn Kinneret. Eu llusgo gyda'i frawd Avram. Eu llusgo a'u llwytho ar y sgiffiau yn barod am ddiwrnod o sgota. Dyna pryd roedd y rhwyd a'r sgiff yn ei ddenu. Dyna pryd roedd y dyfroedd yn ei demtio. Nawr mae'n laslanc. Nawr mae'n gweld Anat. Nawr mae blys arno. Nawr mae hi'n ei ddychmyg. Nawr yr awydd. Nawr yr ysfa. Nawr ei galon yn curo a'i stumog yn sgipio. Nawr cariad. Nawr priodi. Nawr –

Anat ei nefoedd,

Anat, mam ei feibion,

Anat ei ddioddefaint,

oherwydd –

Nawr mae'n ŵr. Nawr mae'n dad. Nawr mae'n sgotwr. Nawr mae'n llafurio. Llafurio i gynnal teulu. Anat a'r plant. A'r byd yn giaidd. Ac Antipater yn frenin. A phrisiau'n plymio. A neb yn prynu. Ond proffwyd yn addo –

Yn addo dyddiau gwell –

Y proffwyd yn yr anialwch –

Y proffwyd ar lan yr afon –

Yohannan Mamdana ar lan yr afon –

Yohannan Mamdana ar lan y Nehar haYarden –

Yohannan Mamdana'n dweud, Teshuvah. Dychwelyd at HaShem. Dychwelyd at Yr Enw. Enw'r Adonai. Edifarhau am bechodau ddoe er mwyn bod yn rhan o'r Deyrnas fory.

Teshuvah –

A nawr Kepha'n dilyn. Ac o'r dilyn, dwrdio –

Anat o'i cho. Dwyt ti ddim yn sgota hanner digon! Rhaid i ti fynd ar y dŵr bob dydd, Kepha! Does yna'm pysgod yn yr anialwch!

A fyntau'n taeru, Ond mae yna *obaith* yn yr anialwch, Anat.

A hithau'n dweud, Fydd gobaith ddim yn rhoid bwyd ym moliau dy blant.

A fyntau'n ymateb, Pan fydd y Deyrnas yn dod, bydd bwyd i bawb.

Ond ni ddaeth Teyrnas. Yn hytrach, daeth Teyrn –

Antipater a'i gadwynau,

Antipater a'i gelloedd,

Antipater a'i greulondeb –

Pen Yohannan Mamdana ar blât, meddan nhw. Rhodd i Shlomit ei lysferch, meddan nhw –

Shlomit ei butain, fwy tebyg,

Shlomit yn dinnoeth,

Shlomit ar ei gliniau,

Shlomit yn –

Nawr mae'n – nawr mae'n – nawr mae'n –

Anghofia am Shlomit, mae Kepha'n ddweud wrtho'i hun. *Anghofia am ei thin ac am ei bronnau. Anghofia amdani ar ei gliniau, ei dwylo ar dy – ei gwefusau –*

A rhu –

Rhu o'r anialwch –

Rhu o lan yr afon –

Rhu ar draws Galilea –
Rhu'r holl ffordd i Jerwsalem –
Rhu'r llafurwr o Natz'rat –
Natz'rat, twll tin byd –
Ond o dwll tin byd, dyrchafwr –
Yeshua –
Yeshua a'i neges –
Yeshua a'i *Dilynwch fi* –
A Kepha'n dilyn eto,
yn dilyn Yeshua,
ei ddilyn i'r Deyrnas –
dilyn i iacháu,
dilyn i allfwrw,
dilyn i bregethu,
pregethu *Dilynwch fi*,
pregethu *Trowch eich cefnau ar y byd*,
Troi cefn ar Anat. Troi cefn ar eu plant. Troi cefn ar sgota. Troi
cefn a'r Kfar Nahum. Troi cefn oherwydd bod rhywbeth gwell o'u
blaenau.
Pam edrych am yn ôl? Pam poeni am ddoe? Pam poeni am yfory? –
nawr sy'n bod,
nawr sy'n bwysig,
nawr yw'r Deyrnas,
nawr yw Yeshua,
nawr yw ei neges,
nawr – nawr – nawr –
nawr mab Kepha'n marw,
nawr calon Kepha'n torri,
nawr Kepha'n gwireddu'r keriyah,
nawr Kepha'n –
Rhwygo ei ddillad,
eu rhwygo wrth ei frest,
eu rhwygo lle mae'i galon,
eu rhwygo fel mae disgwyl i riant sy'n colli plentyn eu rhwygo,

eu rhwygo fel mae disgwyl i riant ei wneud yn ôl y traddodiad, eu rhwygo yn ôl defod y keriyah –

Ac Anat o'i cho. Ty'd i fwydo dy blant, raca! Ty'd adra! Ty'd i chwysu! Ty'd i lafurio er mwyn i ni gael bara! Ty'd i wneud dy ddyletswydd fel gŵr er mwyn i mi gael mab yn lle hwnnw a gollwyd!

Kepha wedi ei ddinistrio. Kepha'n beichio crio. Kepha'n esbonio iddi, Mae'n rhaid aberthu er mwyn dilyn y Rabboni.

A'i wraig yn poeri ac yn melltithio –

A dyna'r tro olaf iddo'i gweld. Yeshua'n ei rybuddio, Mae hi'n ceisio dy demtio di gyda'i chnawd. Mae hi am dy ddwyn di o gôl yr ARGLWYDD. Hi yw 'Diafol'. Hi yw y gelyn. Cnawd yw'r gelyn. Teulu yw'r gelyn. Tylwyth yw'r gelyn. Yfory yw'r gelyn. Kepha, gwranda, does dim ond –

Nawr –

Nawr –

Nawr –

Antioch –

Pwy fasa wedi meddwl?

9

Dweud, frawd, dweud amdano, meddai Christianos boliog, barfog o'r enw Phelix. Tŷ Phelix yw hwn. Tŷ Phelix yn Antioch. Mae Phelix yn credu. Mae Phelix wedi ei fedyddio. Mae Phelix wedi dod at Yeshua trwy Paulos Saoul Tarsos. Ond nid yw Phelix yn Iddew. Nid oes Iddew arall yn y stafell, yn nhyb Kepha. Dim ond y fo a Yohannen Markos –

Yohannen Markos – neu *Ioannes* Markos fel mae'r Cenedl-ddynion yn ei alw – sy'n gwmni ac yn gyfieithydd. Yohannen Markos sy'n gysur ac yn graig. Yohannen Markos sy'n gorff cynnes –

Ie, meddai Christianos arall o'r enw Timaios. Dweud wrthyn ni, frawd. Ti oedd ei gyfaill pennaf. Ti oedd yno o'r dechrau. O'r dechrau at y diwedd. Fuest ti mewn ymgom gyda fe ers ei atgyfodiad? Dweud wrthyn ni. Ti sy'n gwybod.

Dweud –

Dweud –

Dweud –

Dweud –

Dweud –

Dweud –

Dweud –

Nid oes rhaid i Yohannen Markos gyfieithu. Erbyn hyn mae *Dweud* yn eu hiaith yn gyfarwydd i Kepha. Clywodd *Dweud* ganwaith. Ymatebodd i *Dweud* ganwaith. Ymhelaethodd ar *Dweud* ganwaith. Ysgrifennodd Yohannen Markos *Dweud* ganwaith –

Fe ddywedodd Paulos dy fod ti'n un o'r tystion, meddai Timaios. Un a welodd y Christos yn fyw ar ôl ei farw.

Mae Kepha'n pwyso ac mae Kepha'n mesur. Mae Kepha'n prosesu. Mae Kepha'n ystyried. Mae Kepha'n palu ei feddyliau. Mae Kepha'n tyrchio trwy ei atgofion –

Be welish i go iawn? Be welish i?

Ond mae'i gof yn deilchion. Darnau o ddyddiau ei fywyd yn chwyrlïo fel adar ffyrnig mewn ogof. A Kepha'n cythru amdanynt. Ceisio'u rhwydo. Llwyddo i ddal un bob hyn a hyn ac yn eu saernïo gorau gall o. Eu saernïo'n – beth oedd gair Shaul/Paulos? – efengylau, yn wirionedd.

Mi welais i'r Mashiach, do. Sawl gwaith ar-ar-ar ôl ei atgyfodiad, meddai. Ond yn bwysicach fyth, roeddwn i efo fo yn ystod ei fywyd. Fi oedd ei-ei-ei fôn braich, wyddoch chi. Ei law dde. Fi... fi oedd y graig.

Ac mae'n gwrando ar Yohannen Markos yn cyfieithu ac yn clywed Yohannen Markos yn dweud *Petros* ac ar ôl i Yohannen Markos ddweud *Petros* mae'r stafell yn nodio ac yn mwmian a'r gair *Petros Petros Petros Petros Petros* yn gwibio, gwibio fel neges dros ffiniau –

Fy enw, meddai Kepha, yw Shimon bar Yona. Dyna oedd fy mam yn fy ngalw. Shimon. Fy nhad oedd Yona. Ond i bawb Kepha oeddwn i. Hogyn nobl. Bôn braich a ballu. A Kepha, ylwch, yw craig yn fy iaith i. Ac roedd Yeshua Mashiach yn gwybod hynny. A dyn-dyn-dyna pam oeddwn i'n g-g-graig iddo fo.

Ac o enau Yohannen Markos, Petros...

Ac yn y stafell, Petros... Petros... Petros... Petros... Petros... Petros... Petros...

10

Dyn y Gyfraith oedd Yeshua, meddai Kepha wrthyn nhw. Dyn oedd yn rhybuddio Israel, rhybuddio'r Iddewon i fyw'n well. Eu rhybuddio i beidio mynd yn groes i Torat Moshe er mwyn manteisio. Roedd nifer – ac mae nifer hyd heddiw – o Iddewon, fel aelodau'r Perushim, wedi dyfeisio traddodiadau sy'n groes i'r Gyfraith. Mae Paulos Saoul Tarsos yn aelod o'r blaid honno. Ond roedd y proffwyd Moshe Rabbenu'n reit glir ar gownt hyn. Y Gyfraith sy gynta. Rhaid ei chadw, bob gair.

Maen nhw'n gwrando. Mae Phelix yn gwrando ac mae Timaios yn gwrando ac mae Ourias ac Alexandros ac Erastos yn gwrando, ac mae Yohannen Markos yn cyfieithu.

Rydach chi'n credu yn Yeshua, meddai Kepha. Rydach chi'n dilyn, ac mae hynny'n bwysig. Ond tydi o ddim yn *ddigon*, ylwch. Tydi hynny ddim yn ddigon i'ch achub chi pan ddaw'r Deyrnas.

(pan ddaw'r deyrnas pan ddaw'r deyrnas pan ddaw'r deyrnas pan ddaw'r deyrnas pan ddaw'r deyrnas –)

Ond pryd y daw hi? –

Mae Kepha'n sgytio'r llais drwg o'i ben ac yn para gyda'i bregeth.

Mae'n rhaid i chi ddilyn yr Halakha, y cyfreithiau sydd yn y Torah she-bi-khtav, y Torah sydd wedi ei sgrifennu, a'r Torah she-be-al peh, y Torah sydd wedi ei ynganu. Y ffordd i gerdded yw'r Halakha. Dyna yw ystyr y gair yn Hebraeg, iaith yr Iddewon. Mae tramgwyddo'n erbyn y rhain yn bechod, a bydd cosb. Ond i'r rhai sy'n eu cadw, mae lle yn y Deyrnas.

Mae'r dynion yn mân sgwrsio. Maen nhw'n crychu eu talcenni. Maen nhw'n crafu eu barfau. Maen nhw'n pwyso a mesur.

Mae Phelix yn dweud, Fe daerodd Paulos Saoul Tarsos nad oedd rhaid i ni gadw cyfreithiau'r Iddewon. Rhywbeth i'r Iddewon oeddynt. Rydym mewn cyfamod newydd gyda'r ARGLWYDD trwy waed y Christos Iesous.

Na, rhua Kepha. Na, na, na. Pam y byddai'r ARGLWYDD, yr Un Duw, a ddywedodd trwy ei broffwyd Malakhi, Fi 'di'r ARGLWYDD a dwi ddim yn newid, yn newid ei feddwl a darparu cyfamod *newydd*? Cabledd ydi hynny, siŵr iawn. Gwrandwch arnaf fi. Rhwng Abraham a'r ARGLWYDD mae'r cyfamod. A seliwyd y cyfamod hwnnw gyda'r brit milah, yr enwaedu. Mi ddywedodd yr ARGLWYDD hyn wrth Abraham – Rhaid i chdi a dy had, ar hyd y cenedlaethau, gadw'r cyfamod rhyngthan ni. Rhaid i bob gwryw gael ei enwaedu yn nefod y brit milah. Torrir y blaengroen fel arwydd o'r cyfamod rhyngthan ni. Yn oes oesoedd o hyn ymlaen, bydd pob bachgen yn cael ei enwaedu pan mae'n wythnos oed. Y bechgyn yn y teulu a'r bechgyn sy'n gaethweision i chi. Bydd yn rhaid i'r caethweision rydach chi'n brynu, a'u bechgyn nhw, fynd trwy'r ddefod hefyd. Bydd fy nghyfamod ar eich cnawd chi yn gyfamod *tragwyddol*. Bydd unrhyw ddyn sydd heb fynd drwy'r brit milah yn cael ei ddiarddel o'r gymuned.

Mae Kepha'n oedi. Mae Yohannen Markos yn cyfieithu. Mae'n cyfieithu'n ara deg. Mae Kepha'n gwylio wynebau'r dynion wrth iddyn nhw wrando. Ac ar ôl iddyn nhw wrando, ac ar ôl iddyn nhw fân sgwrsio a chrychu eu talcenni a chrafu eu barfau, ar ôl iddyn nhw bwyso a mesur, mae Phelix yn dweud, Wyt ti'n dadlau, felly, bod Paulos Saoul Tarsos yn dweud celwydd?

Cam-ddallt mae o, meddai Kepha. Wedi drysu ar ôl blynydd-oedd yn yr anialwch. Treuliodd gyfnod yng ngarwidroedd ein gwlad, wyddoch chi. Ac mae fan'no'n lle ofnadwy. Lle sy'n drysu dynion. Lle sy'n eu hanfon o'u coeau.

Ac eto mae'r Christianos yn mân sgwrsio a chrychu eu talcenni a chrafu eu barfau ac yn pwyso a mesur. A Phelix yn dweud, Mae hyn yn boen mawr i ni. Rydym wedi dod i gredu yn y Christos Iesous, wedi dod i'w adnabod –

Tydach chi ddim yn nabod Yeshua Mashiach, meddai Kepha, gan dorri ar ei draws. Tydach chi, na'r Shaul neu Paulos yma ddim yn nabod y *dyn* oeddwn i'n ei nabod. Sut fedra fo'i nabod? Sut fedra neb os nad oeddan nhw *yno*? *Hwn* oedd y dyn ddaeth â'r neges o'r anialwch. *Hwn* oedd y dyn oedd yn ddewr yn wyneb erledigaeth. *Hwn* oedd y dyn oedd yn llwgu ac yn sychedu, y dyn oedd yn amau. *Hwn* oedd y dyn a gerddodd ar y dŵr –

A sawl un o'r dynion yn dweud, Cerdded ar y *dŵr*? Cerdded ar y *dŵr*? Cerdded ar y *dŵr*?

Welest ti e'n cerdded ar y dŵr? hola Timaios.

Ac mae Kepha'n ystyried. Ac mae Kepha'n pendroni. Ac mae Kepha'n tyrchio'i feddyliau. Ac mae Kepha'n datgladdu'r atgof. Ac mae'r atgof yn cynnig hyn iddo –

Niwl trwchus ar wyneb Môr Galilea. Niwl trwchus dros y mynyddoedd. Niwl trwchus a'r bobl fel ysbrydion yn y niwl ac yn y nos. A Yeshua'n dweud wrth Kepha a'r gweddill, Ewch ymlaen i Beth-tsaida a dweud wrth yr Iddewon yn y fan honno bod y Rabboni'n dod. A dyma nhw'n mynd. Mynd a'i adael o ar y lan. Ar lan Môr Galilea. A'r niwl yn drwchus. A'r nos yn dywyll. Anodd gweld. Anodd amgyffred. A Kepha mewn cwch ar y dŵr. Kepha a'r gweddill mewn cychod ar y dŵr. A Yeshua ar y lan. Yeshua'n silwét. Yeshua'n amlinelliad. A Kepha'n ei wylio. Kepha'n ei garu. Kepha'n ei amau. Kepha'n meddwl, Ai ti yw'r un? A Yeshua'n cerdded ar y traeth. Yn ôl ac ymlaen ar y traeth. A Kepha'n gwylio. Kepha'n gwylio trwy'r niwl. Kepha'n gwylio yn y nos. A Yeshua'n cerdded. A Yeshua'n agosach. A Yeshua nawr ar wyneb y dŵr. Yeshua'n cerdded ar wyneb y dŵr. A Kepha ar ei draed yn y cwch ac yn pwyntio at y lan, at y dyn ar wyneb y dŵr. A Kepha'n dweud,

Edrychwch arno fo, hogia! Ac maen nhw'n edrych ac maen nhw'n gweld,

yn gweld y dyn ar wyneb y dŵr,

y dyn sy'n cerdded ar y dŵr –

yn y niwl,

yn y nos,

ar wyneb y dŵr –

Ac maen nhw i gyd yn pwyntio ac maen nhw i gyd yn galw arno fo o'r cychod, yn galw ar Yeshua. Yeshua ar wyneb y dŵr. Ac mae Yeshua ar wyneb y dŵr yn gweiddi arnyn nhw ond anodd yw clywed, ond mae Kepha'n clywed –

Peidiwch â bod ofn, fi sy 'ma!

Ond maen nhw'n dal i bwyntio ato. O'r niwl. O'r môr. Maen nhw'n dal i weiddi arno. O'r niwl. O'r môr. Maen nhw'n dal i weddïo. O'r niwl. O'r môr –

A nawr, flynyddoedd yn ddiweddarach, filltiroedd o'r dŵr hwnnw, mae Kepha'n dweud wrth y dynion o Antioch, Do, mi welish i o'n cerdded ar y dŵr.

11

Paulos yn gadael y tŷ yn Philippoi ar ras. Mae'n gwingo. Ei oed yn faich. Y milltiroedd wedi dweud arno. Ei elynion yn lluosog.

Fe ddylwn i fyw mewn pabell yn y garwdiroedd, mae'n ddweud wrtho'i hun, *a byw ar ben fy hunan, yn ogystal. Bod mewn ymgom gyda'r Christos nes y bydd yn dychwelyd i'r ddaear.*

Ond na –

Fe awn i weddïo gyda'r ekklesiae, meddai wrth Silouanos. Ac yna fe awn am Antioch. Os yw Kepha'n credu ei fod yn gryfach na fi, fe gaiff fraw. Fi yw'r Apostolos.

Ie, ti, meddai Silouanos.

Fi sydd wedi fy anfon. Nid Kepha. Nid Yakov.

Mae Paulos yn gynddeiriog. Mae'n brasgamu trwy'r sgwâr. Mae'n gwthio trwy'r dorf. Mae'n dweud, Fe ddangosa i iddynt yn Antioch pwy sydd â bôn braich, pwy yw'r un sy'n pregethu'r efengylau. Fe ddangosa i rym iddynt.

Ac wrth hyrddio am y tŷ gweddi, mae cynddeiriogrwydd Paulos yn cynyddu. Ond yna daw llais –

Christianos! Chi ddynion y duw a elwir ARGLWYDD! Chi addolwyr y Groes!

Mae Paulos a Silouanos yn stopio'n stond. Daw'r llais o un o'r stondinau yn y farchnad. Llais merch –

Dewch i mi gael darogan! Dewch i mi ddweud eich ffortiwn! Dewch, dewch i gael eich *denu*, ddynion yr ARGLWYDD!

Mae Paulos yn mynd i gyfeiriad y llais ac mae'r llais yn deillio o forwyn. Pymtheg oed. Ei chroen yn dywyll. Ei llygaid yn llachar. Ei phersawr yn hudol. Ei gwefusau'n sgarlad. A gemau'n ei chlustiau. A thlws yn ei thrwyn. A pherlau am ei gwddf. A phaent ar ei chnawd. A llawer iawn o gnawd...

Gallaf ddarogan tymestl a daeargryn, meddai'r forwyn. Gallaf ddarogan priodas, beichiogrwydd, marwolaeth. Dewch ata i, ddynion yr ARGLWYDD.

Mae tân yng ngwaed Paulos. Mae rhu yn ei lwynau. Mae grym yn cythru ynddo. Mae Silouanos yn dweud, Na –

Rhy hwyr. Paulos fel tarw trwy'r dorf. Paulos tua'r stondin. Stondin y forwyn. Y forwyn gyda'r cnawd. Y forwyn gyda'r tlysau. Y forwyn – nawr mae'n sylwi – sydd â chyffion am ei fferau –

caethferch,

eiddo,

gwrach,

plentyn –

A Paulos yn cythru yn ei gwddf a gwasgu ei gwddf a'i cheg ar agor a'i hewinedd yn crafu ei law a'r gaethferch yn tagu a Paulos yn gweiddi, Rwyt ti wedi dy felltithio, blentyn, mae dy enaid dan ormes Diafol –

Ac mae'n ysgwyd y forwyn ac mae'r forwyn yn mygu ac mae torf yn gwylio ac mae lleisiau'n mynnu ei fod yn gadael llonydd iddi ac mae lleisiau'n gofyn, Ble mae ei meistr? ac mae lleisiau'n galw ar yr awdurdodau. Ond mae Paulos yn syllu i fyw ei llygaid ac mae ei llygaid yn dduon ac yn ei llygaid duon mae Paulos yn gweld cwymp dyn ac mae'n gweithredu.

Yn enw'r Christos Iesous rwyf fi'n gorchymyn i ti, Diafol, tyrd mas ohoni hi!

Ac mae Paulos yn ei hysgwyd eto ac mae'i llygaid yn rholio ac mae'r du nawr yn wyn ac mae'r forwyn yn llipa.

Rhywun yn sgrechian, Mae e wedi ei lladd!

Un arall yn dweud, Fe allfwrwodd ysbryd dewiniaeth ohoni!

Ac mae Paulos yn taflu corff llipa'r gaethferch ar y llawr ac mae'r dorf yn rhuo eto –

Mwrdwr! Mwrdwr! Mwrdwr!

Ond mae'r gaethferch yn griddfan ac yn gwingo ac yn wylo, galw am ei meistr, galw am gymorth.

A daw Paulos ato'i hun. Daw Paulos yn ôl i'r byd hwn. Daw yn ôl o'r gynddaredd a'r caos. Ac mae'n penlinio dros y forwyn i'w chynorthwyo ond mae'r forwyn yn hercian oddi wrtho ac yn sgrechian nerth ei phen.

Tyrd oddi yma, meddai Silouanos yn ei glust ac mae Paulos yn troi i fynd, ond troi ar ei ben i bastwn ar ei dalcen.

Ac mae'r byd yn ddu ond am sêr di-ri fel disgynyddion Abraham.

12

Ei enw yw Kir a daw o Persis. Mae'n foliog ac yn gefnog.

Mae ganddo buteiniaid –

Bechgyn neu ferched, pob lliw a llun, pob oed, beth bynnag yw'ch blys, bodlonwch eich awch –

Mae ganddo stablau –

Ceffylau o Arabia, y gorau'n y byd –

Ac mae ganddo Laleh –

Gwrach o dras gwrachod, morwyn sy'n dweud ffortiwn, morwyn sy'n *gwneud* ffortiwn –

I Kir.

Ond nawr mae Kir o'i go –

Mae'r dynion yma'n cythryblu'r ddinas, meddai wrth ynadon Philippoi. Christianos ydynt. Ffydd newydd. Enwad o blith yr Iddewon. A fi wedi cael helbul dros y blynyddoedd gyda'r Iddewon. Allwch chi ddim eu trystio. Un duw sydd ganddynt. Dywedwch, feistri, pa fath o ddyn sy'n addoli *un* duw? Nid yw eu defodau'n gyfreithlon i ni sy'n byw o dan Pax Romana. Claudius yw'n duw!

Ac mae'r dorf yn atsain, Claudius yw'n duw! Claudius yw'n duw! Claudius yw'n duw!

Nid duw'r rhain, meddai Kir. Nid duw'r Christianos. Nid duw'r Iddewon. Maent yn bwyta plant!

Mae'r dorf yn rhuo eto, Claudius yw'n duw! Claudius yw'n duw! Claudius yw'n duw!

Cyn iddo sylwi beth sy'n digwydd iddo, mae Paulos yng nghrafangau'r ynadon. Maent yn frwnt. Yn ei guro. Yn ei gicio. Yn brathu a thynnu ei wallt. Yn rhwygo ei ddillad oddi ar ei gorff ac yn rhwygo dillad Silouanos oddi ar ei gorff yntau. Mae Paulos yn benysgafn o hyd. Clais ar ei dalcen. Cur yn ei ben. Ergyd y pastwn. Maent yn llusgo Paulos a Silouanos allan i'r stryd. Maent yn dweud, Taflwch nhw i'r celloedd, fe gânt bydru yno.

Trwy'r strydoedd yn noeth. Trwy'r strydoedd mewn cyffion. Trwy'r strydoedd dan y lach.

A Paulos ddim yn gallu dygymod. Paulos yn ei oed a'i amser. Paulos yn rhy hen i ddiodde hyn –

ei ben yn curo,
ei wynt yn fyr,
ei gnawd yn pigo,
chwys ar ei dalcen,
goglais ar ei wegil,
ei sgyfaint yn dynn,
ffit –

... erlid... erlid... erlid...
ffit –
... erlid... erlid... erlid...
pendro nawr,
gwefusau'n grin,
pinnau mân yn ei ddwylo,
y felltith –
... erlid... erlid... erlid...
y gosb –
... erlid... erlid... erlid...
y cystudd –
... erlid... erlid... erlid...
Rhywun yn rhuthro o'r dorf. Rhywun yn cythru ynddo. Rhywun sy'n oeri ei waed. Rhywun sy'n poethi ei lwynau. Rhywun sy'n ogleuo fel Gardd Eden. Rhywun –
Laleh –
Yr hudoles –
Y wrach –
Y forwyn sy'n dweud ffortiwn –
Ac mae Laleh'n sibrwd, Fe ddywedais i, Christianos, fy mod i'n gallu darogan tymestl a daeargryn, ondyfe? A marwolaeth yn ogystal! Dy farwolaeth di.
Ac mae hi'n llyfu'r chwys oddi ar ei foch ac yn rhoi hwyth iddo ac yn rhuo arno ac yn cilio'n ôl i'r dorf.

13

Nawr y gell –
Ers wythnos yn y gell –
Ers wythnos heb achos teg –
Drewdod dynion sy'n marw'n araf yn trwytho'r aer. Synau dynion sy'n marw'n araf yn hollti'r awyrgylch. Llygod mawr a phryfed yn bwydo ar garcasau. Carcharwyr brwnt yn curo ac yn

arteithio carcharorion truenus. Dwsin a mwy o'r carcharorion ym mhob cell. Cyrff nobl yn crino. Diffyg bwyd. Diffyg dŵr. Diffyg awyr iach. Oglau baw dynol a phiso'n chwerwi'r lle. Nos barhaol yma. Dim golau dydd yn trywanu'r muriau.

A chwip y carcharwr wedi ei ddadweinio a'r carcharwr yn gofyn, Plentyn i'r *gwir* dduw?

Ie, meddai Paulos. Ti a'r ynadon a Kir a'r wrach. Pawb ohonoch. Pawb ohonom. Cred yn y Christos, frawd. Cred ynddo ac fe –

Rwyt ti'n tynnu fy nghoes –

A gyda hynny mae'r carcharwr yn taro Paulos deirgwaith gyda'r chwip ac mae pob llyfiad yn angheuol ac mae Paulos yn gwingo.

Gad lonydd iddo, ma' fe'n hen ŵr, meddai Silouanos.

Wyt ti moyn blas arni hefyd, boio?

A gyda hynny mae'r carcharwr yn taro Silouanos deirgwaith gyda'r chwip ac mae pob llyfiad yn angheuol ac mae Silouanos yn gwingo.

Mae'r carcharwr yn mynd ac yn cau'r drws. Mae'r carcharorion eraill yn y gell yn crafu'n y baw am y bara sych. Mae Silouanos rhwng dwy stôl. Cysuro Paulos neu setlo'i stumog?

Cer i fod yn anifail yn y baw, meddai Paulos wrtho.

Fi'n starfo.

Cer felly.

Ond rwyt ti'n fy marnu am fod awydd bwyd arnaf fi, Paulos.

Dim ond yr ARGLWYDD all farnu.

Nage ddim. Gall dynion farnu hefyd. Fe'n barnwyd ni wythnos yn ôl. Rydym fan hyn tra bod Kepha'n Antioch yn hudo'r brodyr at ei gabledd.

Rwyt ti'n fy siomi i, Silouanos.

Wel, dyna fe. Fi mewn cyffion. Gefynnau am fy nwylo. *Fi* reit siomedig yn ogystal.

Ble mae dy ffydd?

Yn y baw, gyda fy mhryd bwyd.

Bydd y Christos Iesous yn dy gynnal. Ond mae'n rhaid i ti gredu ynddo.

Mae Silouanos yn wylo. Fi wedi torri fy nghalon. Mae gen i ofn am fy mywyd. Maent yn addoli Claudius fel duw yma!

Silouanos, cadw dy ben! Mae ganddon ni gefnogaeth yma. Mae ekklesia yma. Mae Epaphroditus yma, dyn gwerth ei halen, a'r gwragedd duwiol Synteche ac Euodia. Ac ry'n ni'n ennill eneidiau'n ddyddiol, frawd. Fe ddaeth y Wraig o Ludia at y Christos Iesous. Wyt ti'n cofio? Honno oedd yn gwerthu Porffor Týros.

Fi'n cofio.

Ti ddywedodd, Paid â thrafod y Christos Iesous gyda hon, Paulos. Mae hi'n ffroenuchel ac yn feistres ar sawl stondin. Ti ddywedodd hynny, Silouanos. Ond roedd hi wedi dod i'r stondin i chwilio.

Am babell.

Nage, am ateb.

Am babell, Paulos.

Weithiau dwyt ti ddim yn gweld be sy 'nghalonne dynion.

Na gwragedd.

Na gwragedd, meddai Paulos. Ond fe gafodd ateb, ondyfe? A'r ateb oedd y Christos Iesous. Ac roedd hi, a'i theulu, ar ôl eu bedyddio gyda ni yn y Christos Iesous, yn rhan o'r ekklesiae. Rydym yn lluosogi, Silouanos. Bob tro y byddant yn ein medelu. Mwy a mwy ohonom. Mwy a mwy'n cael eu bedyddio, yn credu yn y Christos Iesous. Ei waed yw'r had. Ein gwaed *ni* yw'r had.

Fi ddim moyn gwaedu.

Rwyt ti'n gwaedu, frawd. Edrych ar y ffonodiau ar dy gnawd. Trwy ei waed ef. Trwy'n gwaed ni. Mwy fel y Wraig o Ludia. Mwy a mwy.

Ond ni fydd mwy os mai pwdru fan hyn yw'n ffawd.

Ni phydrwn, Silouanos.

Ac yna, crynodd y ddaear –

14

Laleh sy'n gweld y ddaear yn hollti. Laleh cyn neb. Bron fel y bu iddi ei ddarogan. Darogan yr hollt. Ac yna mae'r tir dan ei thraed yn ysgwyd. Y graig yn crynu.

Ac mae sgrechian yn y strydoedd a'r trigolion yn sgrialu ac yn rhuthro o'u tai i'r nos i weld beth sy'n digwydd.

Ac mae llwch yn chwyrlïo, yn tywallt o'r adeiladau.

Ac mae anifeiliaid yn brefu ac adar yn hedfan o'r clwydi lle buont yn gorffwys dros nos.

Ac mae Laleh yn edrych i gyfeiriad y carchar ac mae'r ysgwyd yn gwaethygu ac mae'r ysgwyd yn taflu milwyr oddi ar furiau'r carchar ac mae Laleh yn eu clywed yn udo wrth iddynt syrthio.

Mae hi'n meddwl am yr hen ŵr noeth a wasgodd ei gwddw, a orchmynnodd i'r Diafol adael ei chorff. Mae hi'n meddwl amdano'n sgerbwd yn cael ei lusgo trwy'r strydoedd. Mae hi'n meddwl am ei ddrewdod wrth iddi sibrwd yn ei glust

(tymestl a daeargryn)

ac am flas hallt ei groen pan lyfodd ei chwys –

Ac yna mae'r hollt yn y ddaear yn lledaenu ac mae'r mul sy'n tynnu ei throl yn syrthio i'r rhwyg yn y graig ac mae perchennog y drol yn disgyn ar ôl y mul a'r drol ac mae ei sgrechian a gweryru arswydus y mul yn pylu wrth iddynt blymio i'r affwys.

Mae'r hollt yn taranu tuag at Laleh, ac mae'i gwaed yn oeri a'r ofn yn ei throi'n biler o halen.

Ond yna –

Tyrd yn dy flaen, yr ast wirion!

Kir ar ei drol. Kir gyda'i hwrod. Kir gyda'i geffylau. Carlamu trwy'r strydoedd. Y strydoedd sydd nawr yn ferw. Yn ferw o fraw. Y ferw o sgrechiadau. Yn ferw o frics a mortar wrth i'r adeiladau gwympo a mathru eu perchnogion.

Mae'r rhai sy'n ceisio dianc rhag cwymp yr adeiladau'n syrthio i'r ddaear. Mae'r hollt wedi llyncu'r brif stryd. Mae'r hollt yn mynd ati i lyncu Philippoi gyfan.

Laleh yn neidio ar y drol. Kir yn hysio'r ceffylau. Rheini'n mynd fel fflamiau. Carlamu am eu bywydau. Carlamu wrth i'r ddaear ddarnio. Mae'r ceffylau'n hyrddio cyrff o'r neilltu. Hyrddio plentyn bach a'r plentyn yn hedfan trwy'r awyr, ei lygaid yn edrych i lygaid duon Laleh, y foment yn hir ac yn arteithiol iddi, y plentyn yn bendramwnwgl ac yna'n disgyn –

Disgyn i'r dyfnder,

i fagddu'r pydew,

i ddüwch yr isfyd Irkalia –

A Laleh'n sgrechian wrth i'r plentyn ddiflannu dros ddibyn yr affwys a rhyw chwilen yn dod i'w phen. Naid oddi ar y drol. Naid o'r man diogel. Naid, a Kir yn gweiddi ar ei hôl,

gweiddi wrth i'r ceffylau weryru mewn braw,

gweryru a baglu dros adfail,

a thaflu'r drol a Kir a'r hwrod trwy'r awyr,

yr hwrod a'r ceffylau a Kir,

trwy'r awyr,

trwy'r awyr ac i'r affwys,

ar eu pennau,

din dros ben,

a Laleh yn rhewi,

yn stond ar y dibyn,

yn llonydd ar y graig,

a dim i'r chwith iddi,

dim i'r dde,

dim tu ôl iddi,

Philippoi wedi mynd,

Philippoi'n atgof –

Ac ar ei chraig, Laleh yn aros yn arunig. Aros i ryw dduw ddod. Aros am achubiaeth. Aros cyn syrthio i'r fflamau ac wrth syrthio teimlo dwylo hen ŵr yn gwasgu'r bywyd ohoni ac yn dweud, Yn enw'r Christos Iesous, tyrd mas ohoni hi!

A'r graig yn gwegian –

249

Edrychwch –

Dyma'r sgotwr yn bachu dynion.

Dyma'r sgotwr yn treillio am stoc.

Dyma'r sgotwr yn rhwydo eneidiau.

Eneidiau sy'n eiddo i'r Christos Iesous. Eneidiau a hawliwyd gan Paulos. Eneidiau a waredwyd gan waed.

Ac ar gownt hyn, mae Paulos yn corddi. Mae ei gynddaredd wedi ei chynnau. Ei gynddaredd tuag at Kepha.

(Kepha, yr enw'n hallt, yr enw'n felltith, yr enw'n ddagr)

Ei gynddaredd wrth wylio Kepha yn y tŷ yn Antioch yn glana chwerthin. Ei wylio trwy'r ffenest. Ei wylio heb gael ei weld. Gwylio Kepha.

Edrychwch arno – boliog erbyn hyn. Golwg nobl arno. Ar draul y cyflenwadau roedd ekklesiae Paulos wedi bod yn eu hanfon i'r mudiad yn Jerwsalem. Ar draul y llwgrwobr a dalodd Paulos er mwyn iddo gael pregethu dan drwydded y mudiad. Ond pwy oedd angen y mudiad nawr fod y neges yn lledaenu? Nawr eu bod yn lluosogi. *Mwy a mwy ohonom*, mae'n feddwl wrtho'i hun. *Mwy a mwy'n cael eu bedyddio, yn credu yn y Christos Iesous. Ei waed yw'r had.*

Ganddo ef roedd y gwir. Ganddo ef roedd y gair. Ganddo ef roedd y gwaed –

gwir Iesous, nid celwydd Kepha,

gair Iesous, nid enllib Kepha,

gwaed Iesous, nid cnawd Kepha –

Kepha yn y tŷ yn Antioch gyda'r llanc Ioannes Markos a gyda –

Paulos yn griddfan –

Barnabya, meddai wrtho'i hun –

Ac mae Barnabya'n edrych i fyw llygaid Paulos ac mae Paulos yn syllu i fyw llygaid Barnabya ac mae gelyniaeth yn eu llygaid a gwaed drwg rhyngddynt.

Gwaed drwg, nid heddwch. Ni chafwyd heddwch. Ni chafodd lonydd. Llonydd i bregethu'r efengylau. Llonydd i bregethu'r gwaed a'r groes a'r atgyfodiad. A nawr mae yma. Wedi croesi'r byd. Wedi chwysu a llafurio. Ei esgyrn yn frau. Ei friwiau'n niferus. Ond yr ARGLWYDD wedi anfon daeargryn. Duw wedi ei achub o'r gell. Daeargryn i ddinistrio Philippoi. Difa ei thrigolion annuwiol. Eu difa er mwyn i Paulos fod yma. Er mwyn iddo fod yma'n herio Kepha. Kepha'r herwheliwr.

Mae Ioannes Markos yn gwyro dros Kepha, sibrwd yng nghlust Kepha, ei law ar ysgwydd Kepha.

Mae stumog Paulos yn troi. *Mae rhywbeth aflan yma*, mae'n feddwl. *Rhywbeth sy'n erbyn yr ARGLWYDD.*

Mae Paulos yn edrych yn graff ar ei elyn –

hen ŵr, bellach,

ei wallt a'i farf yn wyn,

ei groen yr un lliw â chnau,

rhigolau amser ar ei fochau –

Rydym i gyd yn heneiddio, mae Paulos yn feddwl. *Rydym yn griciau, yn gloff ac yn gam, yn fyr o wynt ac yn tagu peth cynta'n y bore. Mae gwneud dŵr yn drafferthus. Mae aros yn effro'n her.*

Hen ond dim hanes ohono Fe –

Mae'n edrych tua'r nefoedd –

Hen cyn oes y Christos –

Mae'n cau ei lygaid –

Hen heb fawr o amser yn weddill –

Mae'n gweddïo ar i'w dduw ddod ar frys –

Marana Tha –

gweddi'r garwdiroedd,

gair y gwahanglaf,

ffydd y dioddefwr,

gobaith y condemniedig –

Nawr daw dowt i'w dramgwyddo. Ond mae'n ei arfogi ei hun yn erbyn yr amheuaeth. Ei ffydd yn darian.

Fe ddaw fy nuw, fe ddaw, mae'n ddweud wrtho'i hun. Perswadio'i hun fel y bu'n rhaid iddo berswadio nifer dros y blynyddoedd. Fel y bu'n rhaid iddo berswadio'r brodyr yn Thessaloniki yn ddiweddar.

251

Mae'n melltithio amheuaeth,
melltithio gwendid,
melltithio ansicrwyddd –

Ac ysgrifennodd atynt. At y brodyr yn Thessaloniki. Arddweud tra bod Timotheos wrthi gyda'r inc a'r papeirws. Ysgrifennu i gysuro, i fwytho –

Thessaloniki'n ofnus,
Thessaloniki'n sigo,
Thessaloniki'n eu hamlygu eu hunain i elynion trwy gwestiynu –

Ble mae'r Christos?

Pryd mae'n dod?

Mae brodyr oeddet ti'n ddweud fyddai'n ei gyfarfod Ef nawr wedi marw?

A fydd y brodyr marw'n ei weld?

Yw'r brodyr marw gyda'r Christos?

A welwn ni sy'n fyw ein brodyr marw eto?

– amheuaeth,

– gwendid,

Paulos yn melltithio. Be sydd yn *bod* ar bobl? Does dim ond eisiau iddo droi ei gefn ac mae'r byd a saernïodd yn dymchwel.

O, Thessaloniki, mae'n feddwl, ac yn cofio sut y bu iddo ateb –

Paulos a Silouanos a Timotheos at ekklesia Thessaloniki yn Theos ein Tad yn y Kyrios Iesous Christos, gras a thangnefedd i chi –

Bydd y Christos yn dod. Bydd yn dod cyn i chi drengi. Fe ddaw yn ei ôl a daw parádeisos yn ei sgil. Bydd y parádeisos yn dir muriog lle na fydd mynediad i neb sydd heb eu hatgyfodi yn ei enw. Ond pan ddaw'n ôl, bydd y rhai o'ch mysg sydd wedi huno'n dod gydag ef. Bydd y meirw'n fyw eto trwy waed ein Christos.

Mae'n clywed cwyno'r brodyr yn Thessaloniki. Clywed yr amheuaeth a'r ofnau – ac mae'n cynddeiriogi –

Ble mae ffydd y bobl hyn? Gwrandewch, wir, mae'n feddwl wrtho'i hun wrth wylio Kepha. *Gwrandewch arnaf fi. Credwch ynof fi. Dilynwch fi at y Christos. Dilynwch fi'n dawel, yn ufudd, fel gwraig yn dilyn ei gŵr yn ufudd. Byddwch yn fwy fel gwragedd sy'n isradd i'w*

252

gwŷr. Byddwch felly, heb gwestiynu. Heb amau. Heb holi'n ddi-ben-draw.
Ffôl sydd yn gofyn Pam? a Beth? a Phryd? tra bod y duwiol yn derbyn
heb gonan.

Treialon, mae Paulos yn feddwl wrth sefyll yn y cysgod, sefyll
yn gwylio, sefyll yn pwyso ac yn mesur.

Dim ond Barnabya sydd wedi ei sbotio nawr yn Antioch ond
mae hi'n flynyddoedd ers i'r ddau weld ei gilydd.

Unwaith, Barnabya oedd ei frawd. Nawr, dyma Barnabya'n gi
bach i Kepha. Kepha ymysg y tröedigion. Kepha ymysg y Cenhed-
loedd ac ymysg Iddewon alltud. Kepha ymysg y Christianos –

Eiddo'r Christos –

Ond i'r pydew yr ânt os dychwelant at ddysgeidiaeth
Jerwsalem, dysgeidiaeth Mudiad Yeshua, dysgeidiaeth Kepha a
Yakov.

Mae'n bosib, wedi'r cwbl, dadachub yr achubedig. Mae'n bosib
ysgymuno'r hereticiaid, y rhai sy'n dewis drygioni, rhai fel –

Kepha – yr enw'n chwip,

Kepha – bwyd yn ei farf,

Kepha – gwin yn diferu o'i enau,

Kepha – barus tra bod ei frodyr yn llwgu,

Kepha – bwyta gyda Christianos Antioch,

Kepha – rhannu –

Paulos yn ddelw. Ias i lawr ei asgwrn cefn. Curiad ei galon fel
drwm rhyfel. Datguddiad yn deor. Arf yn miniogi. Cwymp Kepha
o fewn cyrraedd.

16

Rhagrithiwr! rhua Paulos. Mae'i lais yn groch,
   dolur yn ei wddf,
  straen ei sgrech,
  baich ei lid –
  Be ti'n fwydro? meddai Kepha.

Rhagrithiwr wyt ti!

Dwi ddim yn dy ddallt di.

Dwyt ti ddim *am* ddeall, dyna'r broblem. Rwyt ti â dy ben yn y tywod.

Shaul –

Paid â fy ngalw fi'n Shaul.

Dyna enw dy dad. Enw brenin. Enw o blith llwythau'r Iddewon –

Pam wyt ti yma, Kepha?

Wedi dod i gefnogi dy ymdrechion. Ac i ddiolch i'r brodyr yma am eu cynhaliaeth.

Chwarae teg i ti am ddod yr holl ffordd i ddiolch i ni, ond fe gei ddychwelyd nawr. Ti a dy giang o darfwyr.

Rydw i yma yn enw fy nghyfaill, Yeshua Ma–

Dy gyfaill, wir. Fy iachawdwr *i* yw'r Christos. Duw yw, nid dyn. Ysbryd, nid cnawd. Ond yn y cnawd rwyt ti'n ymhyfrydu, ondyfe, Kepha?

Ac wrth ddweud hynny, mae Paulos yn craffu ar Ioannes Markos ac mae Ioannes Markos yn gwawdio. Ac yna mae Paulos yn rhythu ar Barnabya ac mae Barnabya'n cilwenu. Nawr mae Paulos yn edrych ar Kepha eto ac yn dweud, Celwyddgi wyt ti.

A phawb ar eu traed – Ioannes Markos ar ei draed a Barnabya ar ei draed a Silouanos ar ei draed a Timotheos ar ei draed a'r dynion yn sgwario a'r dynion yn beunod a'r dynion yn deirw am fynd gyrn wrth gyrn.

Dyna ddigon, bois, meddai Kepha. Trio codi twrw mae hwn.

Fi ddim eisiau twrw, eisiau'r gwir wyf fi, meddai Paulos.

Mi gest ti'r gwir, raca.

Rwyt ti'n galw raca arnaf fi a thithau wedi dod fel sarff i rwydo'r brodyr o gôl Yeshua Mashiach?

Sgyrnyga Kepha. Mae dy glywad di'n dweud ei enw'n mynd trwyddaf fi. Rwyt ti wedi ei hawlio fo. Wedi ei ddwyn oddi wrth yr Iddewon. Oddi wrth Israel. Dyn i'r fan'no oedd o. Dyn i'r fan'no *ydi* o. Mashiach yr 'am nahallah', pobl yr etifeddiaeth, ydi Yeshua. Mashiach i'r rhai sydd mewn cyfamod gyda'r ARGLWYDD.

Cyfamod y brit milah a'r kashrut. Ail-law wyt ti. Ail-law efo dy lygredd. Ail-law efo dy iaith ffansi a dy sgwennu a dy waed a dy groes. Does yna ddim diwygio arna chdi, nac oes?

Rwyf wedi fy niwygio, Kepha. Flynyddoedd yn ôl ar y ffordd i Dammasq. Cefais fy niwygio gan y Mashiach ac mae wedi fy niwygio'n gyson ers hynny. Yn ogofâu Kumr'an. Ar strydoedd Lystra a finnau'n waedlyd. Yn fy nghyffion yn Philippoi ble anfonodd ddaeargryn i fy rhyddhau o gell. Rwy'n cael fy niwygio bob dydd ganddo. Ddylet tithe gael dy ddiwygio hefyd, Kepha. Yna fe gei wybod *gwir* ystyr ei neges.

Kepha fel cortyn tyn. Kepha fel llosgfynydd ar fin ffrwydro. Kepha'n dal ei dymer.

A Paulos yn dweud, Yw'r gwir yn dy lorio di, sgotwr? Allet ti ddim dygymod gyda'r ffaith mai *fi* sydd wedi ei ddewis, mai *fi* yw'r un sydd wedi ei anfon. *Fi* yw'r Apostolos.

Uffar ots gin i am dy hunanddelwedd di, Shaul –

Paulos yn rhuo chwerthin. Anwybyddu'r sarhad. Sarhad ei enw Hebreaidd. Mae ganddo'r llaw uchaf. Mae ganddo'r arf. Ac mae wedi ei hogi.

Mae Ioannes Markos yn sibrwd yng nghlust Kepha, yn gostegu ei gyfaill.

Mae Paulos yn gwylio. Mae Paulos yn pwyso. Mae Paulos yn mesur. Mae Paulos yn ergydio –

Dyma ti, wedi dod gyda Torat Moshe, gyda'r brit milah. Dyma ti wedi dod i fynnu bod fy mrodyr yn Antioch yn byw yn ôl y Gyfraith ac yn cael eu henwaedu. Dyma ti, Kepha, wedi dod gyda'r kashrut, deddfau'r bwyd, deddfau bwyta, deddfau *mor* bwysig. Beth mae'r kashrut yn ddweud am fwyta gyda Chenedl-ddynion, Kepha? Am fwyta gyda rhai sydd *heb* fynd trwy'r brit milah? Bwyta gyda rhai sydd ddim yn Iddewon?

Mae lliw cnau wyneb Kepha'n troi'n lliw llaeth. Mae'i geg ar agor. Mae'i lygaid yn llydan. Mae fel pe bai ei ffydd ffug yn cael ei dinoethi ac mae Paulos yn mathru'r ffydd o dan ei wadnau.

Mae cygnau Kepha'n clecian. Mae'n cau ei ddyrnau. Mae'n barod am ffrwgwd – y farf a'r bôn braich. Ond yna mae fel pe bai'r nerth yn llifeirio ohono. Mae'r farf bellach yn wyn a'r bôn braich wedi edwino, y grym oedd ynddo wedi crebachu.

Rhagrithiwr! meddai Paulos yn dawel, yn orfoleddus, yn derfynol.

17

Ond ble ma' fe? meddai Phelix.

Ma' fe wedi gorfod mynd gartre i Jerwsalem, meddai Paulos.

Gartre? Ond roedd e am ddod acw am bryd o fwyd.

Fi'n credu bod y bwyd yn Antioch wedi dweud arno fe.

Nefoedd!

Mae'n ddyn yn ei oed a'i amser, Phelix.

Hen dro. Roeddwn i'n hoff iawn ohono, a fynte wedi *adnabod* y Christos. Cerdded gyda fe, profi ei wyrthie â'i lygaid ei hun – yn y cnawd.

Trwy'r ysbryd mae adnabod y Christos. Rwyt ti'n gwybod hynny, Phelix. Anghofia am Kepha nawr. Anghofia am Jerwsalem. Arhosfa i'r infferno yw Jerwsalem. A Kepha yw'r tywyswr.

Ond mae'n ddyn da, siŵr o fod.

Sgotwr gostyngedig yw e. Nid yw'n medru unrhyw iaith yn rhugl ond am Aramaeg. Nid yw'n gallu sgrifennu i gynnal ei hunan. Ni all ddarllen y Gyfraith mae'n honni ei phregethu. Gadawodd ei deulu. Bu farw ei fab. Mae'i wraig wedi ei chywilyddio. Wedi mynd yn butain i'r tai cnawd. Nid yw Shimon bar Yona, na Kepha, yn ddynion i'w trystio. Petros, wir. Pitw, fwy tebyg. Dyna'i diwedd hi.

18

Ond ar ôl gorfoledd daeth gwawd.

ADONIS

1

Yn neuddegfed flwyddyn teyrnasiad yr ymerawdwr Tiberius Claudius Caesar Augustus Germanicus, ugain mlynedd ers mwrdwr y Mashiach…

A bu Paulos i Thessaloniki,
a bu Paulos i Beroa,
a bu Paulos i Athen,
a bu Paulos i Korinthos –
a bu croeso,
a bu cynnwrf,
a bu brawdgarwch,
a bu brad –
a'r teithio'n dweud arno,
a'r teithio'n galed arno,
a'i esgyrn yn breuo,
a'i gefn yn camu,
a'i friwiau'n lluosogi –

Ond mae un briw'n fwy brwnt nag unrhyw chwip, nag unrhyw ddwrn, nag unrhyw chwysigen. Mae un briw wedi gadael craith ar ei galon. Mae un briw'n dyrnu yn y nos dywyllaf. Mae un briw'n boen byw yn y gaeaf oeraf. Mae un briw'n heintio yn y diffeithwch unicaf.

Briw ar ôl buddugoliaeth. Gwawd yn dilyn gorfoledd –

Iddewon Antioch yn troi yn ei erbyn ar ôl iddo drechu Kepha. Iddewon Antioch yn ei erlid ac yn cofleidio Kepha. Iddewon Antioch yn ei alw'n gelwyddgi.

A Paulos yn gorfod dianc eto. Paulos yn gorfod hel ei bac eto. A Paulos yn crawni – byth a beunydd.

Rhaid i ti anghofio Kepha a Yakov, meddai Silouanos. Anghofio Jerwsalem. Gad i'r pileri friwsioni, Paulos. Hen bethau ydynt.

Hen bethe sydd â dylanwad o hyd, meddai Paulos. Hen bethe enillodd y dydd yn Antioch, ac sydd nawr yn ennill y dydd yn Hellenogalatia.

Dydyn nhw ddim, meddai Silouanos.

Maent yno'n mynnu bod yn rhaid i'r Christianos wynebu'r brit milah er mwyn dod yn ddilynwyr, meddai Paulos. Ac mae'r brodyr yno wedi drysu'n lân nawr. Rhaid iddynt fod yn gryfach yn wyneb ymosodiadau ysbrydol. Mae ganddynt fy ngair i. Mae ganddynt yr efengylau. Mae ganddynt y Christos Iesous, ond crymblan ma'n nhw pan ddaw cynrychiolaeth o Jerwsalem, pan ddaw cenhadon o Fudiad Yeshua.

Mae Paulos yn pwyso ac yn mesur. Mae'n brwisioni bara i gawl. Mae'i dymer yn mudferwi. Gelynion ym mhob man. Gelynion yma'n Ephesos,

gelynion yn Hellenogalatia,

gelynion yn Korinthos,

gelynion yn Antioch,

gelynion yn Thessaloniki –

A'r gelynion i gyd yn deillio o'r un lle –

Jerwsalem.

Mae Paulos yn ochneidio. Beth yw'r hanes o Korinthos?

Mae Silouanos yn agor sgrôl, yn bwrw golwg, yn sugno aer trwy'i ddannedd.

Dwed wrtha i, meddai Paulos. Paid â gwneud môr a mynydd o bethau.

Mae Silouanos yn gwrido. Maent yn rhanedig yno, Paulos. Adrannau gwahanol o'r ekklesiae'n dewis apostolion gwahanol.

Beth?

Rhai'n dy ddewis di. Eraill yn dewis Kepha.

Nefoedd fawr!

Eraill yn dewis Apollos.

Apollos? Mae yma'n Ephesos, yw e?

Ydi, Paulos.

Beth arall?

Mae rhai hefyd yn dweud mai'r Christos Iesous yw'r Apostolos.

Beth? Ef yw'r *neges*, nid y negesydd, meddai Paulos. Be sy'n bod ar y bobl yma? Fe sgrifennaf at Korinthos. Wir i ti, Silouanos, mae pethau'n ddu arnom ni. Os yw'n brodyr am droi oddi wrth yr efengylau, y tân fydd eu ffawd. Os oes rhywun nad yw'n caru Christos, bydd dan felltith. A rhaid dweud hynny wrthynt. Ble mae Timotheos gyda'i bìn sgrifennu a'i bapeirws?

Mae Silouanos yn troi i fynd.

Mae Paulos yn rhoi ei ben yn ei ddwylo ac yn ochneidio, Marana Tha.

Silouanos yn troi ato. Beth?

Hen ddywediad mewn Aramaeg. Tyrd, ARGLWYDD. Gweddi o'r garwdiroedd. Mae'n hen bryd iddo ddod, Silouanos. Mae'r byd yn disgwyl yn orffwyll am ei iachawdwriaeth. Fe af i weld Apollos.

2

Na.

Beth?

Na, Paulos. Na. Dyna ddywedais i.

Dwyt ti ddim yn gwrthod fy ngorchymyn, Apollos?

Ydw, fi'n ei wrthod.

Ond fi am i ti fynd i Korinthos i'w rhoi ar ben ffordd eto. Fi'n sgrifennu atynt.

Dyna fe, sgrifenna di.

Mae Paulos yn gegagored. Apollos yw ei frawd. Apollos yw ei ddisgybl. Fe ddaeth Apollos at y Christos flynyddoedd ynghynt ar ôl i Paulos ennill Korinthos. Fe ddaeth Apollos o baganiaeth. Apollos a'i wallt fel aur a'i lygaid glas. Apollos fel Adonis. Apollos a'r tân ynddo'n crasu dynion, yn eu rhuddo gyda'r ffydd. Nawr ar stryd yn Ephesos mae'n ddieithryn i Paulos. A yw'n elyn hefyd? Un arall?

Fi wedi bod yn darllen, meddai Apollos.

Darllen beth?

Darllen straeon am y Christos.

Straeon amdano?

Mae rhai o'r brodyr wedi bod yn adrodd straeon, ac mae eraill wedi bod yn eu cofnodi, ac fe ddechreuais eu darllen –

Pa fath o straeon?

Straeon am ei bregeth ar y mynydd –

Pa fynydd? Pa bregeth?

Gwyn eu byd y tlawd, gwyn eu byd y galarwyr, gwyn –

Beth yw hyn am eiriau, am bregeth?

Pregethodd ar hyd a lled y wlad, Paulos. Ond ni wyr *neb* ei eiriau. Neb ond mathetes fel Kepha a Yakov –

Damia! Ti wedi bod yn siarad gyda nhw?

Na, fi erioed wedi eu cyfarfod. Ond rwyf wedi darllen am y proffwyd yn yr anialwch, Yohannan Mamdana. Ond mae'r hē metáphrasis tōn hebdomékonta, cyfieithiad y Deg a Thrigain, ysgrythure'r Hebreaid, yn ei alw'n Ioánnes ho baptistés.

Beth amdano fe?

Fe fedyddiodd y Christos Iesous yn yr afon. A'r adeg honno y daeth Iesous yn Fab i'r ARGLWYDD.

Beth?

Ac fe allwn ni i gyd fod yn feibion iddo trwy'n bedydd.

Na, dim ond un mab sydd gan yr ARGLWYDD a'r Christos Iesous yw hwnnw. Ac fe ddyrchafwyd Ef yn fab iddo ar ei atgyfodiad. Beth sy'n bod arnat ti, Apollos?

Does dim yn bod arnaf fi. Rwyf wedi fy medyddio. Mae fy nilynwyr i –

Dy ddilynwyr *di*?

Ie, ma' nhw hefyd wedi cael eu bedyddio. A thrwy fedydd, rydym yn anfarwol yn y Deyrnas. Rydyn ni'n meddu ar y Doethineb, Paulos. Doethineb sydd uwchlaw gweddill y byd. Nawr mae ganddon ni reloaeth ar ein cyrff –

Dyna pam mae anfoesoldeb rhywiol yn Korinthos, ondyfe? Am dy fod ti wedi bod yn pregethu hyn. Eiddo'r Christos yw'r corff ac mae'n sanctaidd. Wyt ti wedi anghofio'r Groes? Wyt ti wedi anghofio, yn dy ymffrost, yr ing? Bydd yr ARGLWYDD yn dinistrio doethineb rhai fel ti. Doethineb y doethion. Ble mae'r un doeth? Ble mae'r un dysgedig? Ble mae ymresymydd yr oes hon? Ym mhle, Apollos? Fe wnaeth yr ARGLWYDD ddoethineb y byd yn ffolineb. Y Christos ar y groes, yr hoelion, dyna yw grym a doethineb nawr. Y Gwaredwr Trydyllog. Tywysog y Llu. Ac fe wnaethant ei ddedfrydu i farwolaeth gydag archollion.

Beth yw hen chwedlau'r Iddewon i mi, Paulos? Hanes Iesous sydd yn fy nghynnal i. Ei fedydd, a'm bedydd innau.

Mae Paulos wedi cyrraedd pen ei dennyn. Bydd hyn yn ein *rhwygo*, Apollos. Bydd hyn yn ein dinistrio. Rhai'n dweud, Rydym gyda Paulos. Eraill yn dweud, Rydym gyda Kepha. Nifer o rai eraill yn dweud, Rydym gydag Apollos. A nawr mae rhai'n galw'r Christos yn Apostolos hyd yn oed. Byddwn yn darnio heb undod. Rhaid i ti ddychwelyd i Korinthos, Apollos. Rhaid i ti ufuddhau. *Fi* yw'r Apostolos. *Fi* gafodd ei ddewis.

Mae Apollos yn syllu ar Paulos. Mae Apollos yn dweud mewn llais tawel, Wyddost ti beth arall roedd yr cyfieithiadau'n ddweud, Paulos? Dweud wrthyn ni am wylio rhag gau broffwydi sy'n dod mewn cnu defaid ond sydd o'u mewn yn fleiddiaid rheibus.

(*edh-Dhib edh-Dhib edh-Dhib edh-Dhib edh-Dhib edh-Dhib edh-Dhib*)

Ac mae gwaed drwg rhyngddynt.

3

Hei, ti. Ti'r piswr.

Mae'r gof arian yn rhoi ei bidlen i gadw ac yn troi tuag at y llais. Mae gŵr pen aur yn sefyll yn nrws ei weithdy. Mae'r gŵr fel angel. Mae fel Adonis, yn dal, yn hardd, fel yr hen arwyr. Ac mae'r gŵr yn bwrw golwg dros y gweithdy ac mae'i lygaid yn gorffwys ar y cysegrau arian i'r dduwies Artemis sydd ar y silffoedd.

Syr, sut y gallaf eich cynorthwyo?

Ai ti yw Demetrios?

Fi, syr, ia. Gof arian gorau Ephesos.

Nid yn ôl y golwg sydd ar dy silffoedd, gyfaill. Dy gysegrau ddim yn gwerthu. Efallai yr a' i at of arall.

Na, na, syr, dewch i mewn.

Ac mae Demetrios yn brysio am y drws ac mae Demetrios yn hudo'r Adonis i mewn ac mae Demetrios yn meddwl am foment a yw ym mhresenoldeb un o'r duwiau, er nad yw'n credu yn y duwiau bellach.

Sut gall Demetrios eich gwasanaethu, syr?

Sut gall Ephesos wasanaethu Demetrios? meddai'r angel.

Fi ddim yn deall. Y'ch chi eisiau delw? Edrychwch. Rhain. Gwaith cain, syr. Rwyf fi'n grefftwr gwerth chweil, edrychwch –

Felly pam nad wyt ti'n gallu gwerthu dy gysegrau, Demetrios? Ai gwerthwr sâl wyt ti?

Mae Demetrios yn pwyso ac yn mesur. Mae'n syllu ar yr angel ac yn gofyn, Ai ysbïwr y'ch *chi*?

Cyfaill wŷf fi.

Mae Demetrios yn tuchan. Beth wyt ti eisiau, gyfaill?

Moyn dy helpu di. Ti a'r masnachwyr eraill. Fi wedi bod o gwmpas y farchnad heddi. Pam nad yw Ephesos yn ffrwythlon, Demetrios? Pam mae dy gyfeillion, y crefftwyr eraill sy'n cerfio duwiau mewn clai ac mewn pren, o graig ac o lechen, yn cwyno fel ti?

Mae Demetrios yn oedi. Mae'i lygaid yn gul. Mae'i wefus yn sych. Mae'n dweud, Christianos.

Mae'r Adonis yn nodio. Ai nhw sydd ar fai am fod dy blant heb fwyd? Ai nhw sy'n gyfrifol am y ffaith na elli gynnal dy deulu? Wel, fe ddylent dalu. Wyt ti'n credu?

Mae Demetrios yn ystyried.

Mae'r angel yn dweud, Pe bawn i'n dweud wrthot ti ble mae cuddfan y Christianos a sut i ddial ar eu harweinydd, fyddet ti'n rhannu'r wybodaeth gyda dy frawdoliaeth? Allet ti gasglu dy gymrodyr ynghyd? Fe glywais mai ti yw eu lladmerydd.

Fi sydd â'r geg fawr.

Dyna fe. Beth amdani? Wyt ti eisiau gwybod?

Ydw, dwed wrtha i.

A dywedodd yr angel a chydiodd Demetrios mewn morthwyl.

4

Gaios ac Aristarchus, y bachgen o Rufain, meddai Titos. Torf wedi eu cipio o'r tŷ. Masnachwyr a chrefftwyr. Maent wedi curo'r bechgyn a nawr maen nhw'n eu llusgo i'r théatron.

Paulos ar ei draed. Poen yn gwefru trwyddo. Mae'n anwybyddu'r fflach. Beth? Pam?

Titos yn dweud, Mae'r crefftwyr yn dadlau bod gwerthiant eu delwau, eu cysegrau, wedi dirywio ers i'r ekklesia gynyddu yn Ephesos.

Rydym wedi bod yn Ephesos ers blynyddoedd, meddai Paulos. Pam nawr?

Maent yn honni bod pethau wedi mynd o ddrwg i waeth dros amser, meddai Titos. Maent wedi cyrraedd pen eu tennyn, ac mae peryg y gwnânt ddrwg i'r bechgyn. Be wnawn ni?

Rhaid i ni fynd at y grammateus a mynnu eu bod yn cael eu rhyddhau, meddai Silouanos.

Mae'n y théatron yn barod, meddai Titos. Mae'n mynd i gynnal achos.

Rhaid i mi fynd yno, meddai Paulos ac mae'n rhuthro at y drws.

Timotheos sy'n ei ddal ac yn dweud, Frawd, na!

Mae'n rhaid i mi, cer o'r ffordd.

Na, meddai Timotheos.

Paulos, mae hi'n rhy beryglus, meddai Titos.

Mae'r bechgyn yn siarad synnwyr, Paulos, meddai Silouanos.

Ond rydyn ni'n Ephesos. Rydym ymysg cyfeillion. Be sy'n digwydd i ni? Rydym yn colli gafael ar bobman. Ein dylanwad yn breuo. Colli tir. Colli Hellenogalatia. Colli Korinthos. Colli Antioch. Colli Thessaloniki. A nawr colli Ephesos. Mae'n gelynion ni'n ein gorchfygu. Rhaid i ni ddal ein tir neu bydd y Christos a'r Groes wedi cael eu hanghofio.

5

Ar ei liniau. Ar ei liniau a'i ddwylo mewn pader. Ar ei liniau a'i ddwylo mewn pader a'r nos yn ddwrn amdano. Ar ei liniau a'i elynion wedi gosod gwarchae ar ei galon. Ar ei liniau a'i bader yw'r hen ddywediad hwnnw o'r anialwch, yr hen ddywediad a ddaeth o enau'r gwahanglaf yn Kum'ran –
Marana Tha –
Marana Tha –
Marana Tha –
Tyrd, ARGLWYDD,
tyrd,
tyrd,
tyrd,
tyrd i brofi i'r byd mai fi yw'r un sydd wedi ei anfon,
mai *fi* yw dy Apostolos,
tyrd,
tyrd i brofi i'r byd mai fy mhregeth *i* yw'r un wir,
mai hon yw dy efengylau,
tyrd,
tyrd i brofi i'r byd mai fi yw dy dyst,
tyrd fel y daethost yn Dammasq,
tyrd fel y daethost yn Kumr'an,
tyrd fel y daethost yn Lystra,
tyrd i mi gael hoelio fy ngelynion, y rhai a'th hoeliodd di i'r pren,
tyrd er mwyn iddynt weld,

tyrd nawr,

tyrd nawr,

tyrd nawr,

nawr,

nawr,

nawr –

Curo ar y drws. Llais yn galw'i enw –

Paulos – Paulos – Paulos –

Lleisiau eraill –

Paulos – Paulos – Paulos –

Llu nefol –

Paulos – Paulos – Paulos –

Y Dydd wedi dod –

Paulos – Paulos – Paulos –

Y Christos yn dychwelyd –

Paulos – Paulos – Paulos –

Y drws yn agor a Paulos yn amneidio. Ei galon bron â stopio. Mae'n dal ei wynt a Titos yno a'i wallt fel mellt.

A Paulos yn gofyn, Yw'r Gwaredwr wedi dychwelyd? Ai Dydd y Christos yw hwn o'r diwedd?

Golwg ddryslyd ar Titos. Nawr Timotheos wrth ysgwydd Titos. A Silouanos gyda hwnnw. A Silouanos yn dweud, Wyt ti wedi dweud wrtho?

A Titos yn dweud, Na.

Dwed wrtho, meddai Timotheos.

A'r tri'n orfoleddus. A Paulos yn holi, Dweud beth?

(yw'r Gwaredwr wedi dychwelyd, ai Dydd y Christos yw hwn o'r diwedd?)

A Titos yn datgan, Mae'r grammateus wedi rhyddhau Gaios ac Aristarchus.

Ac ysgwyddau Paulos yn sigo

(nid yw'r Gwaredwr wedi dychwelyd, nid Dydd y Christos yw hwn)

a'r gwynt yn mynd ohono, a'i galon yn isel.

Newyddion da, ondyfe? meddai Titos.

Ie, meddai Paulos, newyddion da.

Ond nid y *newyddion da*, mae'n feddwl. Nid oedd hanes fyth o hwnnw. Dim gair am y Golau.

Ond mae'n rhaid i ni adael, meddai Silouanos.

Mae Paulos yn edrych arno.

Mae'r crefftwyr yn gynddeiriog o hyd ac mae'r grammateus yn dweud os bydd cynnwrf eto, bydd yn carcharu'r brodyr. Bydd yn dy garcharu *di*, Paulos.

6

Nawr Paulos,
    nawr Titos a Timotheos a Silouanos a Gaios ac Aristarchus –
    nawr teithio –
    nawr Makedonía –
    nawr Assos –
    nawr Miletos –
    Nawr – nawr – nawr –
    Nawr Iesous, nawr! –
    Marana Tha! –
    nawr Makedonía eto –
    nawr Assos eto –
    nawr Miletos eto –
    nawr Iesous, nawr! –
    Marana Tha! –
    Ond nid nawr. *Ond pryd? Pryd?* mae Paulos yn gweddïo i'r ARGLWYDD, i'w dduw. *Pryd?* mae Paulos yn gweddïo i'r Christos Iesous, y Mashiach, ei Waredwr. *Pryd?* mae Paulos yn gweddïo i'r greadigaeth gyfan.

    Os na ddaw'n ôl yn fuan, bydda i'n farw, mae'n ddweud wrtho'i hun ar ei wely yn nhŷ brawd ym Miletos. Miletos ar yr arfordir. Miletos wrth geg afon Maíandros. Afon fel honno y bedyddiwyd y Christos ynddi. Afon arall yn llifo i'r môr. Afonydd y byd, moroedd y byd, neges i'r byd.

Rhaid i mi beidio ag ofni, meddai wrtho'i hun. *Rhaid i mi beidio ag amau. Y gwan a'r llygredig sy'n amau. Fi yw'r Apostolos, wedi fy anfon. Ac fe af i'r holl fyd os oes rhaid. Rwyf eisiau mynd i Hispania, rwyf eisiau mynd i Germania, rwyf eisiau mynd yr holl ffordd i Britannia i fysg y bobl baentiedig. Ac yna i Iouerní ac os oes tu hwnt i'r fan honno rwyf eisiau mynd i'r tu hwnt hwnnw. Rwyf eisiau mynd yn dy enw di, fy ARGLWYDD Iesous. Rwyf eisiau mynd ond ni allaf fynd am byth. Tyrd er mwyn i mi beidio â gorfod mynd. Tyrd er mwyn i mi orffwys. Tyrd cyn i mi – Na. Fe af yn llawen. Bydda i gyda'r Christos ar ddydd fy marw. Bydda i gyda'r Christos ar Ddydd ei Ddychweliad. Felly fydd hi. Dyna'r neges. Hyn yw'r gwir.*

Mae'n rhoi hwyth i Timotheos sy'n cysgu wrth ei ymyl ac mae hwnnw'n deffro fel pe bai ar fin cael ei labyddio gan dorf o Iddewon.

Nid oes ofn marw arnaf fi, Timotheos, meddai Paulos. Nid oes ofn dim arnaf fi. Fi eisiau penderfynu.

Penderfynu beth, frawd?

Dwed wrth Titos am alw'r Presbuteros yma.

I Miletos? Nawr?

Mae'n llai na hanner diwrnod o daith. Galwa nhw. Rwyf am eu gweld.

Ond beth wyt ti eisiau'i benderfynu?

7

Mae Paulos yn edrych i'r gorllewin. Mae ganddo gomisiwn cenhadol. Bydd yn sefydlu ekklesiae yn Hispania.

Ar y ffordd bydd yn galw yn Rhufain. Y ddinas aur. Goleufa'r byd. Ei freuddwyd. Bydd yn ymdrochi yn y croeso brwd a gaiff gan y brodyr yno. Bydd pawb yn ei werthfawrogi. Bydd pawb yn ei barchu. Bydd pawb yn ei alw'n Apostolos.

Ni fydd dwrdio. Ni fydd llygredd. Ni fydd gau broffwydi. Ni fydd cnawd na phuteiniaid na dynion gyda dynion.

Dim ond ffydd. Dim ond duwioldeb. Dim ond addoli'r Christos ac aros ei ddychweliad.

Efallai mai i Rufain y daw Iesous am yr eildro. Efallai mai'r fan honno fydd ei gyrchfan pan ddaw o'r nefoedd i droi'r byd afiach yma ben ucha'n isaf, pan fydd y brodyr ffyddlon yn cael eu codi i'r bywyd tragwyddol.

Nawr mae Paulos yn edrych ar draws y Mare Nostrum, *Ein môr*, meddai'r Rhufeiniaid. Efallai eu môr. Efallai eu byd. Efallai pen taith Paulos a'r Christianos.

Ond roedd cwmwl. A deuai'r cwmwl o'r dwyrain. Ac roedd y cwmwl yn drwchus, yn dywyll, yn ysgubo i'w gyfeiriad, ysgubo'n fygythiol o Jerwsalem.

Ac mae Paulos yn troi ei gefn ar y gorllewin. Mae'n syllu i'r dwyrain. Ar draws y tir. Ar draws y tir tua dinas yr Iddewon,

dinas eu hoffeiriaid,

dinas Kepha,

dinas Yakov,

dinas Mudiad Yeshua,

dinas ei elynion –

Bu'n ceisio'u trechu, ceisio dangos y gwir iddynt, ers y dechrau ac mae'n teimlo cywilydd nawr wrth gofio, ddegawdau yn ôl, ei fod wedi erlid y Christos hefyd. Ond mae llais yn dweud am iddo beidio â theimlo cywilydd. Rhan o'r cynllun mawr oedd hynny. Roedd yr ARGLWYDD wrth y llyw. Ac nid oedd y Christos gyda'i elynion. Consuriaeth oedd hynny. Gyda Paulos roedd y Christos. Gyda Paulos cyn ei eni. Gyda Paulos yn ysbrydol, nid yn gnawdol. Beth oedd cnawd? Dim ond y gragen tra bo dyn ar y ddaear. Cragen a wisgodd y Christos, yn ogystal. Ond daeth o'r gragen gnawdol ar ôl ei farwolaeth, ar ôl yr hoelion. A dychwelodd gyda'i ddatguddiad a dewis Paulos yn lladmerydd iddo –

ei ddewis cyn ei eni,

ei ddewis cyn Tarsos,

ei ddewis cyn y Toros Daglari,

ei ddewis cyn dysgu'r Mishnah,

ei ddewis cyn Jerwsalem,

ei ddewis cyn Dammasq,
ei ddewis cyn Kumr'an,
ei ddewis cyn y byd,
ei ddewis yn Apostolos –
Dyna'i orchwyl –
Yr orchwyl a roddodd yr ARGLWYDD iddo. Yr orchwyl fawr.
Yr orchwyl ar sgwyddau'r corrach Paulos Saoul Tarsos, dyn dwy a
dimai wedi ei ddewis gan dduw. Y lleiaf un yn fwyaf. Y lleiaf yn
gawr ar ôl ysgelerder Giv'a. Dial am Giv'a. Unioni Giv'a. Giv'a,
Israel *i gyd* yn erbyn un –
yn erbyn Paulos Saoul Tarsos,
yr Hebreaid yn erbyn Paulos Saoul Tarsos,
Plant Israel yn erbyn Paulos Saoul Tarsos,
yr Iddewon yn erbyn Paulos Saoul Tarsos –
Mae'n edrych i'r dwyrain ac mae'r cwmwl yn ysgubo i'w
gyfeiriad, ac mae'n dweud wrtho'i hun, *Rhaid i mi fynd i Jerwsalem.*
Rhaid i mi fynd i roi diwedd ar hyn, unwaith ac am byth. Rhaid i mi fynd
a wynebu'r hen ddynion sydd wedi fy herio trwy gydol fy nghomisiwn.
Rhaid i mi fynd – a dod i delerau neu setlo'r cownt.

Ac mae Paulos yn edrych i'r dwyrain o hyd ac mae'r dwyrain
yn syllu'n ôl. Ac mae gelyniaeth yno.

8

Paulos ar ei draed. Presbuteros Ephesos o'i flaen. Gwŷr da'r ddinas.
Christianos y drefedigaeth. Mae dwsinau yno. Dwsinau wedi dod
yn eu cerbydau. Dwsinau'n gefnog. Dwsinau'n foliog. Dwsinau'n
farfog. Dwsinau wedi cael braw yn dilyn cynnwrf y crefftwyr.
Dwsinau'n falch o deithio i'r de i Miletos er mwyn cael gair o gysur
o enau'r Apostolos.

Rwyf wedi bod gyda chi o'r dechrau, meddai Paulos. Ers y tro
cyntaf y rhois fy nhroed yn Asia. Rwyf wedi wynebu treialon a

dagrau oherwydd cynllwynio'r Iddewon. Ond nid oedd ofn arna i, ac fe'ch dysgais yn gyhoeddus, yn eich cartrefi. Tystiais i'r Iddewon alltud ac i'r Cenhedloedd am edifeirwch tuag at yr ARGLWYDD a ffydd yn ein Christos Iesous.

Ac mae lleisiau'n dweud enw'r Christos Iesous, ac mae lleisiau'n diolch iddo, ac mae'r lleisiau'n dawel, a Paulos eto –

Ond nawr, dan orfodaeth yr ysbryd, mae'n rhaid i mi fynd i Jerwsalem i wynebu ein gelynion.

Ac mae lleisiau'n cwyno, ac mae lleisiau'n rhybuddio, ac mae lleisiau'n erfyn, a Paulos yn eu lleddfu –

Nid oes gen i syniad beth ddaw ohono i yno. Ond mae'r Pneuma, yr Ysbryd, yn tystiolaethu y bydd cyffion a gormes yn fy wynebu –

Ac mae lleisiau llawn pryder, ac mae lleisiau llawn ofn, ac mae lleisiau llawn amheuaeth ynglŷn â datganiad Paulos –

Gyfeillion, frodyr, nid yw fy mywyd o unrhyw werth i mi. Fy mhwrpas yw cwblhau fy ngyrfa fel Apostolos y Christos Iesous. Dyma'r tro olaf y byddwch yn fy ngweld i –

Ac mae lleisiau'n galaru, ac mae lleisiau'n llefain, ac mae lleisiau'n protestio ond mae Paulos yn eu tawelu –

Na, na, frodyr, gwrandewch, rhaid i chi gredu fy mod yn ddieuog o dywallt gwaed unrhyw un –

Ac mae udo a hefru a baldorddi –

Frodyr, frodyr, gofalwch am eich gilydd. Bugeiliwch yr ekklesiae. Daw bleiddiaid i'ch plith ar ôl i mi ymadael. Rhai mileinig. Rhai didostur fydd am waed eich praidd. Bydd rhai yn dod i lefaru pethau llygredig er mwyn denu brodyr oddi wrth y Christos Iesous. Byddwch yn wyliadwrus –

Ac mae syndod, ac mae crynu, ac mae griddfan –

Frodyr, frodyr, gwrandewch. Rwyf yn eich cyflwyno i'r ARGLWYDD ac i air ei ras. Llafuriwch. Addolwch. Credwch yn y Christos Iesous. Gweddïwch gyda fi –

A syrthiodd ar ei liniau, a syrthiodd y brodyr ar eu gliniau.

Μέρος τρίτο

PHILĒSŌ

1

Ym mhedwaredd flwyddyn teyrnasiad Nero Claudius Caesar Augustus Germanicus, bedair blynedd ar hugain ers mwrdwr y Mashiach...

Y mis yw Nisan, y mis cyntaf. Y ddinas yw Jerwsalem, dinas yr ARGLWYDD. Y lle yw'r Deml, y Beit HaMikdash. Yr awr yw'r drydedd, yr awr weddi. Yr awr i offrymu arogldarth yn y gysegrfan. Yr awr i aberthu oen y Tamid, yr oen cyntaf. Yr awr i agor pyrth y Beit HaMikdash. Ond mae'r pyrth wedi eu hagor yn barod i un. Un sydd wedi bod yn tarfu. Un sydd wedi bod yn taeru. Un sydd wedi bod yn tystio. Un a fu'n disgwyl ers yr awr gyntaf yng Nghloestr Shlomo.

A'r dyn a fu'n disgwyl nawr yn y Beth din shel Kohanim, llys yr offeiriad. Ac o flaen y dyn, yr allor. Ac i'r chwith o'r allor y Môr Tawdd, y golchlestr copr, i'r kohanim bureiddio. A'r tu ôl i'r allor, y Qodes HaQodasim, y Cysegr Sancteiddiolaf lle triga'r YODH-HE-WAW-HE, yr Enw Cudd, yr Yehovah – yr ARGLWYDD.

A daw kohen i mewn. Ond nid kohen dwy a dimai. Y prif un. Yr hakohen hagadol yn yr Hebraeg, iaith Israel, iaith Jwdea. Y kahana rabba yn yr Aramaeg, iaith y dyn sydd wedi bod yn disgwyl. Y kahana rabba wedi ei wisgo yn y Bigdei Kodesh, yr wyth dilledyn sanctaidd. Y kahana rabba, Ishmael ben Phiabi. Ac nid yw Ishmael ben Phiabi yn cymryd arno'i fod yn gweld y dyn sydd yn y Beth din shel Kohanim. Ac mae Ishmael ben Phiabi yn shifflo at y Môr Tawdd ac yn pureiddio ac yn gwrthod cydnabod y dyn. Y dyn sydd wedi bod yn disgwyl. Ac mae'r dyn sydd wedi bod yn disgwyl yn tagu ac mae'r kahana rabba yn edrych arno ac mae'r kahana rabba'n dweud, Ti sydd wedi dod i glecen?

Ac mae Yakov yn nodio'i ben.

Ac mae Ishmael ben Phiabi yn dweud, Mae cynnwrf yn y ddinas. Mae tri thŷ nawr yn ymrafael am y swydd hon, am y dilladau hyn rwyf fi'n eu gwisgo. Y dilladau sanctaidd. Ni fu cynnwrf o'r fath yn Jerwsalem ers dyddie'r Maqabim. Fi'n credu bod y cynnwrf hwn yn arwydd o agosrwydd y Dydd pan fydd y Mashiach o gyff Yishay, blaguryn a dyf o'i wraidd, o Dav'id, yn dod i'r Beit HaMikdash ac yn dyfod â defaid coll Tŷ Israel at ei gilydd eto. Y deuddeg llwyth eto'n un. Wyt ti'n credu hynny?

Mae Yakov yn dweud, Wn i ddim beth i'w gredu, feistr.

Rhaid i ddyn gredu rhywbeth. Beth arall sydd? –

Mae Ishmael ben Phiabi yn ochneidio ac yna, Beth mae aelod o Fudiad Yeshua eisiau gyda'r hakohen hagadol?

Mae Yakov yn dweud, Cynghrair yn erbyn gelyn cyffredin.

Pa fath o elyn?

Gelyn yr Iddewon.

2

Bob tro bydda i'n dod trwy byrth y ddinas yma, bydd fy nghroen yn crawni, meddai Paulos.

Gyda Paulos –
mae Titos, Timotheos, Silouanos, Gaios,
mae brodyr o Antioch ac o Ephesos ac o Korinthos,
mae Iddewon alltud,
Iddewon alltud sydd wedi –
cadw Torat Moshe ac wedi mynd trwy'r brit milah –
fel y cadwodd Paulos Torat Moshe,
fel yr aeth Paulos trwy'r brit milah –
Ond nid mwyach –
Nid oes rhaid cadw Torat Moshe. Nid oes rhaid wynebu'r brit

milah. Daw atgyfodiad trwy waed Iesous Christos. Mae cyfamod newydd nawr rhyngddo a'i bobl. Cyfamod o waed.

A nawr, Paulos a'i gyfeillion,

nawr maent yn dod drwy'r pyrth gyda'r dorf,

gyda'r pererinion,

gyda'r masnachwyr,

gyda'r prynwyr,

gyda'r caethion,

gyda'r meistri,

gyda'r anifeiliaid –

Mae Paulos yn syllu i fyny ar furiau'r ddinas. Ac ar furiau'r ddinas, mae milwyr Rhufain. Ac mae milwyr Rhufain gyda'u dwylo ar eu cleddyfau. Ac mae milwyr Rhufain gyda'u dwylo am eu gwaywffyn. Ac mae'r Eryr dros y Deml. Grym o fewn cyrraedd. Grym Rhufain. Rhufain mor agos, ond mor bell. Mae'n teimlo hiraeth. Ai dyma'r penderfyniad cywir? A ddylai fod wedi mynd i'r gorllewin? Anelu am Hispania, aros yn Rhufain?

Rhy hwyr. Mae yma nawr. Mae yma yn Jerwsalem. Eu tir nhw. Magwrfa eu malais. Perfeddwlad eu pregeth –

ac mae yma i ennill y dydd,

ac mae yma i goncro'r cabledd,

ac mae yma i ruo hyn –

Fi yw'r Apostolos! Fi sydd wedi ei alw fel Yirmeyahu ac fel Yeshayahu! Fi! Datgelodd yr ARGLWYDD ei Fab i mi er mwyn i mi ei gyhoeddi i'r byd, i'r Cenhedloeth –

Dyna fyddai'n ei ruo. Rhuo yn wyneb Yakov a rhuo yn wyneb Kepha. Rhuo yn wyneb Yah'kob a Yokam. Rhuo yn wyneb Avram. Rhuo yn eu hwynebau i gyd –

Llafuriodd dros y blynyddoedd, llafur a gwaed –

Gwaed o'r cychwyn. Gwaed o'r gweu. Chwys o'r gweu. Adrodd o'r gweu. Adrodd o'r Torah. Adrodd y Mishnah. Chwe threfn y Mishnah –

Trwy'r llafur,

trwy'r gwaed,

trwy'r chwys,

trwy'r dysgu,
trwy'r adrodd –
daeth gostyngeiddrwydd,
daeth yn ŵr duwiolfrydig –
A nawr fe gaiff y rhain – pob Yakob, pob Kepha, pob Yah'kob,
pob Yokam, pob Avram – fesur eu hunain yn ei erbyn. Cânt flas ar
eu methiannau. Cânt eu cosbi –
am eu cnawdoliaeth,
am feiddio rhoi cig ar esgyrn dwyfol,
am haeru eu bod yn gyfeillion i'r Ysbryd,
am fynnu eu bod yn frodyr i Fab Duw,
am honni iddynt gerdded gyda'r Christos,
a thendio'i friwiau,
a mwytho'i sgwyddau,
a chusanu ei wefusau –
Cabledd!
Cabledd y gusan –
Cusan Jwdea –
Ffals-gariad a seboni –
Brad y gusan –
Y gusan –
Philēsō –
Philēsō yn ei iaith –
Iaith y byd –
Philēsō –
Y gusan –
Ac oherwydd y gusan,
cusan Jwdea,
cânt eu dinistrio.

Sgin i fawr o amser ar ôl, meddai Yakov, ond mi dreulia i bob eiliad yn ymgyrchu'n erbyn y dyn dŵad yma. Rhaid i mi fod yn dyst i'w ddinistr cyn i mi fynd at yr ARGLWYDD. Wyt ti'n dallt? Edrach arnaf fi, Barnabya. Prin dwi'n ddyn. Methu cerdded. Methu symud. Wedi hambygio fy hun. Ond mi fasa'n egni fi'n cael ei aildanio taswn i'n clywad am gwymp y diawl o Tarsos. Mae o wedi maeddu enw fy mrawd. Mae o wedi creu delw. Wedi creu duw o ddyn. Cabledd ydi hynny. Tydi'r dyn ddim yn gyfarwydd efo'r Asereth ha-D'bharîm, y Deg Gair, d'wad? Mae o'n deud ei fod o'n Iddew.

Fuodd e erioed yn Iddew, meddai Barnabya.

Mi dwyllodd o chdi.

Mae Barnabya'n gwrido. Mae'r hen ŵr Yakov yn granclyd. Natur biwis oedd ganddo erioed. Ond mae henaint wedi ei wneud yn fwy sarrug fyth. Mae'i dafod yn finiocach nawr fod ei ddyddiau'n hir yn ei gadair.

Roeddwn i'n ifanc, meddai Barnabya.

Ac yn ffôl, meddai Yakov.

Mae Barnabya'n rowlio ei lygaid. Bu yma yn y tŷ gyda Yakov ers tywys yr hen ŵr o'r Deml lle bu ar gyfer yr awr weddi pan offrymwyd arogldarth yn y gysegrfan. Mae Barnabya wedi cael llond bol ar ei gecru ond rhaid iddo aros nes bod rhywun arall yn dod i gadw llygad ar y cranc.

Ro'n i'n credu y dylai'r byd glywed neges Yeshua Mashiach, meddai.

Mae Yakov yn ysgwyd ei ben a dweud, Hen dro i hynny ddigwydd ond o leia mi rwyt ti wedi dychwelyd i'r gorlan.

Fi'n ei ddilyn, Yakov. Fi'n ei addoli. Ef yw'r Mashiach a bydd ei neges yn newid y byd ac roeddwn i am i'r byd glywed, dyna i gyd.

Ond ddaru chdi ddilyn gau broffwyd a greodd gau Fashiach. Delw greodd Paulos o esgyrn fy mrawd. Christos cyfeiliornus.

Dim gair o ben Barnabya.

Yakov yn dweud, Ond mae gin y gŵr gau yma o bellter byd

wendid, wyt ti'n gweld. Dwi'n siŵr dy fod ti wedi sylweddoli hynny ar ôl treulio blynyddoedd yn ei gwmni fo. Mae o'n hy, yli. Ac oherwydd hynny, mi syrthith i'r trap.

Mae'r drws yn agor a daw Kepha i mewn ac mae Barnabya'n diolch i'r nef.

Fi'n mynd nawr, meddai.

Lle ti'n mynd? meddai Kepha, ac yna yng nghlust Barnabya, Paid â 'ngadael i efo'r sinach yma, wir.

Dwi'm yn fyddar, Kepha, meddai'r sinach.

Ddudis i ddim o'r ffasiwn beth, meddai Kepha.

Mae Barnabya'n gadael.

Dau hen ŵr ar ôl –

Sut hwyl efo'r kahana rabba? meddai Kepha.

Hwyl go dda, meddai Yakov.

Ydi o am helpu?

Ydi.

Go dda.

Dwi ar bigau'r drain, Kepha, wyddost ti. Dychweliad y dyn yma. Mae hi'n ddeng mlynadd jest ers iddo fo ddŵad yma ddwytha. Fasa'n rheitiach i ni fod wedi'i setlo fo'r adag honno.

Fasan ni 'di gwneud tasa chdi heb ddŵad i delerau efo fo. Derbyn ei lwgrwobr o a gadael iddo fo bregethu ei lygredd.

Pa ddewis oedd gin i? Mae'r bobl yn llwgu, ddyn.

Ddaru ti erioed ddallt, naddo.

Dallt be?

Dallt nad ydi fory'n bwysig. Dallt nad ydi diffyg bwyd yn bwysig. Be sy'n bwysig ydi'r neges. Be sy'n bwysig ydi pregethu'r gwir i'r Iddewon. Os ydi pobl yn marw, maen nhw'n marw. Am y *byw* mae'n rhaid i ni boeni. Am y *byw* oedd dy frawd yn poeni. Gad i'r meirw gladdu eu meirw, medda fo wrth ryw lanc oedd yn cymryd arno'i fod o isio'r gwir. Doedd o ddim. Isio cysur oedd y boi bach. Tydi cysur ddim yr un fath â'r gwir. Dim dŵad â chysur oedd dy frawd. Dim dŵad â chysur ydan ninnau chwaith. Dŵad â'r gwir!

Ond mae'n rhaid i ni edrach ar ôl y tlawd.

I be? Os wyt ti'n meddwl y bydda Yeshua wedi gwneud hynny, dwyt ti'm yn dallt ei neges o, Yakov.

Ella 'mod i ddim yn dallt ei neges o gystal â chdi, Kepha. Ond ro'n i'n dallt Yeshua. Isio i'w enw fo bara dwi. Enw a stori'r creadur bach.

*Mae'*i enw fo'n para, meddai Kepha. Ond ymysg rhai sydd erioed wedi ei nabod o. Dyna'r broblam. Maen nhw'n mynd ati i greu eu Yeshua eu hunain. Paulos wedi ei wneud. Yr Apollos hwnnw oedd yn pregethu'n y ddinas honno yn y gorllewin, hwnnw hefyd. Dyna maen nhw i gyd wedi'i wneud, Yakov. Ei greu o o'r newydd. Ei greu o ar eu delw nhw'u hunain. Oes yna win? Mae'n nerfau fi'n rhacs. Rydan ni wedi disgwyl mor hir i sortio'r busnas yma. Mi ddaw diwadd ar gelwydd Shaul, neu Paulos, neu beth bynnag ddiawl mae o am alw'i hun. Mi fydd ei neges o'n dirywio ar ôl iddo fo ddiflannu, gwatsia di. A gynnon ni brawf o hynny. Ar ôl iddo fo sefydlu addolwyr mewn dinas, mae o wedi hel ei bac ac off â fo. A'r adag honno mae'i ddilynwyr o wedi bod yn hawdd i'w troi. Dyna sut yr ydan ni wedi llwyddo i gael ein traed danan yn ei ddinasoedd. Dyna sut gesh i hwyl arni'n Antioch. Felly ar ôl i hyn gael ei sortio, fydd ei neges o'n gwywo, yn mynd i'r gwynt. Fydd ei enw fo'n darfod. Well i ni alw cyfarfod.

4

Dywedodd Yeshua Mashiach mai cŵn oedd y Cenedl-ddynion, meddai Avram, brawd Kepha. Dywedodd mai wedi dod ar ran defaid coll Israel oedd o. Os oedd yna friwsion yn syrthio odd'ar y bwrdd, iawn, gad i'r cŵn gael y briwsion. Ond ar gyfer yr Iddewon mae'r dorth.

Ac mae'r dynion yn y stafell yn dweud, Clywch, clywch –

Ac mae'r dynion yn y stafell yn dweud, Cŵn ydyn nhw, cŵn –

Ac ymysg y dynion yn y stafell mae Kepha a Yakov, ac mae

Yah'kob a Yokam, ac mae Barnabya, ac mae Yohannen Markos.

Ac mae Kepha a Yakov a Yah'kob a Yokam a Barnabya a Yohannen Markos yn dweud, Clywch, clywch, ac yn dweud, Cŵn ydyn nhw, cŵn, hefyd.

Ac yna Avram yn dweud, Ac mae Shaul am roi'r dorth i *gyd* iddyn nhw.

Ac mae'r dynion yn gweiddi –

Ffor shêm!

Cywilydd!

Ac yna Avram yn dweud, Daeth yma dros y blynyddoedd i'n dinas ni, i ddinas yr Iddewon, i'r ddinas lle'r aberthwyd ein Mashiach. Ac mi lordiodd hi drostan ni. Ei lordio hi fel tasa fo'n well na ni, yn fwy dyn na ni, yn agosach at Yeshua Mashiach na ni. Ond ni oedd yno efo'r Mashiach, yn de? Ni oedd yn gwmni mynwesol iddo fo. Ni oedd yn sychu ei ddagrau fo, yn rhwbio'i dalcen o, yn tendio i'w friwiau fo. Ni oedd yn nabod y dyn. Mae'r dieithryn yma, y dyn dŵad, wedi creu cabledd. Mae wedi llunio duw o'r dyn. Mae wedi mynd yn erbyn geiriau'r Rabboni oedd yn annwyl i ni, ac wedi mynd at y Cenhedloedd efo'i gelwydd newydd.

Ac mae'r dynion yn sgyrnygu –

Ffor shêm!

Cywilydd!

Ac Avram yn dweud, Mae Kepha a Yakov wedi arwain ein mudiad gyda gras a gostyngeiddrwydd ers i Yeshua Mashiach gael ei fwrdro. Maen nhw wedi sicrhau ei fod o'n fyw o hyd. Bod ei neges yn cael ei phregethu. Fan hyn, Jerwsalem, oedd terfyn ei daith. Gwyddai hynny. A fan hyn y bydd y dechrau eto. Fan hyn fydd y Deyrnas yn dod. I'r Deml. O'r Qodes HaQodasim, lle mae'r YODH-HE-WAW-HE, yr Enw Cudd, yr ARGLWYDD, yn trigo. O'r fan honno, yn y fan hyn, y daw uniad Israel –

Ac mae'r dynion yn crynu,

a gwyro'u pennau,

a sibrwd gweddi,

ac mae parchedig ofn yn llifeirio trwy'r stafell –

Ac Avram yn dweud, Mi ddaru Yeshua addo un wlad o dan un brenin o dan un Duw. Ac mi geith ei addewid ei gwireddu –

Ac mae'r dynion yn cymeradwyo –

Ond mae gelynion, meddai Avram –

Ac mae'r dynion yn murmur –

Ac un sy'n waeth na'r ymerawdwr ei hun, meddai Avram –

Ac mae'r dynion yn hisian –

Ond mae cynllun yn ei erbyn. Plot i'w ddifa. Yn bersonol, does gin i'm bwriad i fwyta nac yfed nes bydd y dyn yma wedi ei ladd. Ond mater i chi fel unigolion ydi hynny. Rydw i, a gweddill y deuddeg, a Yakov yn ogystal, yn gwybod eich bod chi efo ni yn y cynllun yma. Cynllun i amddiffyn atgof a neges Yeshua Mashiach. Cynllun i ddod â fo'n ôl at yr Iddewon, at Israel, i Jerwsalem. Cynllun duwiol a daionus. Ydach chi gyda ni?

Ac mae'r dynion yn rhuo –

5

Marana Tha, mae'n feddwl wrtho'i hun, *Marana Tha* –

Tyrd, ARGLWYDD –

Marana Tha wrth gerdded trwy brysurdeb Jerwsalem. Marana Tha wrth gerdded trwy'r prysurdeb gyda Titos, Timotheos, Silouanos a Gaios. Gyda'r gweddill, y Cenedl-ddynion ac Iddewon alltud. Ei Iddewon ef. Y gwir Iddewon.

Marana Tha –

Tyrd, ARGLWYDD –

Ond nid nawr. Cyn hir. Nid nawr.

Yn hytrach, nawr –

Yakov a Kepha –

Nawr y ddiweddgan –

Nawr gwrthryfel –

Nawr cipio'r awdurdod –

Nawr ennill y dydd –

Nawr chwyldro –

O heddiw ymlaen, Paulos fydd arweinydd Mudiad Yeshua yn Jerwsalem. A bydd Mudiad Yeshua yn Jerwsalem yn cael ei gyfuno gyda gweddill mudiadau'r Christianos a gweddill yr ekklesiae ar draws y byd. Ar ôl heddiw ni ddeuai awdurdod o Jerwsalem. Ar ôl heddiw ni fyddai gair Kepha na gair Yakov mor awdurdodol â gair Paulos. Ar ôl heddiw ni fyddai eu pregeth i'w chlywed.

Mae ganddo ffon. Mae'n hen ŵr. Mae'n grymanog. Ond mae'n cerdded gyda bwriad. Hwn yw'r dydd. Dyma'i awr. Hon yw nos ei elynion. Gan Paulos mae'r awdurdod. Gan Paulos mae'r gwir. Gan Paulos mae'r niferoedd a'r ddaearyddiaeth. Gan Paulos mae'r addysg. Gan Paulos mae'r deallusrwydd. Gan Paulos mae'r pìn sgrifennu a'r papeirws.

Mae'n chwerthin iddo'i hun wrth feddwl am ei wrthwynebwyr. *Ni all Kepha na Yakov hyd yn oed arwyddo'u henwau – pysgotwr ac adeiladwr. Y naill na'r llall wedi cael gwers mewn synagog. Y naill na'r llall wedi darllen na deall y Gyfraith. Daeth pob dim yn ail law iddynt. Daeth pob dim trwy enau eraill. Adrodd straeon maent. Clecen o amgylch y tân. A'r gwres yn crasu'r gwir ac yn ei naddu'n rhywbeth newydd. A dros amser, mae'n cael ei naddu eto. A chyda phob dweud mae'r stori'n dadfeilio. Ac mae'r gwir wedi ei golli. A beth sydd ar ôl? Celwydd o eneidiau proffwydi ffug. Enllib o enau'r rhai sy'n peri rhwyg. Twyll o galonnau'r rhai sy'n gwasanaethu eu chwantau eu hunain. Ac yna mae'r celwydd, yr enllib, y twyll, yn cael ei bregethu ac yna mae rhwystrau'n codi rhwng dynion a'u duw.*

Mae'i wên yn diflannu. Mae'n sgyrnygu. Mae'n gynddeiriog. Mae'n meddwl, *Cyn hir bydd Duw yr heddwch yn mathru Diafol dan fy nhraed.*

Dyma ni, feistr, meddai Titos.

Maent wedi cyrraedd y tŷ –

mae'i ben yn curo,

ei wynt yn fyr,

ei gnawd yn pigo,
chwys ar ei dalcen,
goglais ar ei wegil,
ei sgyfaint yn dynn,
ffit –
Dilynwch fi –
pendro nawr,
gwefusau'n grin,
pinnau mân yn ei ddwylo,
y felltith –
NA!

Mae'n sadio'i hun. Mae'r drws yn agor. Gwas yno.

Titos yn dweud wrth y gwas, Dwed wrth Kepha a Yakov bod yr Apostolos yma.

Mae'r gwas yn crychu ei dalcen. Be?

Paulos yn rhoi hwyth i Titos. Rhaid i ti siarad Aramaeg gyda'r brodorion, Titos –

A Paulos yn gweiddi mewn Aramaeg, Fi yma ar gyfer ein cyfarfod. Mae Kepha a Yakov yn aros amdanaf fi. Cer i ddweud wrthyn nhw bod yr Apostolos yma. Cer nawr.

Mae'r gwas yn ysgwyd ei ben. Tydi Kepha na Yakov ddim ar gael.

Mae Paulos yn rhythu ar y gwas ac yn dweud, Mae cyfarfod wedi ei drefnu.

Mae'r gwas yn codi ei sgwyddau. Ella wir, ond nid yn fa'ma, syr.

Titos yn rhuo, Ble maen nhw?

Dwn i'm, meddai'r gwas. Gofalu am y tlawd, efallai. Dosbarthu bwyd. Maen nhw'n werth chweil efo'r tlawd, wyddoch chi. Ond byw fel y Rabboni maen nhw, ylwch. Dilyn ei neges o. Dilyn ei esiampl. Gweithredoedd da ddaw â dyn at yr ARGLWYDD, wyddoch chi. Roedd y Rabboni'n byw efo'r tlawd, ylwch. Byw a bod yn eu mysg. Nid efo'r cefnog. Nid efo'r crachach –

Mae'r gwas yn cau'r drws yn glep yn wyneb Paulos.

Beth yw hyn? meddai Titos.

Sarhad, meddai Timotheos.

Rhag eu cywilydd nhw yn dy drin di fel hyn, meddai Silouanos. Ei drin e shwt?

Maent yn troi at y llais. Saif Barnabya yn y stryd. Mae calon Paulos yn hollti. Mae blas brad yn chwerw ar ei wefus. Barnabya – gelyn unwaith, yna brawd, a nawr…

Ai gelyn eto?

Mae Paulos yn syllu i lygaid Barnabya. Mae Barnabya'n syllu i lygaid Paulos. Ac mae gelyniaeth yn eu llygaid a gwaed drwg rhyngddynt.

Ei drin gyda sarhad, meddai Timotheos yn sgwario. Dyma'r Apostolos, wedi ei ddewis cyn ei eni gan yr ARGLWYDD, ac mae'n cael ei drin fel gwas.

Y'n ni i gyd yn weision, Timotheos, meddai Barnabya.

Er mwyn arbed ffrae mae Paulos yn dweud, Ble maen nhw?

Mae Yakov yn aros amdanat ti, meddai Barnabya. Mae'n awr weddi. Roedd e'n gobeithio y byddet ti'n ymuno gyda fe yn y Deml.

6

Paid â mynd, meddai Gaios.

Ie, meddai Titos, trap yw e.

Gad i ni ddod gyda ti, feistr, meddai Timotheos.

Ie, ddylet ti ddim mynd ar dy ben dy hunan, meddai Silouanos.

Chaiff yr Cenhedloedd ddim dod i'r Deml, meddai Paulos. Mae gan yr awdurdodau'r hawl i ladd unrhyw Genedl-ddyn sy'n mentro i'r cwrt. A be wna i wedyn, gyfeillion? Fydda i ar ben fy hunan go iawn os byddwch chi'n cael eich dienyddio.

Gaios yn dweud, Ond beth amdanat ti, feistr? Beth pe baen nhw'n dy ddienyddio di?

Fi'n Iddew yn Nheml yr Iddewon. Fydden nhw ddim yn tywallt gwaed Iddew arall. Maent yn cadw'r Deg Gair ac mae'r Deg Gair yn dweud na lofruddia.

Ond rwyt ti'n dweud y buasent yn ein lladd ni, meddai Silouanos.

Cenedl-ddynion ydych chi, meddai Paulos. Rydych yn eilradd yng ngolwg yr Iddewon ac yng ngolwg y Gyfraith. Mae'r Deg Gair yn cyfeirio at Iddewon, nid at weddill y byd. Nid i'r byd mae'r Gyfraith. Na. Fe a' i. Os oes cynllwyn, bydd yr Iesous Christos gyda fi.

7

Cwrt y Deml –
   Mynd a dod,
   prynu a gwerthu,
   sŵn yr anifeiliaid,
   sŵn y clwcian,
   sŵn y brefu,
   sŵn y plagio,
   sŵn yr ocsiwn –
   Drewi yno,
   drewi'r anifeiliaid,
   drewi'r ieir,
   drewi'r defaid,
   drewi'r llygredd,
   drewi'r arian,
   drewi'r prynu a'r gwerthu –
   Marchnad yng Nghwrt y Deml,
   teml yr ARGLWYDD,
   teml yr Iddewon,
   Teml Israel –

Ar wythfed dydd mis Nisan. Ar Yom Shishi, chweched dydd yr wythnos. Y dydd cyn Yom Shabbat. Mis yr Iddewon. Dyddiau'r Iddewon. Defodau'r Iddewon –

Oes o'r blaen, mae Paulos yn feddwl wrtho'i hun. *Oes o'r blaen, ac roeddwn i yma. Roeddwn i'n anrhydeddu'r adeilad yma. Ond cyn hir bydd y Deml yn dadfeilio. Bydd y byd yn rhacsio. Bydd y bobl yma sy'n mynd a dod, sy'n prynu a gwerthu, byddant yn plymio i'r pydew, byddant –*

Paulos.

Mae'n troi. Yakov yno. Hen ŵr nawr. Crebachlyd, llwyd a chrymanog.

Fe es i i'r tŷ, meddai Paulos wrtho.

Cynlluniau wedi newid, meddai Yakov.

Mae Paulos yn edrych o'i gwmpas. Edrych ar y mynd ac edrych ar y dod. Edrych ar y prynu ac edrych ar y gwerthu. Clywed y brefu a'r plagio. Ogleuo'r cachu a'r cnawd.

Mae'n edrych i fyny. Uwchlaw, milwyr Rhufain. Ar golofnfeydd y Deml. Ar furiau'r ddinas –

Rhufain yn gwylio. Rhufain yn gwrando. Rhufain yn cadw cownt. Dwylo Rhufain ar ei chleddyfau. Dwylo Rhufain am ei gwaywffyn. Grym o fewn cyrraedd.

Ro'n i'n meddwl y basa chdi'n hoffi ymuno efo fi, meddai Kepha. Dau hen Iddew yn addoli, mynd trwy ddefod y pureiddio efo'i gilydd, efallai am y tro olaf.

Y tro olaf?

Wel, Paulos, rydan ni mewn oed. Dwi'n reit siŵr nad oes gin i fawr o amser ar ôl ac mi fyddi di ar dy deithiau eto cyn bo hir, yn byddi?

Byddaf, meddai Paulos gan freuddwydio am Rufain, Hispania a thu hwnt.

Be amdani?

Mae Paulos yn oedi ac yna'n gofyn, Pam newid ein cynlluniau? Fe gytunon ni ar y man cyfarfod ers tro, Yakov. A ble mae Kepha?

Tydi Kepha ddim yn dda.

Mae'n ddrwg gen i glywed hynny.

Ac ar gownt newid cynlluniau, wel, fel dwi'n deud, Paulos, dyma ni, dau hen Iddew sydd wedi bod trwyddi dros y blynyddoedd...

Yakov yn codi ei sgwyddau.

Paulos yn dweud, Dau hen Iddew, wir.

Yakov yn agor ei geg.

Paulos yn dweud, Rwyt ti'n fy sarhau i, frawd.

Yakov yn ysgwyd ei ben.

Paulos yn dweud, Ond mi af fi trwy ddefod y pureiddio gyda ti.

Yakov yn gwenu.

8

Tri ohonynt. Tri llabwst. Tri wedi eu hurio gan Shimon Kanai, un o'r deuddeg. Tri o fysg y Kanai'im,

y Kanai'im sydd am ddisodli Rhufain trwy drais,

y Kanai'im sy'n caru trais,

y Kanai'im sy'n filwyr tâl,

y Kanai'im sy'n caru Yeshua –

Gelynion ei elynion –

A'r tri nawr yn llechu'n y dorf. Y tri'n cymryd arnynt eu bod yn mynd a dod. Y tri'n cymryd arnynt eu bod yn prynu a gwerthu –

Ond y tri'n gwylio –

Gwylio dau hen Iddew yn mynd i'r Deml ar gyfer defod y pureiddio ac yna'n dilyn y ddau hen Iddew ar ôl iddynt fynd i'r Deml ar gyfer defod y pureiddio.

9

Mae Paulos yn smalio drwy gydol defod y pureiddio. Smalio wrth buro gyda dŵr a lludw'r heffer goch. Smalio wrth olchi ei ddillad. Smalio wrth olchi ei gorff. Smalio mai dyma'r ffordd i sicrhau iachawdwriaeth.

Ond nid dyma'r ffordd. Credu yw'r ffordd. Credu yn y Christos Iesous yw'r ffordd. Credu ynddo, ac yn ei waed a'i atgyfodiad.

A thrwy'i atgyfodiad, atgyfodi.

Dyna'r ffordd. Gŵyr Paulos hyn oherwydd bod y Christos Iesous wedi ei ddatgelu iddo. Paulos yw'r Apostolos. Paulos yw'r un sydd wedi ei anfon. Paulos yw ceidwad yr efengylau, y newyddion da.

Ac mae'n gwybod hyn i gyd yn ei galon wrth smalio.

Smalio ymysg yr Iddewon. Iddewon o bedwar ban y byd. Iddewon o'r Perushim. Iddewon o'r Seduqim. Iddewon o'r Meshiykiyyim. Iddewon o'r Diaspora. Iddewon o'r Kanai'im –

y Kanai'im sydd am ddisodli Rhufain trwy drais,

y Kanai'im sy'n caru trais,

y Kanai'im sy'n filwyr tâl –

Nid yw'n cymryd arno'i fod wedi eu gweld. Ond mae'n teimlo'u llygaid arno fel haid o locustiaid. Mae'r rhain yn ddynion milain. Mae'r rhain yn ddynion brwnt. Roedd un ohonynt, Shimon, yn dilyn Yeshua unwaith. A nawr roedd gyda Kepha.

'Sdim ots, mae Paulos yn ddweud wrtho'i hun. *Nid fy musnes i yw'r Deml, nawr.*

Ac yna mae'n sylwi ar wynebau cyfarwydd eraill yn y dorf sydd yn y Deml –

Avram, brawd Kepha,

y brodyr Yah'kob a Yokam,

Judah,

Bar-Talmai,

Tau'ma,

Mattiyah,

Taddai,
Ya'kov bar Hilfâi,
Levi –
Dilynwyr y dyn, dilynwyr y cnawd.
A dyna'r drafferth –
Cnawd,
cnawd oedd yn arwain at gwymp,
cnawd oedd yn arwain at bechod,
cnawd oedd yn arwain at Diafol,
cnawd oedd yn arwain at fwrdwr,
cnawd oedd yn arwain at y pydew –
Mwrdwr y Christos. Ei fwrdro gan y *rhain*. Rhain yn y Deml. Rhain sy'n Iddewon. Rhain sy'n Perushim. Rhain sy'n Seduqim. Rhain sy'n Meshiykiyyim. Rhain sy'n wasgaredig. Rhain sy'n Kanai'im. Rhain gyda'u hoelion. Rhain gyda'u drain. Rhain gyda'u cynllwynio.

A finnau yn eu plith unwaith, mae'n feddwl. *Finnau'n barod i fwrdro. Ond roeddwn i wedi fy newis. Roedd y Christos wrth y llyw. Lluniodd fi o'r groth. Lluniodd fi ar lethrau'r Toros Daglari. Lluniodd fi ar y ffordd i Dammasq. Lluniodd fi yn ogofâu Kumr'an. Lluniodd fi'n Apostolos. A nawr dyma'r rhain. Rhain sy'n elynion i'r Apostolos. Rhain sy'n elynion i'r Christos. Rhain sy'n elynion i'r ARGLWYDD. Rhain sy'n ciledrych arnaf fi –*

a'i ben yn curo,
a'i wynt yn fyr,
a'i gnawd yn pigo,
a chwys ar ei dalcen,
a goglais ar ei wegil,
a'i sgyfaint yn dynn –
Gwaedd o'r dorf. Rheg o'r dorf. Rhywun yn galw raca! ar rywun. A mwy o weiddi. A mwy o regi. A mwy o raca!
Ac yna ffrwgwd,
gwthio,
dyrnau,
cicio –

Y tri Kanai'im –
Y tri oedd yn ei lygadu –
Y tri wedi codi twrw –
A'r twrw dros ben llestri –
Twrw yn y Deml –
Twrw'n tywallt o'r Deml –
Paulos mewn ton –
Ton o gnawd –
Ton o bechod –
Ton o fwrdwr?
(a'i ben yn curo a'i wynt yn fyr a'i gnawd yn pigo a chwys ar ei dalcen
a goglais ar ei wegil a'i sgyfaint yn dynn)

A gweiddi a rhegi a raca! a gwthio a dyrnu a chicio –
Paulos! Paulos! Ty'd o 'ma!
Yakov yn ei lusgo. Yakov yn ei dynnu. Yakov yn ei hercio.
Ond mae mewn môr,
môr dynol,
môr o Iddewon,
môr sy'n tonni,
môr sy'n gwasgu,
môr sy'n ei sugno,
môr sy'n ei godi –
(a'i ben yn curo a'i wynt yn fyr a'i gnawd yn pigo a chwys ar ei dalcen
a goglais ar ei wegil a'i sgyfaint yn dynn)

a rhywun yn gweiddi, Hwn! Hwn yw'r achos!
Ac un arall yn rhuo, Dyna fo, yr un byr!
Ac un eto'n baldorddi, Raca! Raca! Raca!
A phawb yn edrych ar Paulos. Pawb yn troi at Paulos. Pawb yn
pwyntio at Paulos. A phawb yn –
Hwn! Hwn yw'r achos!
ac yn,
Dyna fo, yr un byr!
ac yn,
Raca! Raca! Raca!
A nawr lleisiau eraill.

Ai hwn? Ai hwn? Pwy? Pa 'run!

Lleisiau Heddlu'r Deml – yn hollti trwy'r dorf ac yn waldio gyda'u pastynau ac yn rhegi a bygwth –

Ble mae e? Pa 'run? Ai hwn?

A Yakov yn syllu ar Paulos. A Paulos yn syllu ar Yakov. A Yakov yn cydio yn Paulos. Cydio'n dynn. A Paulos mewn cyffion. A chusan ar ei wefus. Cusan Yakov. Cusan brad. Cusan Jwdea –

Philēsō, mae Paulos yn ei feddwl –

Ac wedi'r gusan –

Dyna fe! Y corrach acw! Arestiwch y jiawl!

Ac mae Heddlu'r Deml yn cythru at Paulos –

(a'i ben yn curo a'i wynt yn fyr a'i gnawd yn pigo a chwys ar ei dalcen a goglais ar ei wegil a'i sgyfaint yn dynn)

a'i lusgo o'r dorf,

a'i daflu ar lawr,

a'i hen esgyrn yn brifo,

ac yn ei gicio,

ac yn ei ddyrnu,

ac yn ei guro gyda'r pastynau –

Ac mae dagrau o boen yn serio'i lygaid a thrwy'r dagrau mae'n gweld Yakov ac yn gweld Avram ac yn gweld Yah'kob ac yn gweld Yokam ac yn gweld Judah ac yn gweld Bar-Talmai ac yn gweld Tau'ma ac yn gweld Mattiyah ac yn gweld Taddai ac yn gweld Ya'kov bar Hilfài ac yn gweld Levi ac yn gweld Shimon Kanai,

ac maent yn ei weld yntau,

ac maent yn syllu,

ac maent yn llonydd,

ac maent yn troi eu cefnau,

ac maent yn ymdoddi i'r dorf,

ac mae'r dorf yn rhuo,

Hwn! Hwn yw'r achos!

ac yn rhuo,

Dyna fo, yr un byr!

ac yn rhuo,

Raca! Raca! Raca!

Ac wrth i'r dyrnau a'r traed a'r pastynau lanio'n gawod arno, wrth i'r boen lifio trwyddo, wrth i'w fywyd wywo, mae Paulos yn gweld –

Yitshak a Hirsh a Betzalel ac mae cledrau Yitshak a Hirsh a Betzalel yn gwasgu am eu cyllyll ac mae Yitshak ac mae Hirsh ac mae Betzalel yn sgyrnygu ac mae Hirsh yn dweud, Rwyt ti wedi troi dy gefn arnom ni, Paulos –

Ac wrth iddo ddweud Na! gyda'r ychydig anadl sydd ganddo'n weddill mae Paulos yn gweld –

y dieithryn gwaedlyd,

y dieithryn gwaedlyd yn ei ddenu,

y dieithryn gwaedlyd yn dweud,

Dilyn fi, Paulos, dilyn fi...

A Paulos yn ymestyn am y dieithryn gwaedlyd a'r dieithryn gwaedlyd yn ymestyn am Paulos a'r dieithryn gwaedlyd yn sgrialu Heddlu'r Deml a'r dieithryn gwaedlyd yn gwarchod Paulos rhag yr ymosodiadau rhag yr atgasedd rhag y brad –

A Paulos yn edrych i fyny ar y dieithryn gwaedlyd ac yn gwybod mai'r dieithryn gwaedlyd yw'r Christos Iesous –

y Christos Iesous wedi dychwelyd,

y Christos Iesous wedi dod i'r byd,

y Christos Iesous wedi dod i'w achub –

Ac mae'r Christos Iesous yn dweud mewn llais awdurdodol, Beth uffarn sy'n mynd ymlaen? Pwy ydi'r dyn yma? Pwy sy'n gyfrifol am hyn?

Ac mae Christos Iesous yn pylu ac yn lle'r Christos Iesous, milwr Rhufain –

Milwr Rhufain gyda'i law ar ei gleddyf –

Grym o fewn cyrraedd –

10

Mae Ishmael ben Phiabi, archoffeiriad talaith Jwdea, yn dweud, Rhaid i Rufain ei gosbi.

Ac mae Porcius Festus, procurator talaith Jwdea, yn dweud, Fasa'n rheitiach i mi dy gosbi *di* am ganiatáu'r ffasiwn helbul.

Ers marwolaeth Hordus Agrippa bedair blynedd ar ddeg ynghynt, Rhufain sydd wedi rheoli talaith Jwdea. Rhufain sydd wedi anfon y procurator Porcius Festus –

i gasglu'r tributum soli, treth y tir,

i gasglu'r tributum capitis, treth y pen,

i gasglu'r portorium, toll imperialaidd ar gludiant nwyddau ar briffyrdd cyhoeddus,

i gasglu'r rhenti ar diroedd sy'n berchen i ystadau imperialaidd,

i reoli'r mwynfeydd,

i ddosbarthu cyflog i weision sifil,

i gadw trefn –

A nawr ym mhlasty Porcius Festus yng Nghaesarea Maritima, saith deg milltir o Jerwsalem –

Wnes i ddim caniatáu'r trybini, meddai Ishmael ben Phiabi. Rhoi stop arno wnes i.

Beth sydd mor arwyddocaol am y gŵr yma fel eich bod am i Rufain ei gosbi? gofynna Porcius Festus.

Gwrthryfelwr yw e. Cableddwr sydd wedi sefydlu crefydd newydd.

Mi glywais i. A chrefydd ydi hi sy'n apelio at rai o'm cyfeillion, yn ôl y sôn. Crefydd am fab sy'n epil morwyn a duw. *Hanner* duw. Mae'n iacháu ac yn allfwrw. Mae'n cyflawni gwyrthiau. Cafodd ei ladd, ei gladdu mewn bedd, ac mi atgyfododd o – dod o farw'n fyw.

Cabledd.

Wel, swnio'n debyg i grefyddau Rhufain a Groeg i mi. Ella mai dyna pam mae hi'n apelio. Rydan ni'n awyddus iawn i wrando ar dduwiau newydd, Ishmael ben Phiabi.

Un duw sydd. YODH-HE-WAW-HE. Yr Enw Cudd. Yr Ha Shem. Yr Adonai. Ac un Deml, y Beit HaMikdash lle mae'r ARGLWYDD yn trigo'n y Qodes HaQodasim, y Cysegr Sancteiddiolaf. A bydd Mashiach yn –

A nefi fawr, cau dy geg, meddai Porcius Festus. Dwi wedi cael llond bol arnach chi'r Iddewon. Rydach chi'n meddwl eich bod chi'n well na phawb arall, mai chi ydi'r bobl sydd wedi cael eich dewis –

Ni yw'r –

Taw! Bydd hanes yn eich casáu chi, gyfaill. Yli arnach chi. Rydach chi wedi treulio'r rhan fwyaf o'ch hanes mewn caethiwed a chyffion. Lle'r oedd eich duw chi'r adeg honno? Ella bod y dyn yma'n gall yn creu crefydd newydd, yn ffeindio gwell duw.

Lladdwch e. Fe achosodd gynnwrf. Ble mae grym Rhufain? Ble mae'r annhosturi? Ble mae'r cyfiawnder? Dewch, Festus. Dangoswch asgwrn cefn eich rhagflaenwyr.

Wyt ti'n fy herio fi, ddyn bach?

Na, fi'n eich *annog* chi.

Dwi'n cael yr argraff mai isio cael madael â'r gŵr yma wyt ti. Mae sôn ei fod o'n ddinesydd Rhufeinig, ei daid, dwi'n credu, wedi ennill ei ryddid. Wel, ella mai ei anfon i Rufain ydi'r peth gorau. Sgin i ddim awydd delio efo rwtsh fel hyn. Dwi'n cael digon o helbul yn hel trethi. Dwi'n golchi 'nwylo o'r busnes yma. Dim byd i'w wneud efo fi. Dos yn ôl i Jerwsalem, Ishmael ben Phiabi, a diolcha nad ydw i'n dy chwipio di a dy gyd-gynllwynwyr. Dwi'n gwybod yn iawn be sy'n mynd ymlaen yn fa'ma. Dos o 'ngolwg i.

Rydan ni wedi gweld ei gefn o, meddai Yakov.

Kepha'n dawel. Kepha'n syllu ar y wal. Kepha'n synfyfyrio.

Mae'n ddiwedd arno fo, Kepha. Dwyt ti ddim wrth dy fodd?

Kepha'n dawel. Kepha'n syllu ar y wal. Kepha'n synfyfyrio.

Deud rwbath, wir dduw.

Be wyt ti isio i mi ddeud?

Dwn i'm, meddai Yakov. Deud diolch, ella.

Am i mi ddiolch i ti wyt ti?

Dwi wedi cael gwared arno fo, Kepha.

Dwn i'm, wir.

Mi gaiff ei lyncu gan Rufain. Ei gloi mewn rhyw gell anghysbell. Pydru'n fan'no, fo a'i gabledd.

Dwn i'm ai dyma fyddai'r Rabboni wedi ei wneud.

Be?

Mi fydda fo wedi taeru a thrafod. Roedd o'n gegog, ewadd, oedd, ond roedd o'n onest –

Rydan ninnau'n onest –

Rydan ni'n dan din, Yakov. Rydan ni wedi cynllwynio yn erbyn Paulos. Rydan ni wedi mynd yn groes i'r Asereth ha-D'bharîm, y Deg Gair. Rydan ni wedi dwyn camdystiolaeth yn ei erbyn o.

Nefi, sut gnaethon ni hynny?

Trwy'i gyhuddo fo o achosi'r cynnwrf yn y Deml.

Ond fo ddaru, Kepha.

Wyt ti wedi perswadio dy hun bod hynny'n wir?

Dwi'n *gwybod* bod hynny'n wir. Roeddwn i yno. Lle'r oeddat ti? Rwyt ti wedi bod mor awyddus â neb i weld cefn Paulos.

Do, er mwyn i ni oroesi. Er mwyn i ni fel mudiad beidio â chael ein dinistrio. Er mwyn i Yeshua fyw eto.

A sut oeddat ti'n bwriadu gwneud hynny? Trwy grafu tin? Nid dyna fyddai'r Kepha ifanc wedi'i wneud. Nid crafu tin ond cicio pennau fydda hwnnw wedi'i wneud.

Dwi ddim yn ffŵl, Yakov. Do'n i erioed wedi gweld grym go

iawn tan ddois i yma i Jerwsalem ar gyfer y Pesach dwytha hwnnw efo Yeshua. Ro'n i wedi bod yn Jerwsalem o'r blaen – ar gyfer pob un o'r Yamim Tovim – y Pesach, Rosh Hashanah, Yom Kippur – ond do'n i erioed wedi bod ar bigau'r drain fel yr oeddwn i'r adeg honno. Ewadd, cyfle i feddwi a dathlu a chael ambell i ffeit oedd dod i'r Yamim Tovim o'r blaen. Ond nid y tro hwnnw. Y tro hwnnw nesh i ddechrau sylwi ar bethau. A nesh i sylwi ar Rufain, Yakov. Sylwi ar yr Eryr dros y Deml. Grym o fewn cyrraedd. Do'n i 'rioed wedi gweld hynny 'Ngalilea. Ac mi sylwish i wedyn, ar ôl iddyn nhw ladd Yeshua fel tasa fo'n chwannan, mi sylwish i bod yn rhaid i ni fod yn gyfrwys i oroesi. Mae'n hawdd lladd pobl, Yakov. Ond tydi hi ddim mor hawdd lladd syniadau. Roedd yn rhaid i ni neud yn siŵr bod syniadau Yeshua'n goroesi. Bod y *syniad* ohono fo'n goroesi. Ac os oes yn rhaid i fi lyfu tinau'r crach er mwyn i hynny ddigwydd, wel, dyna fo. Wyt titha wedi gwneud dy siâr o grafu hefyd. Mae'r Deml, yr awdurdodau, maen nhw'n dygymod â ni bellach. Ni ydi'r Meshiykiyyim. Un o sawl carfan sy'n ffurfio'n llwyth ni, yr Iddewon. Meibion yr ARGLWYDD ydan ni ar ddiwedd y dydd. Plant Israel. Y bobl ddewisiedig. Ni, a neb arall.

Felly, pam wyt ti wedi llyncu mul ar gownt Paulos? Rwyt ti wedi cosbi pobl o'r blaen am fynd yn groes i'r Gyfraith, am fradychu'r mudiad.

Kepha'n ysgwyd ei ben. Dwn i'm. Oedd yna dân ynddo fo, Yakov. A chyn i mi ei gyfarfod o, dim ond yn dy frawd welish i dân tebyg. A dwi'n colli'r tân. Ond dyna fo. Cyn hir mi fydd Paulos a'i gabledd yn y twllwch. Mi fydd o wedi mynd am byth. Ac mi ga'n ni aros am y Deyrnas yma fel orchymynnodd Yeshua ac mi geith gweddill y byd fynd o gwmpas eu pethau.

INFERNUS

1

Yn unfed flwyddyn ar bymtheg teyrnasiad Nero Claudius Caesar Augustus Germanicus, chwe blynedd ar hugain ers mwrdwr y Mashiach...

Rhufain –

Cannwyll yn llosgi. Chwys yn diferu. Ysgrifbin yn crafu. Inc yn smwtsio.

Paulos mewn llesmair. Paulos mewn stafell. Paulos mewn tywyllwch. Tywyllwch ond am fflam y gannwyll,

y fflam sy'n llosgi,

y ffydd sy'n rhuddo,

y neges sy'n lledaenu –

Lledaenu o enau'r Apostolos,

o ysgrifbin yr Apostolos,

lledaenu o Rufain,

lledaenu i ben draw'r byd,

Lledaenu o'r lletty lle mae Paulos wedi ei gyfyngu ers ei arestio bron i flwyddyn yn ôl. Ers i Porcius Festus ei anfon i Rufain i sefyll ei brawf. Ers i'w long gael ei dryllio ar arfordir ynys Melita. Ers i'r kentyrion Rhufeinig arbed ei fywyd pan oedd y milwyr am ddifa'r carcharorion. Ers i drigolion Melita ei groesawu a'i gynhesu wrth dân. Ers iddo iacháu tad Publius, procurator ynys Melita. Ers iddo fedyddio nifer o drigolion a milwyr yn enw'r Christos. Er iddo hwylio i Rufain a chael ei osod yn y lletty gyda'r milwyr yn ei warchod –

Cnoc ar y drws. Fflam y gannwyll yn crynu. Cysgodion yn dawnsio. Ei lygaid yn dyfrio.

Ie, dewch i mewn.

Mae milwr yn agor y drws. Ymwelydd, feistr.

Mae Paulos yn sefyll. Rhwbio'i lygaid. Ystwytho'i gymalau. Daw gwraig i mewn. Mae'r drws yn cau. A'r ymwelydd yn aros –

Gwraig ganol oed. Ei gwallt dan len. Ei llygaid yn llachar. Ei hwyneb yn hardd. Merch bert unwaith. Gwraig swynol nawr.

A Paulos –

coelcerth yn ei lwynau,

awch y cnawd,

blys y pechod,

fflamau'r temtiwr,

y temtiwr, Diafol,

yr athrodwr yn ei dwyllo –

Ond Paulos yn gwadu, yn gwrthod, yn ei wacáu ei hun o unrhyw demtasiwn, yn trochi'r goelcerth –

mae'n rhegi'r wraig a'r holl wragedd –

rhegi'r pechod a ddaw yn eu sgil –

rhegi'r felltith a ddaw o'u gwres, eu cnawd –

eu rhegi bob un –

ac o'r diwedd mae'n barod i'w chyfarch –

Foneddiges.

Daw'r foneddiges ymlaen. Daw â'r cyffro gyda hi. Daw ag aroglau gyda hi. Mae'r aroglau'n chwarae mig â synhwyrau Paulos ac mae'n gwingo. Paulos ar bigau'r drain. Paulos yn difaru nad oes gwarchodydd yma. Ond nid yw Titos na Timotheos na Silouanos wedi cyrraedd Rhufain. Mae'n unig yma. Wedi peryglu ei hun. Pechod yn ei hela. Cnawd ar ei drywydd. Temtasiwn ar ei sawdl.

Frawd, meddai'r foneddiges, ei llais yn tryferu trwyddo. Ni chlywodd lais gwraig fel hyn ers blynyddoedd – mor agos, mor dyner, mor –

Paulos, ydach chi'n iawn? mae'r foneddiges yn holi. Golwg wedi gweld bwgan arnoch chi.

Fi'n iawn, fi'n iawn. Croeso i chi, croeso. Mae'ch Hebraeg chi'n werth chweil.

Wel, diolch, frawd. Dysgais yn Jerwsalem.

Da iawn chi. Ond fydde'n well gen i siarad mewn Lladin. Rydyn ni'n Rhufain wedi'r cwbl. A Lladin yw iaith y byd. Dysgais yn blentyn. Fi am ailafael ynddi. Heb gael ymarfer rhyw lawer. Fy rhwyddineb ynddi'n chwithig nawr.

O, wrth gwrs. Ydan ni am eistedd?

Na, fe safwn ni. Fi ddim eisiau bod mewn stafell ar ben fy hunan gyda gwraig briod – na morwyn, i ddweud y gwir – am ormod o amser.

Wel, dyna fo. Pam felly, frawd?

Rydw i am osod esiampl, foneddiges. Fi yw'r Apostolos sydd wedi ei anfon gan Dduw i ddod â'r newyddion am ei Fab i'r byd. Cefais yr efengylau yn uniongyrchol o enau'r Mab. A chefais hefyd wers ar sut i fyw. Dysgais gadw pechod draw. Dysgais mai cnawd yw pechod. Dysgais fyw felly ers fy medyddio yn ei waed sanctaidd.

Mae'r foneddiges yn oedi am eiliad cyn dweud, Gwelais o.

Beth?

Gwelais Iesous Christos.

Paulos yn ysgwyd ei ben.

Mae'r foneddiges yn dweud, Pan oeddwn i'n Jerwsalem.

Beth?

Gwelais y creadur. Gwelais nhw i gyd. Y fo a'r lleill oedd wedi eu condemnio'r dydd hwnnw. Rhesiad o ddynion noeth gyda thrawstiau ar eu sgwyddau yn gogrwn mynd trwy Borth Gennath i gyfeiriad y lle dychrynllyd hwnnw maen nhw'n ei alw'n Gulgalta'n lleol. Calvariæ Locus – lle'r penglog. Ac arswyd o le. Ond fe welais i, do wir.

Paulos yn gegagored. Dim geiriau ganddo. Dim geiriau i goncro Calvariæ Locus.

Wyddoch chi pwy ydw i, Apostolos? Ga i eistedd?

Paulos yn dod o hyd i'w lais. Eisteddwch. Wna i ddim. Pwy ydach chi?

Mae hi'n eistedd a dweud, Fy ngŵr arwyddodd warant marwolaeth Iesous Christos –

(a'i ben yn curo a'i wynt yn fyr a'i gnawd yn pigo a'r chwys yn powlio a'r muriau'n cau amdano a lleisiau'n atsain –)

– fy ngŵr yw Pontius Pilatus, praefectus Jerwsalem yr adeg honno. A fi yw Claudia Procula, wyres yr hen ymerawdwr, Imperator Caesar Divi F. Augustus. Mi ddois i'n Iddewes tra oeddwn i yn nhalaith Jwdea. Un Duw. Un Deml –

(a'i ben yn curo a'i wynt yn fyr a'i gnawd yn pigo a'r chwys yn powlio a'r muriau'n cau amdano a lleisiau'n atsain –)

Dechreuais ddilyn Iesous ar ôl ei weld yn marw. Ond nid oeddwn i'n perthyn iddyn nhw, i'w ddilynwyr. Roeddan nhw'n fewnblyg. Hebreaid oeddan nhw. Er eu bod nhw'n groesawgar, nid oedd lle, go iawn, i neb nad oedd wedi ei eni'n Iddew. Roeddan nhw'n gyndyn i agor eu calonnau i bobl estron fel fi. Roeddan nhw fel tasan nhw am gadw Iesous iddyn nhw eu hunain. Cadw'r dyn welais i'r diwrnod hwnnw. A dim ond ei neges oedd yn bwysig, wyddoch chi. Y neges oeddan nhw'n gyflwyno. Y neges i Israel ac i'r Iddewon –

(a'i ben yn curo a'i wynt yn fyr a'i gnawd yn pigo a'r chwys yn powlio a'r muriau'n cau amdano a lleisiau'n atsain –)

Ond yna clywais amdanach chi, frawd. Cefais fy medyddio ar ôl dychwelyd i Rufain. Rydw i wedi fy ngwaredu trwy waed y Christos. Gwelais ddydd ei angau a dwi'n bwriadu gweld dydd ei ddychweliad. Christianos ydw i. Dwi'n newydd yn y Christos. Ei waed wedi fy ngwaredu. Ydach chi am eistedd? Mae golwg simsan arnoch chi.

2

Paulos a Claudia Procula –

A oes Iddewon yn Rhufain, foneddiges?

Llawer iawn.

A beth am frodyr sy'n credu yn y Christos Iesous?

Llawer o'r rheini, meddai Claudia Procula. Wedi clywed eich neges ac wedi eu gwaredu.

Rwyf am weld pawb.

Pawb?

Rwyf am esbonio iddynt beth mae Jerwsalem wedi'i wneud i mi.

Os mai dyna yw'ch dymuniad, frawd.

Rhowch neges iddynt, foneddiges. Dywedwch wrthynt fy mod wedi cael bai ar gam gan Iddewon Jerwsalem. Cefais fy ngharcharu ganddynt. Ond mae'r Christos Iesous wedi fy llywio yma i Rufain. Dywedwch wrthynt am baratoi. Dyma'r arwydd cyntaf ei fod ar fin dychwelyd.

Go iawn?

Paulos yn nodio'i ben. Nawr, dewch â'r arweinwyr lleol yma.

Mi wna i.

Mae'n codi fy nghalon bod y newyddion wedi cyrraedd Rhufain, foneddiges. Yw'ch gŵr wedi ei waredu fel chi?

Na, mae ganddo gred arall.

Pa gabledd mae'n ei ddilyn?

Mae'n dilyn dial.

Dial?

Ar ôl i'r Christos Iesous gael ei groeshoelio, roedd yna helbul mawr ymysg yr Iddewon yn Jerwsalem. Ceisiodd fy ngŵr gadw trefn. Ond roedd o braidd yn llawdrwm. Cafodd ei alw'n ôl i Rufain dan gwmwl am iddo fod yn orgreulon. Fo oedd y praefectus cyntaf i ddiodde'r cywilydd hwnnw. Roedd ei enw'n faw. Malwyd ei ysbryd. Mae'n beio Mudiad Yeshua am ei gwymp. Nhw daniodd y terfysg, wyddoch chi.

Mae hi'n syllu ar Paulos. Syllu arno fel pe bai'n trosglwyddo neges iddo gyda'i llygaid. Syllu i'w enaid. Taerai iddo glywed ei llais er nad yw'n siarad, ond mae'n ysgwyd ei ben ac mae'r profiad yn pylu. Mae'n dweud, Cŵn y'n nhw.

Beth?

Cŵn. Mudiad Yeshua. Cŵn. Maent wedi bod yn fy erbyn i o'r dechrau. Maen nhw'n fy nghasáu i gan mai dieithryn wyf fi. Ac maen nhw'n fy nghasáu i am fod Duw wedi fy newis i ddod â'r newyddion da am y Christos Iesous i'r byd.

Mae hi'n dal i syllu arno. Mae hi'n dal i drosglwyddo. Mae hi'n dweud, Cyn iddo adael Jerwsalem, fe wnaeth fy ngŵr ymdrech fawr i ddinistrio'r mudiad. Ond methodd. Mae wedi gaddo eu sathru ers hynny.

Fi'n deall ei dymer.

Mae Claudia Procula'n rhoi ei llaw ar law Paulos ac

(coelcerth yn ei lwynau awch y cnawd blys y pechod fflamau'r temtiwr)

yn dweud, Mae o fel chi, frawd. Mae o'n ddyn penderfynol. Dwi'n siŵr y byddai'r ddau ohonoch chi wedi bod yn gynghreiriaid.

Bydd lle iddo yn y Deyrnas. Ond rhaid iddo dderbyn Iesous. Dychmygwch, dyn fel hwn yn cael ei waredu gan waed y Christos. Dylanwadwch arno. Chi, wyres i ymerawdwr, wedi'ch gwaredu'n barod. Chi, ei wraig. Ac ar ôl eich gŵr, gwyliwch chi, bydd yr ymerawdwr ei hunan yn plygu glin i'r gwir Frenin cyn hir –

O na, frawd. Na, rhaid bod yn ofalus. Mae'r ymerawdwr hwn yn beryglus. Nid yw Nero'n Gesar i'w drystio. Nid fel fy nhaid. Mae'i fam o newydd farw –

O –

A'r sôn yw mai fo sy'n gyfrifol –

Ie?

Ia, Nero ei hun. Pwy a ŵyr be all dyn felly ei wneud?

3

Mae'r tân yn cydio. Mae'r fflamau'n lledaenu. Mae Rhufain yn llosgi. Mae'r Christianos yn cynyddu. Mae Paulos yn pregethu. Mae'n esbonio'r neges. Mae'n tystiolaethu am y Deyrnas. Mae'n argyhoeddi ynghylch Iesous. Mae nifer yn credu. Mae nifer sydd ddim. Mae ymwahaniad. Mae anghytundeb. Mae gwrthdaro. Mae'r ekklesia'n fwrlwm. Mae'r ffyddloniaid yn frwd. Mae'r ffydd yn danboeth. Mae gelynion yn lluosogi. Mae tyndra. Mae terfysg.

Mae twrw. Mae giangiau'n clatsio. Mae dyrnau'n chwyrlïo. Mae cyllyll yn miniogi. Mae Rhufain yn gwylio. Ei dwylo ar ei chleddyfau. Ei dwylo am ei gwaywffyn. Grym o fewn cyrraedd. Grym ymerodraeth. Grym ymerawdwr. Grym Nero Claudius Caesar Augustus Germanicus. Deunawfed flwyddyn teyrnasiad Nero Claudius Caesar Augustus Germanicus. Wyth mlynedd ar hugain ers mwrdwr y Mashiach. Wyth mlynedd ar hugain ers y darfod. Y darfod ar groes. Y darfod ar drawst a pholyn. Y darfod ar Gulgalta. Wyth mlynedd ar hugain ers Jerwsalem. Wyth mlynedd ar hugain a nawr, Rhufain. A'r dyn ar y groes yn dduw. A Yeshua bar-Yôsep o Natz'rat yn Iesous Christos. A defaid coll Tŷ Israel yn Christianos. A'r Iddewon yn Genhedloedd y byd. Ac un wlad fach yn un byd mawr. A Paulos yn pregethu. A'r tân yn cydio. A'r fflamau'n lledaenu. A Rhufain yn llosgi –

4

Mae Paulos yn sefyll o flaen drws dur y gell ac yn gweiddi ar dop ei lais, Ego autem ab Roma civis.

Dim ateb. Synau dioddefaint. Synau gwallgofrwydd. Synau artaith.

Paulos eto. Ego autem ab Roma civis.

Dim ateb.

Paulos eto. Ego autem ab Roma civis.

Dim ateb.

Nawr mae Paulos yn taro drws dur y gell ac eto'n gweiddi ar dop ei lais, Ego autem ab Roma civis, ac unwaith eto ni ddaw ateb.

Ond yna llais sbeitlyd, llais tynnu coes, yn ei ddynwared. Ego autem ab Roma civis.

Mae Paulos yn edrych dros ei ysgwydd. Mae Gnaeus yn eistedd yng nghornel y gell. Mae'n eistedd yn y baw, yn y gwellt, llygoden fawr yn pigo ar dalp o fara sydd wedi pydru wrth ei droed. Anifail yw Gnaeus. Anifail yn y baw a'r gwellt. Anifail yn y gell. Anifail ar ôl bod yma am bum mlynedd. Anifail sy'n dweud mewn llais sbeitlyd, llais tynnu coes, yn ei ddynwared, Ego autem ab Roma civis.

Gnaeus yn chwerthin. Dim dant yn ei ben. Barf at ei fotwm bol. Croen yn fudr. Drewdod yn dod ohono. A Gnaeus yn dweud, Wyt ti'n meddwl bod yna achubiaeth i ti trwy fod yn ddinesydd Rhufeinig?

Mae gen i hawliau fel dinesydd, meddai Paulos.

Gnaeus yn chwerthin. Oes Nero ydi hon, ddyn. Mae hawliau wedi mynd i'r gwynt. Mae Nero'n gwneud fel y myn. Nefi, mae'r llo wedi dienyddio'i fam, yn tydi? Ond mae'r dyn cyffredin yn meddwl y byd ohono fo, cofia. Maent wedi diflasu ar y sefydliad. Maent yn caru hwn sy'n troi ar yr hen drefn, ac mae'n trefnu gemau gwerth chweil, medden nhw. Syrcas waed. Dyna mae'r plebes eisiau, yn te? Gwaed a sbort.

Iachawdwriaeth maen nhw eisiau, meddai Paulos.

Gnaeus yn chwerthin. Pa iws ydi iachawdwriaeth pan nad oes gen ti fwyd ar y bwrdd?

Pa iws yw bwyd ar y bwrdd pan mae dy enaid wedi ei golli i'r Infferno?

Infferno? Wn i ddim am Infferno. Chi'r Christianos sy'n gwybod am Infferno. Chi losgodd Rufain, a dyna pam wyt ti'n fa'ma. Dyna pam mae dy gyfeillion yn llenwi celloedd Rhufain. Oherwydd tân. Cofia di, hoffwn i dân yma. Yn enwedig yn y gaeaf. Ew, mae hi'n oer. Un o lle wyt ti?

Tarsos.

Tarsos? A beth yw dy grefft?

Gwneud pebyll.

Ia wir? A llosgi dinas yw dy drosedd.

Ni losgais i adeilad. Llosgi calonnau dynion wnes i. Eu rhuddo gyda gwaed Iesous. Fy unig drosedd yw credu yn yr un Duw a'i unig Fab fu farw er fy mwyn ac a atgyfododd i'm hachub rhag y byd hwn.

Saib cyn i Gnaeus ddweud, Tydi o ddim yn gwneud joban rhy dda, nac ydi, dy dduw?

Paulos yn dawel. Paulos yn troi at y drws dur. Paulos unwaith eto yn gweiddi ar dop ei lais, Ego autem ab Roma civis!

Gnaeus yn chwerthin. Ddaw yna neb, gyfaill. Does yna neb byth yn dod. Pan fydd rhywun yn agor y drws mi fyddi di'n gwybod mai dyna dy ddiwrnod olaf ar y ddaear. Mynd â chdi i syrcas waed Nero wnawn nhw. Wyt ti'n un o'r Christianos yma, felly? Wel, nid yw Nero'n hoff ohonyn nhw. Mi fuon nhw'n codi twrw cyn y tân. Malu allorau a ballu. Does dim eisiau malu allorau, nag oes?

Oes, os yw'r allorau'n perthyn i dduwiau ffug.

Lol wirion, meddai Gnaeus.

Mae Paulos yn colli ei dymer. Mae Paulos yn baglu ar draws y gell ac yn rhoi cic i'r sgerbwd dyn sy'n eistedd yn y gornel, yn y baw a'r gwellt. Mae'r llygoden fawr yn sgrialu. Mae Gnaeus yn gwingo. Dyn llipa yw'r carcharor. Cadach dynol. Dim cnawd arno. Esgyrn brau. Esgyrn sy'n cracio dan rym troed Paulos. Ac mae Gnaeus yn cwyno, yn cyffwrdd ei ochr, tair asen wedi eu hollti. Prin mae'n gallu anadlu.

O… o… pam wnest ti'r fath beth i mi? O… o… rydw i'n marw… o… o…

A Paulos yn gwyro a Paulos yn edifarhau a Paulos yn melltithio'i hun, wedi gadael i'r cnaf ynddo godi ei ben. Mae'n troi at y drws eto ac yn gweiddi ar dop ei lais eto.

Ego autem ab Roma civis! Ego autem ab Roma civis! Ego autem ab Roma civis!

Ac wrth weiddi ar dop ei lais mae'n curo'r drws dur fel dyn o'i go. Ac mae'i ddwrn yn gwaedu. Archollion heb achos. Briwiau heb eu hangen.

Ac yn y gell mae Gnaeus yn cwyno ac yn griddfan ac yn melltithio. Christianos diawledig ydach chi. Hen bethau brwnt. Malu allorau a malu dynion. Gobeithio bydd Nero'n eich bwydo i'r anifeiliaid gwyllt. Gobeithio bydd o'n eich defnyddio fel lampau tân i oeluo'r strydoedd. Gobeithio bydd o'n dy flingo di tra wyt ti'n fyw… o… o… o…

305

5

Mae Paulos wedi treulio tridiau'n gweddïo am faddeuant. Mae Paulos wedi treulio tridiau'n ceisio perswadio Gnaeus i dderbyn Iesous Christos fel ei iachawdwr.

Dwed dy fod ti'n credu ynddo, Gnaeus, ac fe gei fywyd newydd pan ddaw'r Christos yn ôl i'r ddaear.

Ond mae Gnaeus mewn deliriwm. Mae'n ynfydu. Ni all fwyta'r sucan sy'n dod trwy'r agen yng ngwaelod drws dur y gell unwaith bob diwrnod. Prin mae'n gallu yfed piso Paulos pan mae Paulos yn cynnig ei biso iddo a dweud, Mae'n rhaid i ti yfed, frawd. Mae syched arnat. Paid marw heb dy waredu.

Ond cyn hir *bydd* Gnaeus yn marw. Cyn hir bydd ei enaid yn Gehenna. Cyn hir bydd y tân yn ei amlyncu.

Rhaid i ti ddweud dy fod ti'n credu yn Iesous Christos a'i dderbyn fel iachawdwr, meddai Paulos.

Mae Gnaeus yn griddfan. Mae clais glasddu'n gorchuddio'i asennau lle y'i ciciwyd gan Paulos.

Dwed dy fod ti'n credu ac fe gei fyw eto, meddai Paulos. Fe gei dy atgyfodi'n ddyn newydd yn y Christos.

Mae Gnaeus yn ochneidio.

Dim ond trwy'r Christos y daw bywyd newydd, meddai Paulos.

Mae Gnaeus yn marw.

Mae Paulos o'i go. Fe gollaist ti'r cyfle, y ffŵl! Colli'r cyfle i dderbyn iachawdwriaeth a bywyd newydd. A nawr, nawr rwyt ti'n llosgi. Dy fai di. Bai dyn. Bai dyn am wrthod gwaed y Christos, a'i waed ar gael i *bawb*. Bai dyn yw'r tân. Bai dyn yw'r Infferno.

Ac mae Paulos yn y baw a'r gwellt, ac mae'n wylo ac yn gweddïo ar ei dduw ac yn galw arno. Agor y drws i mi, Dominus.

Ac mae drws dur y gell yn agor a'r colfachau'n gwichian a golau'n llifeirio i'r gell a daw gŵr i mewn ac am eiliad mae'r gŵr i'w weld yn glir. Ei daldra, ei rym, ei fantell. Ond yna, tywyllwch eto. Y drws yn cau. A'r gŵr yn y cysgodion. Yn y cysgodion fel y noson honno ar y llethr yn Gat-Smanim. Ond yna llais o'r cysgodion.

Pa iaith y tro yma? Iaith dy dad? Iaith dy feistri?

Un tad sydd gen i. Ac un meistr.

A phwy yw hwnnw?

Y Christos Iesous, meddai Paulos.

Mi siaradwn ni Ladin gan ein bod ni'n Rhufain, meddai'r gŵr mewn mantell cyn sylwi ar garcas Gnaeus. Be ddigwyddodd i dy gyfaill?

Yr ARGLWYDD a'i cosbodd.

Pam?

Am nad oedd yn dilyn y Christos. Nawr mae yn yr Infferno'n cael ei rostio'n oesoesol.

Mi rostiwyd nifer o ddinasyddion Rhufain rai dyddiau'n ôl. Eu rhostio yn eu cartrefi wrth i'r tân mawr – dyna maen nhw'n galw'r drychineb, Y Tân Mawr – wrth i'r tân mawr rwygo trwy'r ddinas. Nifer wedi eu lladd. A'r Christianos yn cael y bai.

Ni fyddai Christianos yn achosi'r fath ddinistr.

Beth am dy dduw? Fyddai dy dduw'n achosi'r fath ddinistr?

Byddai, i gosbi ei elynion, i gosbi pechaduriaid.

Ydi Rhufain wedi bod yn elyn i'th dduw?

Efallai. Fy nuw sy'n gwybod hynny. Os yw'r ymerawdwr yn addoli wrth allorau, mae wedi pechu'r Tad a'i Fab. Y tân oedd y gosb.

Mi fyddi di'n wynebu cosb, hefyd. Mae rhai o dy frodyr a dy chwiorydd wedi eu cosbi'n barod. Maen nhw'n ffodr yn syrcas waed Nero. Rhai'n lampau dynol yn goleuo'r ffordd trwy strydoedd Rhufain. Nifer yn cael eu defnyddio fel prae yng ngemau'r amphitheatrum. Dyna fydd dy ffawd dithau, hefyd. Marw'n frwnt. Marw'n ara. Marw'n arswydus. Wyt ti'n barod i wynebu marwolaeth felly?

Mae perfedd Paulos yn corddi. Os mai dyna yw gorchymyn fy Ngwaredwr.

Daw'r gŵr mewn mantell yn agosach. Wyt ti'n fy nghofio fi?

Fi'n cofio, meddai Paulos. Ti ddaeth gyda'r warant. Dy anfon gan yr ARGLWYDD.

Beth?

Yr ARGLWYDD sydd wrth y llyw. Ei gynllun Ef sydd ar waith. Ac rwyt ti'n rhan ohono.

Mae'r gŵr mewn mantell yn chwerthin yn ysgafn.

Mae Paulos yn parhau. Fi yw'r Apostolos. Dewisodd yr ARGLWYDD fi cyn fy ngeni. Gwaredwyd fi gan waed ei Fab. Mae pwrpas i fy mywyd. Mae patrwm. Ac fe'i lluniwyd cyn y byd. Nid wyt ond yn edau yn y patrwm hwnnw. Ti a phawb. Edau sy'n gweu fy mywyd.

Rwyt ti'n ddyn ar y naw, Paulos Saoul Tarsos, meddai'r gŵr mewn mantell ac mae'n datgelu ei wyneb –

Gŵr mewn oed. Gŵr urddasol. Gŵr a'i wallt yn wyn fel yr eira ar gopa Toros Daglari. Gŵr a'i lygaid yn las fel y Mare Nostrum. Gŵr â chreithiau amser ar ei wyneb.

Mae'r gŵr yn dweud, Rwyt ti wedi cyfarfod fy ngwraig, Claudia Procula. Mae hi'n addoli dy dduw. Mae hi wedi cael ei bedyddio ac yn credu yn y Christos. Tydw i ddim yn credu ynddo fo, ond ta waeth am hynny. Un peth sydd ar fy meddwl i. Dial. Dial ar y giwed fach o Galilea achosodd fy nghwymp. Y dydd y daethon nhw â'u proffwyd i Jerwsalem ar gyfer eu Pesach oedd y dydd yr heuwyd fy nghywilydd i. Ceisiais eu dinistrio. Chwaraeaist dy ran. Ymdrechaist ymdrech deg. Ni lwyddaist. Ond ers hynny rwyt ti wedi bod yn pregethu yn eu herbyn. Rwyt ti wedi codi nyth cacwn. Rwyt ti wedi esgor ar ffydd newydd sydd wedi eu rhwygo, bron. Ond dwyt ti ddim cweit wedi eu diberfeddu. A nawr rwyt ti am farw. Ond cyn i ti farw, dwi am i ti wybod y bydd ein crwsâd yn cael ei gwblhau. Mae yna arweinwyr dylanwadol sydd eisiau ymgyrchu'n erbyn yr Iddewon yn Jerwsalem. Mae yna lot o gynnwrf yno a gwleidyddion yma wedi cael llond bol. Rydw i'n eu mysg. A rhyw dro, cyn bo hir, mi enillwn ni'r dydd. Ac yna fe gawn ni'n rhyfel. Ac yn ein rhyfel, bydd miloedd yn marw. Byddwn yn colli cownt. Bydd gwaed a gwaed a gwaed a gwaed. Ac yn y gwaed daw tranc y Meshiykiyyim. Gelyn fy ngelyn yw fy ffrind, Paulos

Saoul Tarsos. A chyn i anifeiliaid Nero dy rwygo di'n ddarnau, mae fy ngwraig am i ti wybod hyn – er nad oes ots gen i – mai dy neges di fydd yn goroesi. Bydd neges y Meshiykiyyim yn bwdr.

Mae Pontius Pilatus – *uchelwr o Rufain o'r ordo equester o deulu'r Pontii a benodwyd yn praefectus talaith Jwdea yn neuddegfed flwyddyn teyrnasiad Tiberius Caesar Divi Augusti filius Augustus, a ddilornodd Gyfraith a thraddodiadau'r Iddewon, a osododd darianau aur ym mhalas Hordus Ha-Melekh i anrhydeddu Tiberius Caesar Divi Augusti filius Augustus, a osododd darianau aur ym mhalas Hordus Ha-Melekh i ddilorni'r Iddewon, a wrthododd eu symud nhw, a gafodd geryd gan Tiberius Caesar Divi Augusti filius Augustus am eu gosod nhw, a anfonwyd yn ôl i Rufain am ymdrin yn rhy greulon â gwrthryfelwyr o Shomron, a olchodd ei ddwylo* – yn gadael y gell.

6

Tri diwrnod yn ddiweddarach. Tri diwrnod o weddïo. Tri diwrnod a chorff Gnaeus yn dechrau pydru a drewi. Tri diwrnod i ddygymod â neges Pontius Pilatus.

(dy neges di fydd yn goroesi bydd neges y Meshiykiyyim yn bwdr)

Tri diwrnod cyn iddynt ddod i lusgo'r hen Paulos Saoul Tarsos o'i gell,

ei lusgo trwy'r baw,

ei lusgo trwy'r cyrff,

ei lusgo heibio'r sgrechiadau,

heibio'r dioddefaint,

heibio'r gwallgofrwydd,

heibio'r artaith –

I'w artaith a'i ddioddefaint a'i wallgofrwydd ei hun –

Ei lusgo i'r syrcas waed –

nawr mewn stafell arteithio,

nawr mewn cwt llawn cyrff,

nawr o dan yr amphitheatrum,

nawr rhuo'r dorf,

nawr yr ysfa am waed,

nawr ei baratoi –

Mae Paulos yn griddfan. Mae'n ddoluriau. Mae'n grymanog.
Mae'n hen ond nid yw'r milwyr yn malio. Maen nhw'n rhaffu ei
ddwylo ac yn rhaffu ei draed. Ei gymalau wedi eu plygu –

O... O... O...

Paulos yn cwyno, y boen yn danbaid –

Paulos! Paulos! –

Gwaedd o anobaith. Mae'n edrych o'i gwmpas. Mae'n gweld
brodyr. Mae'n gweld chwiorydd. Mae'n gweld eu plant.
Mae'n gweld rhai mae wedi eu bedyddio yn ystod ei gyfnod yn
Rhufain.

Mae un yn dweud, Ydi'r Christos yn dod, Paulos? Ydi o'n dod
i'n hachub ni rhag yr arswyd hwn?

Mae Paulos eisiau dweud, Ydi, frawd, mae'n dod.

Ond daw amheuaeth i grawni. Daw ofn i gnoi –

Rydw i mewn pydew, mae'n ddweud wrtho'i hun. *Rydw i mewn
affwys. Nid dyma'r darfod, nage? Nid mewn rhaffau? Nid mewn poen?
Nid gydag arswyd yn tryferu fy nghorff?*

Ac yna mae'n galw, Christos! Christos! Clyw dy was fyddlon!
Clyw fy nghri!

Mae'r milwyr yn chwerthin. Mae'r milwyr yn ei golbio. Mae
llais yn dweud, Rhowch nhw'n y sachau.

Ac mae Paulos mewn tywyllwch. Sach dros ein ben. Ac mae hi'n
boeth yn y sach. Ac nid oes aer yn y sach. Ac mae Paulos yn hercian.
Mae panig yn cydio –

ei ben yn curo,

ei wynt yn fyr,

ei gnawd yn pigo,

chwys ar ei dalcen,

goglais ar ei wegil,

ei sgyfaint yn dynn,

ffit –

Christos! Christos! Clyw dy was fyddlon! Clyw fy nghri! –
pendro nawr,
gwefusau'n grin,
pinnau mân yn ei ddwylo,
y felltith –
Christos! Christos! Clyw dy was fyddlon! Clyw fy nghri! –
y gosb –
Christos! Christos! Clyw dy was fyddlon! Clyw fy nghri! –
y cystudd –
Christos! Christos! Clyw dy was fyddlon! Clyw fy nghri! –
Ond nid oes neb yn clywed. Ac mae'n cael ei lusgo yn y sach.
Ac mae'n mygu yn y sach. Ac mae ei frodyr a'i chwiorydd yn eu
sachau hwythau'n mygu ac yn sgrechian a'r ofn yn achosi iddynt
biso a chachu yn eu sachau, a'r milwyr yn sarhau a'r milwyr yn
chwerthin a'r milwyr yn addo arswyd.

Ac yn sydyn, golau llachar o'i gwmpas. Ac yn sydyn, sŵn
anferthol. Ac yn sydyn, rhuo a'r ddaear yn ysgwyd. Ac mae'n
cofio –
Y gell yn Philippoi,
ei ffydd,
y ddaear yn ysgwyd,
ei dduw'n ei ryddhau –
Ac mae'n gweiddi, Christos! Christos! Clyw dy was fyddlon!
Clyw fy nghri! – gan gredu bod ei Waredwr am ymyrryd unwaith
eto.
Ac mae'n aros,
ac mae rhuo,
ac mae sgrechian,
ac mae udo,
ac mae chwyrnu,
a'r dorf yn cynhyrfu,
ac oglau anifeiliaid,
a mwy a mwy a mwy o sgrechian,
a rhwygo,
a chwyrnu eto –

A rhywbeth yn pwnio'i sach. Trwyn mawr. Dau drwyn mawr. Tri thrwyn mawr. Cysgodion enfawr o amgylch ei sach –

Christos! Christos! Clyw dy was fyddlon! Clyw fy nghri!

A plwc, plwc, plwc, y pethau'n tynnu ar y sach, dannedd yn y sach –

Christos! Christos! Clyw dy was fyddlon! Clyw fy nghri!

Dannedd miniog,

dannedd yn plycio'r defnydd,

dannedd yn rhwygo'r defnydd,

dannedd yn malurio –

Sgrechiadau a rhuo a chwyrnu a drewdod anifeiliaid –

A'r dannedd fel llafnau,

a thursiau'r cŵn gwyllt yn y sach,

yr anifeiliaid yn glafoerio,

golau dydd yn llifo i'r sach –

Christos! Christos! Clyw dy was fyddlon! Clyw fy nghri!

Paulos yn sgrechian. Paulos nawr yn gweld yr amphitheatrum. Y dorf yn udo. Y dorf am waed. Gwaed a sbort. A gwaed yno. Gwaed a chnawd. Gwaed a chnawd a sgrechian. Haid o gŵn gwyllt yn rhwygo sachau,

rhwygo'r cynnwys,

rhwygo'r Christianos –

A'r Christianos – gwragedd, plant – yn sgrechian wrth gael eu bwyta, wrth gael eu datgymalu, wrth gael eu diberfeddu –

CHRISTOS! CHRISTOS! CLYW DY WAS FYDDLON! CLYW FY NGHRI!

Dannedd ym mraich Paulos a dannedd yn ei goes a dannedd yn ei ysgwydd a'r boen yn waywffyn, ac mae'n sgrechian, ac mae'r cŵn yn ei rwygo ac –

CHRISTOS! CHRISTOS! CLYW –

Hyn sydd wrth i Rufain fwrw'i llid –

   Gwaed –

   Hyn sydd –

   Gwaed a gwaed a gwaed a gwaed –

   Hyn –

   Gwaed yn boddi'r tir. Gwaed yn trochi'r nefoedd. Gwaed yn golchi Gehinnom. Gwaed y condemniedig. Gwaed y terfysgwr. Gwaed yr Iddew.

   Y gwaed ar gapan a dau bost y drws. Y gwaed yn diferu o'r pren. Y gwaed fyddai'n crasu'r ddaear.

   Y gwaed –

   Y gwaed yn tollti –

   Y dial –

   Y darfod –

   Ac mewn tŷ wrth i Rufain heidio trwy'r strydoedd, Yakov a Kepha. Mewn tŷ yn aros gwireddu addewid Yeshua Mashiach. Mewn tŷ yn gweddïo ar i'r Deyrnas landio'n fuan –

   nawr yw awr yr ARGLWYDD,

   nawr yw awr y Deml,

   nawr yw awr yr oes newydd,

   nawr yw –

   A'r drws yn ffrwydro ar agor a'r golau dydd a'r gweiddi andwyol yn llifo i'r tŷ, llifo i'w lloches.

   A Yakov a Kepha'n llechu –

   dau hen ŵr yn erfyn am warediad –

   Ond nawr, yn ail flwyddyn teyrnasiad yr ymerawdwr Titos Flavius Caesar Vespasianus Augustus, ddwy ar bymtheg ar hugain o flynyddoedd ers mwrdwr y Mashiach, dyma'r darfod –

eu darfod nhw
darfod y mudiad
darfod y neges
darfod Jerwsalem, dinas yr ARGLWYDD
darfod y Deml, y Beit HaMikdash
darfod Israel
darfod Yeshua Mashiach
darfod y byd
darfod a ddechreuodd bedair blynedd ynghynt –
Tyndra yn nhalaith Jwdea. Tyndra rhwng yr Iddewon a Rhufain.
Tyndra rhwng yr Iddewon a'r Cenedl-ddynion. Tyndra wrth i'r Cenedl-
ddynion aberthu adar tu allan i synagog yng Nghaesarea. Tyndra wrth i
Rufain wrthod ymyrryd. Tyndra wrth i'r Iddewon droi ar ddinasyddion
Rhufain. Tyndra wrth i'r Iddewon wrthod talu trethi. Tyndra wrth i'r
llywodraethwr Gessius Florus arwain cyrch ar Jerwsalem. Tyndra wrth
iddo anrheithio'r Deml i hawlio'r arian. Tyndra wrth i'r Iddewon ddial a
goresgyn garsiwn Rhufeinig yn nhalaith Jwdea
wrth i'r brenin Hordus Agrippa II a swyddogion Rhufeinig ddianc o
Jerwsalem i ddiogelwch Galilea
wrth i legatus Syria, Cestius Gallus, anfon Legio XII Fulminata i
leddfu'r gwrthryfel
wrth iddynt goncro Yafo
wrth iddynt ddiodde cyflafan ym Mrwydr Beit Horon –
6,000 o Rufeinwyr wedi eu lladd –
Llywodraeth Rydd Jwdea yn cael ei sefydlu yn Jerwsalem –
Hanan ben Hanan a Yehoshua ben Gamla a Yehoseph Ben-Gurion wedi
eu hethol yn arweinwyr –
A gobaith –
Gobaith am un Israel –
Gobaith am heddwch –
Gobaith am undod –
Gobaith am y Deyrnas –
Gobaith yn deilchion –
Brawd yn erbyn brawd –
Gwaed yn erbyn gwaed –

Iddew yn erbyn Iddew wrth i Rufain esgyn eto, wrth i Rufain ddarnio'r gogledd, wrth i Rufain dan arweiniad cadfridog o'r enw Titos Flavius Vespasianus orthrymu Galilea –

Titos Flavius Vespasianus –

a gynghorwyd gan Pontius Pilatus,

a addysgwyd gan Pontius Pilatus,

a ddylanwadwyd gan Pontius Pilatus,

a glywodd gan Pontius Pilatus –

am yr Iddewon a'u duw a'u teml a'u sarhad –

A Titos Flavius Vespasianus yng Ngalilea ymysg yr Iddewon, ac yn gweithredu polisi tir llosg, a'i bolisi tir llosg yn creu Gehenna yno, ei bolisi tir llosg yn anfon miloedd o ffoaduriaid i'r de, i Jerwsalem, i ddinas yr ARGLWYDD –

ac yn eu plith, Kanai'im –

y Kanai'im sydd am ddisodli Rhufain trwy drais –

Ac yn Jerwsalem, pair yn Jerwsalem, llosgfynydd yn Jerwsalem, carfanau yn Jerwsalem –

Carfanau o Iddewon. Carfanau

Yohanan mi-Gush Halav

ac El'azar ben Shimon

a Hanan ben Hanan

a Shimon bar Giora –

Carfanau o'r Edomeniaid. Carfanau o'r Kanai'im. Carfanau o'r Siqari'im. Carfanau o'r Seduqim. Carfanau o bob llwyth. Carfanau oedd wedi atal Rhufain unwaith. Ond carfanau oedd wedi troi ar ei gilydd. Carfanau oedd wedi cyflawni erchyllterau'n erbyn ei gilydd. Carfanau oedd wedi llofruddio a llosgi. Carfanau oedd wedi creu adfail o ddinas yr ARGLWYDD.

A thra bo gwaed a fflamau tu mewn i'r muriau, ar y tu allan mae Rhufain yn cynnal gwarchae –

Rhufain yn penodi Titos Flavius Vespasianus yn ymerawdwr –

Titos Flavius Vespasianus nawr yn Titos Flavius Caesar Vespasianus Augustus a'i fab Titos y Fenga yn gosod gwarchae ar Jerwsalem –

A blwyddyn o dân a dioddefaint a blwyddyn o ysgelerderau ac o newyn ac o bla a blwyddyn o uffern –

A nawr, hyn –

Rhufain wrth y drws, Rhufain yn y tŷ, Rhufain gyda'i llaw ar ei chleddyf, gyda'i llaw ar ei gwaywffon –

Grym wedi cyrraedd –

Kepha a Yakov –

dau hen ŵr yn erfyn am warediad yn ail flwyddyn teyrnasiad yr ymerawdwr Titos Flavius Caesar Vespasianus Augustus, a gynghorwyd gan Pontius Pilatus, gelyn Mudiad Yeshua –

Pontius Pilatus, praefectus Galilea

Pontius Pilatus, a arwyddodd warantau marwolaeth

Pontius Pilatus, ar lethrau Gat-Smanim

Pontius Pilatus, yn y mellt a'r tranau

Pontius Pilatus, ei daldra a'i rym a'i fantell

Pontius Pilatus, mewn cell Rufeinig

Pontius Pilatus, a oedd am ddial ar Fudiad Yeshua

dial am sbarduno ei ddarfod, am saernïo'i gywilydd

Pontius Pilatus a ddywedodd wrth Titos Flavius Vespasianus, Os gei di gyfle, sathra nhw a dwed wrthyn nhw bod geiriau Paulos Saoul Tarsos am oroesi –

Titos Flavius Vespasianus a ddywedodd wrth ei fab, Mathra nhw a dwed wrthyn nhw bod geiriau Paulos Saoul Tarsos am oroesi –

A'i fab nawr yn y drws, yn y tŷ, gyda'i law ar ei gleddyf –

Grym –

Sy'n dweud –

Ti yw Kepha? Ti yw Yakov?

Mae Kepha a Yakov yn erfyn.

Mae Titos y Fenga'n dweud, Mae Avram a Yah'kob a Yokam yn gyrff. Bydd y lleill hefyd, cyn bo hir. Judah a Bar-Talmai a Tau'ma a Mattiyah a Taddai a Ya'kov bar Hilfái a Levi. Mae Shimon Kanai wedi ei ladd yng Ngalilea gyda'i derfysgwyr. Mae'ch brodyr wedi mynd. Mae'ch mudiad yn llwch. Gofynnodd rhywun i mi ddweud wrthych chi bod neges Paulos Saoul Tarsos am oroesi. Mae o wedi ysgrifennu, meddai'r negesydd wrtha i. Wn i ddim am hynny. Ond dywedodd rhywun wrtha i y byddai'n halen ar y briwiau rydw i am eu hachosi. Ac os daw hyn â mwy o ing i chi, da o beth yw hynny –

Mae Kepha a Yakov yn gwingo.

Mae Titos y Fenga'n camu ymlaen. Mae milwyr Titos y Fenga'n camu ymlaen. Mae Titos y Fenga'n dadweinio'i gleddyf. Mae milwyr Titos y Fenga'n dadweinio'u cleddyfau.

Mae Titos y Fenga'n dweud, Dyma'r darfod.

Mae Kepha a Yakov yn sgrechian –